DELIUS KLASING

WILFRIED ERDMANN

Mein grenzenloses Seestück

Jollenfahrt durch Mecklenburg-Vorpommern

Delius Klasing Verlag

Bibliografische Information der Deutschen Nationalbibliothek

Die Deutsche Nationalbibliothek verzeichnet diese Publikation in der
Deutschen Nationalbibliografie; detaillierte bibliografische
Daten sind im Internet über http://dnb.d-nb.de abrufbar.

5. Auflage
ISBN 978-3-7688-0986-3
© by Delius, Klasing & Co. KG, Bielefeld

Die Originalausgabe dieses Titels erschien 1991 bei
Kiepenheuer & Witsch, Köln.
Gestaltung: Wilfried Erdmann
Fotos: Seiten 15, 22, 23 und Farbfotos 1 und 24: Kym Erdmann
Seite 115 unten Atelier Lüttenort
Seite 140 unten Erwin Groß
alle anderen Aufnahmen sowie Karten: Wilfried Erdmann
Umschlaggestaltung: Buchholz/Hinsch/Hensinger, Hamburg
Druck und Bindung: Clausen & Bosse, Leck
Printed in Germany 2008

Delius Klasing Verlag, Siekerwall 21, D-33602 Bielefeld
Tel.: 05 21/5 59-0; Fax: 05 21/5 59-1 15
E-Mail: info@delius-klasing.de
www.delius-klasing.de

Inhalts-
verzeichnis

Vorwort zur Neuauflage

Siebzehn Jahre sind seit meiner sommerlichen Jollenfahrt durch Mecklenburg-Vorpommern vergangen. Diese Reise mit einem offenen, motorlosen Segelboot entlang der Ostseeküste, durch Bodden, Flüsse, Kanäle und zahlreiche Binnenseen ist meine persönlichste. Meine Vorliebe für alles Einmalige und Originelle, während der eigenen Anstrengungen erlebt, wurde dabei vollauf zufriedengestellt. Noch heute fühle ich mich dem unvergleichbaren, dünnbesiedelten und vor allem wasserreichen Landstrich besonders verbunden. Und nie zuvor lagen während einer Segeltour Euphorie und Skepsis der Bewohner so dicht beieinander. Zum einen waren die Menschen im Jahre Null (1990) des neuen Deutschlands voller Hoffnung, Zuversicht – optimistisch schauten sie mit glänzenden Augen auf die weitere Entwicklung nach der friedlichen Revolution. Andererseits aber hegten sie auch Mißtrauen wegen der radikalen Veränderungen in Wirtschaft und Kultur und den Strukturen ihrer Vereine.

Hier nun meine Eindrücke aus dem Jahr des Umbruchs. Ich freue mich sehr, daß der Delius Klasing Verlag mein Buch, zuerst erschienen 1991, ohne Änderungen oder Ergänzungen im Lauftext erneut auflegt.

November 2007   *Wilfried Erdmann*

1 | Vorbemerkung: Eine kurze Reise, die weit geht

Diese Geschichte erzähle ich aus der Vierzig-Zentimeter-Freibord-Perspektive. Das ist die Höhe meiner Segeljolle von der Wasserlinie bis zum Deck. Noch letztes Jahr segelte ich mit einer gecharterten rassigen Millionenyacht über den Atlantik. Besuchte damit New York, Neufundland, die Azoren und andere Inseln. Doch diesen Sommer benutzte ich als Reisemittel eine einfache offene Jolle. Nach einem Törn mit Satelliten-Navigator und polierten Teakhölzern lebte ich nun unter einer übers Boot gespannten Zeltpersenning.

Die Reise war kurz. Relativ kurz. Ging aber weit. Unendlich weit. Kap Hoorn und Tahiti waren mir, solange ich segle, näher. Die Reise ging zu einem merkwürdigen Landstrich, der zudem jahrzehntelang verschlossen war. Nach Mecklenburg-Vorpommern.

Ja, es gab Leute, die haben ihre 340 Kilometer lange Küste einfach dichtgemacht. Segler hinter Stacheldraht, Wachtürme und Schnellboote verbannt. Küstensegeln wurde nur mit Genehmigung und unter Aufsicht veranstaltet. Und Seesegeln äußerst selten nur einer Handvoll Privilegierter gestattet. Grundsätzlich: Wer sich mit Hochseesegeln beschäftigte, war ein potentieller Republikflüchtiger. – Das Meer findet für euch nicht statt. Punkt. – Und wer sich früher am Strand, einem streng bewachten Terrain, an das Aufblasen einer Luftmatratze machte – die im Verwaltungsjargon der DDR-Grenzer »Schwimmkörper« hieß und zur Flucht hätte taugen können –, der wurde mit Argwohn beobachtet.

Heute haben die Bonzen – diesbezüglich – nichts mehr zu sagen. Der Staat hat sich weitgehend aufgelöst. Die Wachtürme sind verwaist. Das Meer, »die unermeßliche Weite«, findet wieder statt. Das allein ist ein Grund zur Freude. Die etwa 30000 organisierten ostdeutschen Segler können endlich Kurse abstecken, wohin sie wollen. Grenzenlos weit segeln. Sie werden aber auch Abschied nehmen von der Wärme allernächster Nähe in ihren Vereinen und bei der Zuflucht in die Ferne Kühle spüren. Wobei die seglerische Ferne schon Kiel sein kann. Auf die eigene Küste Mecklenburg-Vorpommern werden sie Dänemark anvisieren, auf Dänemark die Nordsee, auf die Nordsee die Karibik und immer so weiter.

Doch bevor neue Kurse abgesteckt werden, sich Menschen, Boote und Häfen radikal verändern, wollte ich die einmalige Gelegenheit nutzen, ein Bild aus der Zeit des Umbruchs dieser Gegend zu vermitteln. Als Weltumsegler, dem jahrelang fast alle Küsten der Erde offen standen, der mit einfach gehaltenen und ausgerüsteten Booten und ohne Unterstützung spektakuläre Törns gemacht hatte, hoffte ich, in Mecklenburg-Vorpommern willkommen zu sein. Um kein Überlegenheitsgefühl aufkommen zu lassen, wählte ich einen »Schwertzugvogel«. Das ist eine 5,80 Meter lange offene Jolle, auf der ich mit Kocher, Schlafsack und Seekarte auch lebte. Ich wollte keinesfalls in die Schar derer rutschen, die dort mit einer schicken Yacht Selbstwert für den Rest des Jahres tanken.

Mit der Jolle wollte ich den Menschen und der Natur nahekommen. Mir mit dem flachgehenden Boot Gebiete erschließen, die anderen, beispielsweise Kielbootseglern, verwehrt waren. Und damit gleichzeitig auch vermeiden, das Fahrwasser allzu vieler westdeutscher Segler zu kreuzen. Um wirklich nicht den Eindruck zu erwecken, die DDR als Segeltourist mal eben abzuhaken, verzichtete ich gar auf einen Motor – einen Außenborder. Der Gedanke, als Idealist zu wirken, die Angst vor dem lauten Besucher zu mindern und das Leistungsprinzip zu kitzeln, das ich im Sportlerstaat Nummer 1 vermutete, spielte dabei eine wesentliche Rolle.

Ganz fremd war mir das Reisegebiet ohnehin nicht. Ich wurde in Pommern geboren und besuchte im Süden Mecklenburgs die Schule, bevor ich 1957, als 17jähriger, allein in den Westen übersiedelte.

Mit der SCHLEI KATHENA, so heißt mein naturlackiertes Holzboot, war ich genau 99 Tage unterwegs. 1184 Seemeilen wurden abgesegelt: die gesamte Ostseeküste inklusive Bodden, Haffs und Wieks und die Umrundung der Insel Rügen. Es folgten der Peene-Fluß – 104 km aufwärts – und zahlreiche mecklenburgische Binnenseen und Kanäle. Die größeren Seen waren: Feldberg, Kummerower, Müritz, Plauer, Schweriner.

Zu Buche steht: eine sagenhaft unberührte Landschaft, eine teils verwildert schöne. »Selig schauderte ich, als mein Auge tagelang nur Dschungel sah«, schrieb ich in mein Reisetagebuch. Das zu sehen und zu erleben, hatte ich mir nicht erträumt. – Die Begegnung mit den einheimischen Seglern, wenn sie von »damals« erzählten. – Aufwühlende Gedanken beim Anblick verlassener Wachtürme und Grenzboote. – Das Glück, einen angenehm warmen Sommer erwischt zu haben. – Aber auch ein rüder Bootshausbesitzer, der mich fast erschlagen hätte, weil ich seinen Liegeplatz vor dem Schuppen benutzte. Und die mangelnde Poesie der Menschen nach einem Leben ohne Überraschungen.

All diese Eindrücke, Entdeckungen und Erfahrungen aus der lebendigen Jollenperspektive. Dazu vom strapaziösen, aufregenden Erlebnis, mit einem »Zugvogel« zu segeln und speziell – zu reisen. (Ein Wunsch, der schon länger in mir arbeitete.) Und weiter vom schaurig kribbelnden Gefühl, wenn man »landlos« übers Meer rauscht. Segeln zur Sucht wird. Denn Jollensegeln ist kein »unterbelichtetes Segeln« – diesen Einwand für die Kajütbootsegler.

Für diejenigen, die das Gebiet befahren wollen, stehen Informationen in den einzelnen Kapiteln und im Anhang zur Verfügung – mit Karten, Skizzen und Tips.

Goltoft/Schlei   W. E.

2 | Annäherung: Wir sind übers Meer gefahren

Ein beeindruckendes Erlebnis? Da brauche ich nicht lange nachzudenken oder gar im Reisetagebuch blättern. Ich sehe sie deutlich
vor mir: zwei Frauen mit leuchtenden Augen. Sie kamen gerade
von See. Von der Ostsee. Begeistert zeigten sie ihren Kurs in der
Seekarte. Und ihr Schiff. Überm Kartentisch entdeckte ich eine
Notiz. Verblichen. »Weit draußen im Meer ist das Wasser so blau
wie die Blätter der schönsten Kornblumen und so klar wie das rein-
ste Glas, aber es ist tief, tiefer als irgendein Ankertau reicht.« Dieses Zitat von Hans Christian Andersen klebte schon viele Jahre am
Schott. »Weit draußen«, das war ihr Wunsch und jetzt konnten sie
es endlich wagen.

Mutig segelten sie drauflos, erzählten sie mir. Mit raumem Wind
gleich über die Ostsee. Von der Insel Usedom in Vorpommern nach
Dänemark. Ruhiges Wasser begleitete sie. Sie hatten überhaupt
ideales Segelwetter. Ihre Männer übergaben im Morgengrauen die
Wache an die beiden Frauen: ohne besondere Vorkommnisse. Mit
der Pinne ließ sich problemlos Kurs halten. Land war nicht in Sicht.
Schönwetterdunst hüllte nämlich den Horizont ein. Nur das Plät-
schern der Bugwelle war zu hören. Ein Blick über die Reling zeigte
lange weiße Streifen, die vom Wind aufgerauht blinkten und sich
mit silbrigen Reflexen im Kielwasser verloren. Da sagte die eine:

»Lilo, wir sind auf der Ostsee.«

»Ja, Ingrid.«

»Lilo, wir sind auf der O s t s e e! Begreifst du das? Mit unserem
Schiff auf der Ostsee! Ich könnte immer so weiter segeln, immer

weiter. Tag und Nacht hindurch. Meile um Meile. Du auch? – Sag doch was.«

»Ich war wie aufgedreht letzte Nacht. Alle naselang mußte ich in den Sternenhimmel, in die Segel schauen und dachte: Das ist doch nicht möglich. Das ist nicht zu fassen.«

»Ja, das ist unglaublich, die wollten uns einfach nicht rauslassen. Stacheldraht und Stempel. Verrückt. Die haben uns das Meer verwehrt.«

»Und wir haben es uns gefallen lassen.«

»Und ich habe ständig aufs Meer gewollt, vom Meer geträumt.«

»Ob wir es noch mal schaffen werden, Lilo, über den Atlantik zu segeln?«

»Ich weiß nicht.«

»Hm, ich sage nur: Scheiße!«

»Weil wir schon fünfzig sind!«

»Ja, ... jetzt, wo uns die Welt offen steht.«

Ich wüßte gerne, was länger lebt, der Traum von einem Atlantiktörn oder die Verwirklichung.

3 | Ostsee:
Das ist
Jollensegeln

Eine Hand an der Pinne, in der anderen die Großschot, so verlasse ich den Goltofter Steg, wo meine Frau neben dem äußersten Poller steht und heftig hinterherwinkt. Ohne das Tau der Schot loszulassen, winke ich wie ein Armbehinderter zurück. Aus dem Lehrbuch *Jollensegeln* habe ich mir nämlich eingeprägt, »wer bei frischem Wind allein mit der offenen Jolle segelt, sollte die Großschot aus der Hand fahren«. Da ich mit der anderen Kurs halte, fühle ich mich wie ein degradierter Einhandsegler. Zu allem Übel stecken die Füße unter dem Ausreitgurt, der auf dem Boden befestigt ist. Nur mit dem Hintern auf der Bordkante kann ich mich frei bewegen.

Auf meiner Uhr ist es 9 (morgens). Das Datum zeigt den 14. (Juni). Der Wind kommt aus Südwest, fällt also halb ein, ist frisch und kühl. Und feucht. Die kurzen grünweißen Wellen der Schlei sind noch träge. Das Kielwasser rauscht. Im Nu sind der Steg und die winzige gegenüberliegende Liebesinsel achteraus. Mein Fahrwasser ist von roten und grünen Bojen begrenzt. Dies ist mein erster Jollentag, den ich allein erlebe. Überhaupt war ich bisher nur einmal mit einer Jolle unterwegs. Vor einem Jahr, und zwar mit meinem Sohn, auch auf der Schlei, nach Schleswig und zurück. Damals war ich nur Vorschoter.

Es war nicht einfach fortzukommen. Meine Familie wollte mich nicht loslassen. Sie hatte Angst, daß ich kentern würde und dabei die umfangreiche Ausrüstung verlieren könnte. Die wertvolle Kamerasammlung unter Wasser setzen und mich in Not bringen

14

würde. Schlimmer: mich tollkühn bei zuviel Wind und Seegang auf die Ostsee wagen würde. Auch meine Beweggründe schienen nicht einleuchtend: Mecklenburg und Vorpommern rund mit einer offenen Jolle – was soll das? Wozu diese Strapaze, wo hinter unserem Haus ein bequem zu segelndes Kielschiff steht? »Das schreit förmlich danach, gesegelt zu werden«, sagte Astrid. Für mich ging es um etwas anderes. Zum einen kann man die »Verstecke« in Mecklenburg-Vorpommern nur mit einem flachgehenden Boot aufstöbern. Zum andern – ich wollte wissen: Ist es wirklich so, wie häufig behauptet wird, daß der, der das Jollensegeln nicht beherrscht, auch nicht das Können für optimales Segeln eines Kielkreuzers hat?

Bis zur Brücke Lindaunis muß ich daran denken, kann aber innerhalb dieser 4 Meilen schon feststellen, daß eine Jolle unmittelbarer reagiert. Man muß ständig auf der Hut sein, das heißt beweglich bleiben. Pinne festzurren und in die Landschaft gucken, die augenblicklich eh im Dunst liegt, ist nicht drin. Vor der Brücke, die nur einmal in der Stunde öffnet, habe ich noch Zeit, um an einer gelben Tonne festzumachen. Schon nach diesen paar Meilen ist mir elendig kalt. Mit zusätzlichem dickem Wollpullover, Socken und gefütterter Jollenhose, die die Nieren und andere Innereien schützt, geht es weiter.

Die Schlei ist ein beliebtes Urlaubsgebiet. Doch danach sieht es an diesem Morgen nicht aus. Kein Segelboot, kein Angelkahn am Schilfgürtel. Nur ein Jogger ist am Strand unterwegs. In der Enge von Arnis ziehen die Segel schwach. Der Wind wird von Bäumen und Häusern abgedeckt. Arnis ist ein obligatorisches Ziel für viele Touristen. Mit nur 880 Einwohnern ist es die kleinste Stadt Deutschlands. Dazu bietet es noch einen Schiffsfriedhof. Das heißt: Vor dem Ort liegen zig rostige, abgewrackte Dampfer im Päckchen vertäut. Auf einem klopft ein Arbeiter mit Schutzbrille und Pikhammer Rost.

Warum hat meine Familie die schnelle Abfahrt blockiert? »Ohne neue Lackierung lassen wir dich nicht fort.« Das bedeutete bei sechs Anstrichen eine Woche kostbare Zeit. Und dann mußte der Pinnenbeschlag verstärkt werden, ein Großfall neu eingeschoren, die Persenning imprägniert werden und mehr solcher Dinge. Dabei weiß ich selber: Ein gründlicher Check vor einem Seetörn ist unerläßlich. Aber mußte ich dazu noch fürs Haus rangenommen werden – Tomatenstöcke besorgen, ein Klärrohr verlegen?

Als erfahrener Hochseesegler sollte ich doch mit einer Jolle klarkommen. Schließlich habe ich mir das Segeln und Navigieren selbst beigebracht. Mit aufgeschlagenen Lehrbüchern im Cockpit. Und es hat funktioniert. Jedenfalls habe ich mit solcherart Kenntnissen Mitte der sechziger Jahre in einem sieben Meter langen Holzboot die Welt allein umsegelt. Zu einer Zeit, als Weltumsegeln noch nicht populär war. Und mancher abenteuerbegeisterte Segler hielt mich danach für ein Original. Etwas Risiko sollte man im Leben eingehen, deshalb bin ich jetzt unterwegs, es macht das Leben spannender. Auf meine Solofahrt von 1966/68 folgte eine Umrundung der Erde mit meiner Frau Astrid und wenig später der blaue Traum: dreieinhalb Jahre Südseesegeln mit Frau und Sohn Kym. Und dann 1984/85 die Nonstopfahrt: einhand von Kiel nach Kiel in 271 Tagen um alle berüchtigten südlichen Kaps.

Warum soll es seemännisch nicht mit dieser Fahrt klappen? Natürlich, das Boot kann »umfallen«, wenn Schot und Schwert nicht richtig bedient werden. Daran denke ich, als ich durch eine schralende Böe beinahe kentere. Verdammt. Gleich zweimal kommt die Fock back, und das Schleiwasser sprudelt gefährlich übers Seitendeck ins Boot. Noch wenige Grade mehr Schräglage, und die Fahrt wäre hier zu Ende gewesen. Im Schreck mache ich zwei grobe Fehler. Ich fahre sogleich eine Wende, damit gebe ich der starken Böe auf der entgegengesetzten Seite Angriffsfläche, anstatt die Schoten zu fieren und abzuwarten, bis sich der Wind wieder stabilisiert hat. Das mache ich erst, nachdem es fast zu spät ist. Zum anderen verliere ich völlig die Geschwindigkeit, was zur Manövrierunfähigkeit führt. Die Ausgangssituation war schon zu lässig, nämlich mit festgeklemmten Schoten zu segeln und dem Feeling: Den Winzling haste schon im Griff. »Eine Jolle segelt man nicht wie ein Kielboot«, steht auch in meinem Jollensegelbuch.

Der Dämpfer tut gut. Hellwach und mit über den Bodenbrettern schwappendem Wasser, denn mein »Schiff« hat keine automatischen Lenzer, geht es weiter Richtung Ostsee. Windböen bereiten mir keine Schwierigkeiten mehr. Ich weiß jetzt, alles ist nur eine Sache der Aufmerksamkeit. In Kappeln gibt es wieder eine Brücke,

Als Reisemittel wähle ich eine offene Jolle vom Typ
»Schwertzugvogel«. Ausgerüstet mit dem Notwendigsten: Kocher
und Schlafsack, Kompaß und Seekarten. Leben unter einer
übers Boot gespannten Persenning. Bootsname: SCHLEI KATHENA.
Schlei steht für mein Hausgewässer und Kathena, zusammengesetzt
aus zwei Mädchennamen, hießen alle Schiffe.

vor der ich warten muß. Hartwig, ein Freund, winkt mich längsseits seiner PETRINE, einer 25 Meter langen Barge, mit der er Charter fährt. Mit professionellem Ösfaß und Schwamm schöpfe ich mein Boot leer, derweil kocht Hartwig mit lässiger Eleganz unter Deck einen Kaffee in seiner Ikea-Küche, der mich sicherlich bis Mecklenburg wach halten wird. Seine Gäste sind zu einem Schwatz aufgelegt. Sie kommen aus München und lieben die alte PETRINE mit ihren Vorzügen und Fehlern. Lieben die Küste und das Arbeiten mit Gaien, Gaffeln und Teer. Sie bewundern meinen Mut. Ohne Jollenerfahrung auf die Ostsee!

Na denn! Auf in die Ostsee!

Einige an Bord der Motorsegler, Butterschiffe und Auflugsboote denken wohl ebenso. Mit 6 Knoten ziehe ich am roten Tonnenstrich entlang. In der Schlei-Einfahrt liegt ein kleiner Schutzhafen. Hier war eigentlich die Nacht geplant, um mich morgen ausgeruht und voller Tatkraft auf die Ostsee stürzen zu können. Schleimünde bietet eigentlich noch einen besonderen Leckerbissen: das Vogelschutzgebiet. Der Besuch soll sich lohnen. Doch die Hand an der Pinne reagiert nicht auf das, was im Kopf vorgeht. Im »Handumdrehen« hat sie vorbeigesteuert, und SCHLEI KATHENA liegt querab vom 28 Meter hohen Leuchtturm, der den Schiffen den Weg in die Schlei weist. Die See wird unruhig. Hoho. Der Wind stärker, und mein »Zugvogel« zieht, nachdem die Schoten dichtgeholt sind, wie eine Rakete ab.

Ich erinnere mich an meine erste Begegnung mit der Schlei. Es war Anfang Juni 1982. Bei Ostwind schlüpfte ich mit einem Kielboot unter Spinnaker in die Mündung, eine hochstehende Sonne im Rücken. Fischer, Sportboote und Butterschiffe zu beiden Seiten. Weiter landwärts Rapsfelder in Blüte. Wir nahmen Kurs auf Schleswig, das am Scheitel dieses langgestreckten Fjords liegt. Passierten Brücken, reetgedeckte Fachwerkhäuser und Hafenanlagen mit kleinen Ausmaßen. Schilf- und Sandbuchten wechselten einander ab. Ich war beeindruckt.

Das war im Juni. Im November wohnten wir an der Schlei. Hatten uns in einem winzigen Haus niedergelassen. Was mich sofort an diesem Gewässer begeisterte, war die Verbindung von Binnensee und Hochsee. Ich konnte hier Jollensegeln in allen Facetten betreiben, aber auch von der Haustür aus mit einem Kielschiff Kap Hoorn ansteuern (was ich dann auch tat).

Zwischen der Flensburger Förde und der Eckernförder Bucht dringt die Schlei rund 22 Seemeilen weit in südwestliche Richtung ins Land ein. Aus einer Reihe von Gletscherseen entstand ein Fjord, der in seiner Art einmalig in Deutschland ist. Die Breite der Schlei wechselt ständig zwischen schmalem Lauf und breiten Buchten. An einigen Stellen wirkt die Schlei wie einer großer See. Die Fahrt durch diese äußerst vielfältige, sehr schöne Uferlandschaft mit ihren sanften Hügeln, Wiesen und Wäldern wird zu einem besonderen Erlebnis. Kühe grasen auf den saftigen Weiden. Es riecht nach Landwirtschaft.

Die Schlei ist ein flaches Gewässer. Flachgehende Boote und große Segler können sie gleichermaßen befahren, da die Tiefe im Tonnenweg bis Schleswig auf drei Meter gehalten wird. Bei schlechtem Wetter findet man überall schnell Schutz. Zum Genuß wird dieser Meeresarm erst, wenn man die vielen Buchten anfährt, im Schutz von sandigen Kaps zwischen Schilf und Gras dicht am Ufer ankert. Und wer sich mit einem Schwertboot in die Schlei begibt, der sollte die vielen Noore – mehr oder weniger tief ins Land einschneidende Buchten – absegeln. Hier findet der Naturfreund völlige Abgeschiedenheit. Und überall gibt es an den Ufern verstreut einzelne Holzstege, an denen man für eine Nacht festmachen kann, sofern noch Platz ist.

Um von der Schleimündung nach Mecklenburg zu gelangen, will ich die Route Kieler Förde, Fehmarn Sund, Insel Poel, Wismarer Bucht nehmen. Das sind rund 100 Seemeilen über die Ostsee. Eingeklemmt zwischen Pinne, Schot und Gurten, in eine Rettungsweste gezwängt und halb außenbords übergelehnt, begegne ich den ersten Ostseemeilen. Querab von Damp 2000, einem unübersehbaren Betonferiencenter, pfeift es recht ordentlich mit 4 bis 5 Beaufort. Für mich und meine 280-Kilogramm-Sperrholzkiste sehr viel. Aus meiner Jollenfibel: »6 Beaufort sind für eine Jolle Sturmbedingungen.«

Es gischtet bis in die Segel. Ich kann mich nicht aufraffen, die Fock zu bergen oder ein Binderreff ins Groß zu stecken. Wie gelähmt betrachte ich das glitzernde, nasse Schauspiel. Ich mag die

Pinne nicht eine Sekunde loslassen, habe Angst, daß wir in den Wind schießen und durch die schnelle Fahrt auf der Luvseite zu Bach gehen. Ich tue etwas anderes. Ich arbeite mit dem Groß, um dem Wind den Angriff zu vermiesen. Jedesmal, wenn es aufbrist, fiere ich die Großschot, so daß das Tuch im oberen Drittel mächtig killt. Damit nehme ich Druck aus dem Segel und dem Schiff die gefährliche Schräglage. Nach Durchzug der Böe hole ich die Schot wieder dichter, was weitaus schwieriger ist, weil ich es nur mit einer nassen, kalten Hand bewerkstelligen kann.

Wie bringe ich das Boot nur zum Selbststeuern? Das beschäftigt mich sehr. Bei jedem meiner Kielboote habe ich es geschafft, und ich bin sicher, irgendwie ist es auch mit der Jolle möglich. Zumindest für einige Minuten, also so lange, bis ich ein Reff eingebunden oder andere unbedingt erforderliche Tätigkeiten an Bord ausgeführt habe. Doch ich bin zu unsicher, um im Augenblick zu experimentieren. Das Milieu ist mir nicht vertraut. Und außerdem ist viel zu viel Wind und die See grob – ein bis zwei Meter hoch.

Aus der tief nach Westen einschneidenden Eckernförder Bucht bläst es verstärkt. Die Wellen kommen jetzt quer, haben weiße Schaumkronen und lassen mein Boot tanzen. Das Kielwasser gurgelt. Ich vermag die Geschwindigkeit nicht zu schätzen. Schnell geht es voran. Ein Bild, das man nicht vergißt. Nur – wie halte ich es fest? Der Griff zur Kamera unterbleibt. Ein Tagebuch zu führen, wird schier unmöglich sein. Folglich beschließe ich, mir Persönliches samt Fakten für meine Art Logbuch, das ich fortan Reisetagebuch nenne, genau einzuprägen. Später trage ich es dann ein.

14. Juni: In den Wind mischt sich der Geruch von Salz. Mit der Zunge fahre ich über meine Lippen und spüre ein Glücksgefühl. Auf See zu sein ist eine Art Dasein, das ich nicht genau beschreiben kann. Eigentlich bin ich erst sieben Stunden fort, und doch kommt es mir vor, als ob es unendlich lange her sei, daß ich alles zurückgelassen habe. Liegt es an der Intensität dieser Fahrt mit der Jolle? Wie auch immer, man sieht und spürt die See mit anderen Augen. Man ist nicht im sicheren Cockpit verankert, bei diesem Wetter vielleicht noch mit einer Tasse Kaffee in der Hand. Hier bewegt sich alles. Innerhalb einer Minute zähle ich 32 ruckartige Querbewegungen. Man schlit-

tert förmlich mit dem Hosenboden über ein Waschbrett. Man ist mit den Elementen ganz auf Fühlung. Der Zaun ist weg. Genau, das ist es. Die Reling fehlt. Auf einem Küstenkreuzer sitzt man immer hinter einem Zaun. Und so ist, was man sieht, immer irgendwie eingerahmt. Oder besser: Die Elemente wirken distanziert. Mit der Jolle ist man mittendrin im Geschehen. Nichts, aber auch gar nichts wird entzogen. Kein Spritzer entgeht einem. Hier spürst du Segeln total. Vergleichbar einem passionierten Autofahrer, der aufs Motorrad umsteigt.

Ich segle in die Kieler Förde. Welchen Hafen soll ich nehmen? Ich habe bewußt keine festen Pläne gemacht, um unabhängig zu sein. Mit Hilfe meiner feuchten Seekarte, die gefaltet in der Ablage unterm Seitendeck lagert, entscheide ich mich für eine Übernachtung in Wendtorf. »Da habe ich morgen gleich freie Fahrt Richtung Fehmarn«, sage ich mir. Ich fahre noch ein paar Haken, das heißt einen Schlingerkurs, weil ich beim Kartenstudium vom Kurs abkomme. Die Marina Wendtorf wurde letztes Jahr »berühmt«. Ein verheerender Orkan aus Nordnordwest, verbunden mit Hochwasser, zertrümmerte 60 Yachten und beschädigte noch zahlreiche mehr.

Die Ansteuerungstonne ist leicht gefunden. In der Fahrrinne ramme ich an Steuerbord eine der Fahrwasserbojen. Ein meterlanger grüner Streifen auf der schön lackierten Mahagoni-Außenhaut ist die Folge. Ich ärgere mich. Das Boot gehört schließlich nicht mir. Ich habe den »Zugvogel« von meinem Sohn Kym ausgeliehen gegen eine geringe Gebühr – und jetzt schon dieses Malheur. Er hat Schlei Kathena nach seinem letztjährigen Dänemark-Törn makellos zurückgebracht.

In einer freien Box am Steg 9 mache ich fest. Achtern an zwei Pollern, den Bug mit nur einer Leine am Steg. Die Segel werden eingerollt, nicht eingelegt, wie hier geläufig. Die Jolle glänzt und wird mit Süßwasser ausgewaschen. Das habe ich Kym versprochen, »damit die Lackierung durch Salz nicht leidet.« Unter der blauen Persenning, die ich übers Boot stülpe, richte ich meine Koje für die Nacht: Luftmatratze und Schlafsack. Die Sachen – Kleidung und Proviant – lagern im Vorschiff, sehr trocken.

14. Juni: Tagesdistanz 35 Seemeilen. Davon 18 – Schleimünde-Wendtorf – in drei Stunden, bedeutet 6 Knoten Schnitt!

Gestärkt durch diese Eintragung in mein Tagebuch, teile ich stolz das Ergebnis meinem gegenüberliegenden Bootsnachbarn mit. Nachdem er das Woher, Wohin, Warum meiner Reise erfahren hat, rutscht dem Mann im Troyer und Schiffermütze nur ein »Muß das sein?« heraus. Und nach einer Weile: »In deinem Alter.« Ich bedanke mich dafür, indem ich verschwinde. Bei einem indisponierten Hafenmeister zahle ich neun Mark und inspiziere die Waschräume: zwei Toiletten für 800 Liegeplätze. Die gesamte Anlage wirkt unpersönlich, kalt. Warum hat man nicht beim Bau der Marina gleichzeitig Büsche und Bäume angepflanzt? Dann sähe das schon ganz anders aus. So macht man das in Südfrankreich.

In einem gegenüberliegenden Restaurant will ich eine Kleinigkeit essen. Doch ich habe mich noch nicht mal an das schummrige Licht gewöhnt, da höre ich jemanden »Wilfried« rufen. Hagen, der am Tresen sitzt, hat mich erkannt. Der Abend mit dem Kieler Kameramann und seiner Frau wird nicht langweilig. Thema ist natürlich der Orkan – die Nacht der wild gewordenen Schiffe. Sie haben das Debakel mit ihrer »Bianca 36« hier im Hafen überlebt. »Wenn auch mit üblen GFK-Schäden. Es war eine gespenstische Nacht. Wir hatten mächtig Schiß. Um uns herum sahen wir nur noch Masten gesunkener Schiffe, und dazu das knallende Segeltuch ungenügend gesicherter Rollfocks. Als es immer schlimmer wurde, konnten wir unser Schiff nicht mehr verlassen. Der vom Orkan aufgepeitschte Wellengang schwappte hüfthoch über die Steganlagen. Das Chaos verursachten die Schiffe, deren Festmacher über die Poller rutschten oder deren Belegklampen aus den Stegen rissen. Sie hämmerten bei dem Seegang auf den Nachbarlieger ein, rissen im Sinken Schiff um Schiff mit.« Als damals der Morgen graute und der Wind sich legte, wollten Hagen und seine Frau ihr Schiff auch nicht verlassen. Die ersten »Seeräuber« mit Werkzeug waren unterwegs, um sich brauchbare Dinge der beschädigten Schiffe zu sichern.

Als Hagen von meinem mehrmonatigen Mecklenburg-Vorhaben hört, ist er entsetzt. Der Fernsehmann hat nämlich gerade zwei

Wochen Kameraarbeit in Mecklenburg hinter sich:»Die Hotels –
eine Katastrophe. Eine 25-Watt-Glühbirne baumelt an der Decke,
die Nachttischlampe funktioniert nicht. Toilette eine Etage tiefer.
Schranktüren, die sich nicht öffnen lassen, weil der Tisch davor
steht. Kaltes Wasser aus tropfenden Hähnen. Eine nie funktionie-
rende Heizung – entweder du erstickst, oder du frierst.«

Er beruhigt sich, nachdem ich ihm klargemacht habe, daß man
unter der Persenning einer Jolle auch schlafen kann.

»Doch nicht während der ganzen Fahrt?«

»Natürlich. Das habe ich zumindest vor.«

»Du wärst gut für unsere Sendung ›Norddeutsche Profile‹.«

»Tschüs.«

Ich verhole mich in meinen Schlafsack, um gleich das Schlafen
auszuprobieren. Wann habe ich das letzte Mal im Zelt geschlafen?
Recht lange her. 20 Jahre? Kritische Gedanken setzen sich durch.
Vor der Abfahrt habe ich mir schon einiges anhören müssen:»Du
kriegst bestimmt kein Essen.«–»Die Lokale sind immer überfüllt.«
–»Und die Häfen erst, keine Liegeplätze, kein Wasser, nix Toilette.
Wie willst du das machen? Mit 'ner Jolle?«

Der innere Wecker klingelt. Es ist 6.00 Uhr. Im Hafen schläft
noch alles. Der Wind weht weiter frisch aus West. Das Schlagen von
Fallen und Flaggen bestätigt diesen Eindruck. Hastig mache ich das
Schiff klar. Innerhalb einer halben Stunde bin ich mit ein paar
Kreuzschlägen auf dem Weg aus der Marina. Diesmal besser vorbereitet: Handschuhe, Mütze, eine Banane und Cola liegen in Reichweite. Auf einer festen Karteikarte, die ich mir in die obere Tasche
des Ölzeugs stecke, habe ich Kurs und Distanz zum Fehmarnsund
notiert. Auch eventuelle Kursänderungen, die ich wetterbedingt
vornehmen müßte. Beispielsweise nach Bagenkop oder Heiligenhafen, oder zurück. Der Segeltag beginnt mit Grundberührung in
der Ausfahrt. Glücklicherweise Sand, aber da ich damit keinerlei
Erfahrung habe, dauert es lange, bis ich frei bin. Schwert hoch und
abstaken ist offenbar das Richtige. Alles auf nüchternen Magen.
Kaffee, Brot, ein Löffel Müsli fallen heute morgen dem Ehrgeiz
zum Opfer: Ich will mit Gewalt nach Fehmarn.

Mein Blick ist starr auf die beiden Segel und den Horizont gerich-
tet. Selten und nur kurz schweift er ab auf den Kompaß. Neben mir

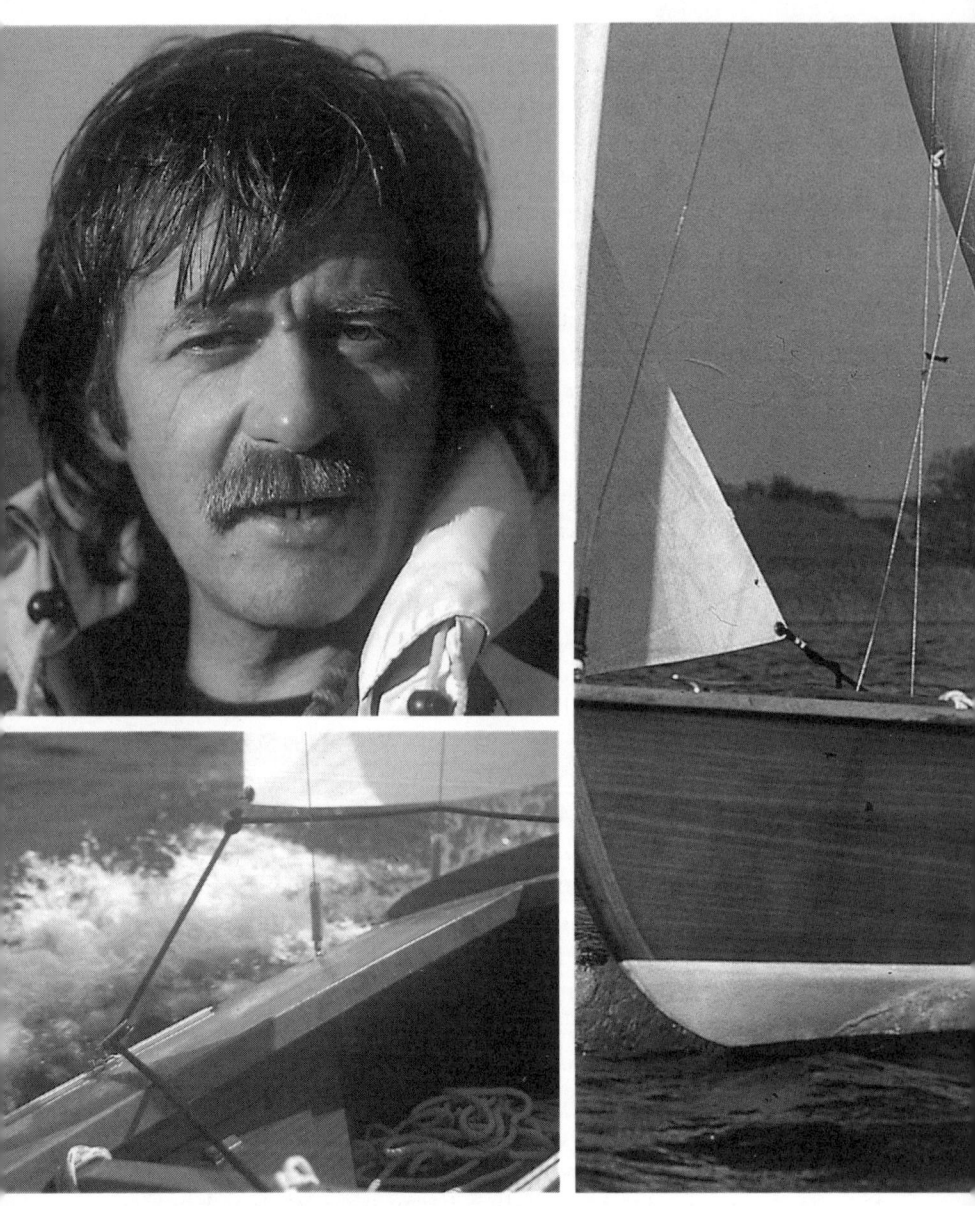

Jollensegeln? Habe ich noch nie gemacht. Als
Weltumsegler, der Kap Horn und andere Wetterecken
im Logbuch hat, wage ich mich im etwas gesetzten
Jahrgang ans Segeln mit einer Jolle.

Auf soviel Wind gleich zu Anfang des Törns bin
ich nicht gefaßt. Ich komme arg in Bedrängnis. Aber:
Die Arbeit mit Schoten, Pinne und Körpergewicht
setzt die Furcht herab.

rauscht das Wasser. Der Himmel ist dreiviertel dicht. Die Wolken ziehen von West nach Ost. Segelboote sind keine auszumachen.

Ein Sicherungsboot der Bundesmarine nähert sich. Über Megaphon höre ich:»Würden Sie bitte für eine halbe Meile Nordkurs segeln, danach können Sie wieder auf 120 Grad zurück.« Aha, ich bin dem Schießgebiet Howachter Bucht zu nahe gekommen. Das bedeutet einen Umweg von einigen Seemeilen. Ich hebe die Hand, daß ich verstanden habe, fiere die Schoten und ändere den Kurs. »Danke und gute Fahrt«, kommt es zurück. So freundlich habe ich mir Militär nicht vorgestellt.

Zwischen der Kieler Förde und Heiligenhafen liegt das Gebiet, wo auf Luftziele geschossen wird, und während der Schießzeiten ist selbst der Gefahrenbereich nördlich davon für Segelboote tabu. Aber keine Bange, ich habe noch von keinem angeschossenen Segler gehört.

Mit rollendem Kurs geht es weiter. Um auf der Kante nicht die Balance zu verlieren, setze ich mich auf die Bodenbretter. Die Bewegungen sind unregelmäßig, unrhythmisch. Und es knallt erbärmlich. Mein Boot ist ein Knickspanter, und die flache Unterwasserform läßt den Bug knallen. Der Wind ist nicht doll, aber die See läuft in verschiedenen Richtungen zueinander. Meine Hochachtung vor Kyms Dänemark-Einhandreise im letzten Jahr wächst. Wie hat er das bloß gemacht mit Fotos, Seekarte und Essen und Trinken? Ich bringe es gerade auf einige Schluck Cola.

Die Sicht wird eng. Das Land löst sich am Horizont auf. Ich bin allein. Auf einer Jolle ist es noch unbequemer, als ich gedacht hatte. Der Rücken schmerzt, der Kopf tut weh, die Glieder sind müde. Ich halte mich eigentlich für einen sportlichen Typ, doch mache ich mir Sorgen, ob ich die Fahrt, wie geplant, körperlich durchstehe. Das Leben spielt sich auf einer Ebene von 40 Zentimetern Höhe ab. Jede Tätigkeit bedeutet: Bücken, Kriechen, Verrenken.

Das Wenden- und Halsenfahren klappt nicht, wie es eigentlich sollte. Liegt wohl an meiner Ungeschicklichkeit. Ich bin einfach zu unbeweglich. Steif. Die Knochen ächzen. Es liegt auch, und eine Entschuldigung findet man ja immer, an der neuen schwarzen Schot. Das geflochtene Baumwolltau flutscht nicht einfach so durch Blöcke und Augen.

Es kommt noch schlimmer. Der Wind flaut ab, und die See bleibt ruppig. Wohlgemerkt: für eine Jolle mit 18 Zentimeter Tiefgang ohne Schwert. Schwankend geht es weiter. Gegen Mittag stopfe ich mir ein Käseschwarzbrot rein, nicht ohne dabei mehrfach vom Kurs abzukommen. Mir fehlt einfach das Feeling für so ein lüttes Ding. Aber dafür kommt die Sonne raus, und alles ist halb so schlimm. Mit 1 bis 2 Knoten Fahrt nähere ich mich der Fehmarnsundbrücke. »Eine Wetterecke für kleine Boote.« Nämlich eine Winddüse mit Stromkabbelungen. Die Mahnung ist berechtigt. In Brückennähe frischt es auf, und im Windumdrehen bin ich drunter durch und nach Passieren des »Betonriffs« Burgtiefe an Steuerbord in Burgstaaken.

15. Juni: Liegegebühr elf Mark. Dusche im Alu-Container. Fühle mich wie in einer Weltraumkapsel. Mißmutig schwanke ich danach durch die Straßen des Dorfes, auf der Suche nach einem Fernsehlokal und einer Telefonzelle. Ich ärgere mich über die Bootsnachbarn. Kein Hallo, kein Kopfnicken. Nix. Der an Steuerbord fragt gar aufreizend, ob i c h seine Fender hochgenommen hätte. Und das Ehepaar an Backbord schaut verachtend von seiner hochbordigen Yacht mit Teakdeck auf mich nieder. Segeln in Westdeutschland! Vielleicht muß das so sein. Dabei segle ich ein naturlackiertes Meisterstück.

Ich telefoniere für vier Mark mit Astrid. Sie sorgt sich. Überschätzt meinen Mut. Keine Bange, meine Liebe. Um ihr ein plastisches Bild von meinem Dasein zu geben, erhält sie den Tip, sich ein kniehohes Tau zu spannen und mit Lebensmitteln, Kleidung oder Werkzeug fünfzigmal am Tag unten durch zu kriechen. Sie lacht. In einem Lokal mit der Lockung »Alle WM-Spiele hier« will ich bei vier Tassen Tee das Fußballspiel Deutschland gegen die Emirate genießen. Doch bei mir kommt nichts an. Ich sehe, ohne zu verstehen. Meine Konzentrationsfähigkeit ist auf dem Nullpunkt. In der Halbzeitpause beim Stand von 2:0 ziehe ich mich zurück an Bord. Nie war mir ein Spiel so egal wie heute. Schlafen ist gut. Tip: Wer an Schlafstörungen leidet, der sollte Jollensegeln betreiben.

Am Morgen springe ich an Deck, schiebe mich frei von den Pollern, setze Fock und Groß und nehme Kurs auf die DDR-Küste.

Nur mit einem Personalausweis in der Tasche. Eine Aktion, die ich mir auf See, im Pazifik oder anderswo häufig in langen Nachtwachen ausgemalt habe: Du segelst einfach in die DDR. Mal sehen, was passiert.

Es geht naß und flott voran. Es knallt und gischtet und rauscht bis zur Tonne GS. Ich sitze, nein, ich hänge auf der Kante, jede Böe mit meinem Gewicht ausgleichend. Zumindest versuche ich es. Ich bin naß bis ins Haar. Aber seltsam, es stört mich nicht. Ich denke nur – jetzt segelst du in die DDR. Wahnsinn. Klatsch, batsch, immer wieder. Die See gönnt mir keine Pause, ich kann den Faden nicht weiterspinnen. Jede Sekunde erfordert Aufmerksamkeit. Und kein Ende in Sicht – der Kurs bewegt sich nur langsam über die Seekarte (im Kopf). Ich rutsche auf dem Seitendeck hin und her, als müßte ich unbedingt zur Toilette.

Nach sechs Stunden kreist 6 Meilen vor der Küste ein DDR-Grenzschutzboot. Es schiebt eine mächtige Welle, und sein Kielwasser läßt mich Wasser schöpfen. Es ist grau und wirkt häßlich. Es macht einen beklemmenden Eindruck. Hat es doch die eigenen Bürger am Verlassen des Landes gehindert. Mein Herz pulsiert, dabei habe ich nichts zu befürchten. Doch wie vielen hat es angst gemacht. Es kann nicht antworten. Hat es Leben auf dem Gewissen? Ich weiß es nicht, aber es sieht alt aus, als hätte es viel erlebt.

Noch im letzten Sommer ist eine Familie über See getürmt. Ich muß jetzt daran denken, weil sie über die Insel Mön in unserer Nähe, in Eckernförde, gelandet ist. Ein Ehepaar mit zwei erwachsenen Söhnen hat sich während einer Zubringerregatta wie in der Piratenzeit aus dem Staub gemacht, sein Segelboot auf Selbststeuerkurs gebracht, so daß es im Radar des Wachbegleitbootes kein Aufsehen erregte, und ist dann mit dem Beiboot Vierkantkurs Richtung Dänemark. Wie schlimm muß es sein, wenn einer sein selbstgebautes Boot, sein Haus und Land verläßt, um nur mit einigen Plastiktüten übers Meer in den Westen zu fliehen? Unter Lebensgefahr.

Eine Ahnung davon, was einer in einer solchen Situation fühlen mag, erfahre ich jetzt – beim Anblick dieses grauen Wellenmachers. Ich bin froh, daß es so ist, daß ich noch vor der Währungs-, Wirtschafts- und Sozialunion am 1. Juli dieses Land erleben darf.

Aus dem Schönwetterdunst fliegt mir die Insel Poel entgegen: der schwarzgeringte Leuchtturm, der Wellenbrecher, der Grenzkontrollpunkt von Timmendorf. Die Einklarierung erfolgt ohne Spiegel, ohne »Machen Sie mal den Koffer auf«, »Was haben Sie im Portemonnaie« und solche Mätzchen. Nur mein Personalausweis wird notiert. Und neugierig ist man: »Wieviel kostet so ein Boot bei Ihnen?« 8000 Mark überrascht sie dann doch, »für soon lütten Kahn«.

Neben einer brandneuen Segelyacht, »Finngulf 36« steht unübersehbar an der Bordwand, mache ich mein Bötchen fest. Sie gehört zwei herablassenden Berlinern, die von Grömitz aus ihr Boot hier »vorführen«. Anders kann man ihr Hiersein nicht beschreiben, wenn man beobachtet, wie sie abwechselnd im Bugkorb Position beziehen und die zahlreichen Hafenbesucher belehren: »Unter einer Viertelmillion ist so ein Schiff bei uns nicht zu haben.« Peng! Ziemlich verdattert ziehen die DDRler von dannen. »250000 Mark. Haste gehört, 250000 West-Mark?«

Es ist kurz nach vier und Zeit für einen Kaffee. Der erste überhaupt an Bord. Ich hole meinen einflammigen Petroleum-Druckkocher aus der achteren Kiste, heize ihn mit Brennspiritus vor, und schon zischt es. Das Geräusch beruhigt und macht müde. Zehneinhalb Stunden bin ich heute jetzt unterwegs gewesen. Die Augen schmerzen von Gischt, Salz und Sonne. So auf See, ohne Land in Sicht, bin ich doch sehr zappelig. Auch wenn es nur mit 3 bis 4 weht und der Himmel keinerlei Anzeichen von Wetteränderung anzeigt. Das Gefühl Jollensegeln ist mir eben zu neu und mein Respekt vor dem Meer groß. Das ganze Gesicht brennt, und ich bin erschöpft. Der Kaffee tut gut, und da ist keiner, der mich stört. Ich bin sogar zu kaputt, um über den tieferen Sinn eines einparkenden Fischtrawlers mit dem Namen FREIHEIT nachzudenken. Vielleicht später, nach der vierten Tasse Kaffee meiner französischen Mocca-Maschine. Vielleicht.

4 | Ostseeküste: Kannst du dir kein größeres Boot leisten?

Mit verquollenen Augen, schweren Gliedern und Kopfschmerzen hangle ich mich aus meiner »Koje«. Ein Sonnenbrand von der Seesegelei schmerzt. »Leider« bin ich gestern von den Seglern Kerstin und Markus (Marina Teerhof, Travemünde) erkannt worden. Die Folge war eine lange Nacht im »Seeblick«, einem Restaurant direkt am Hafen von Timmendorf. Die Mischung Bier und »Goldkrone«, ein gängiger DDR-Weinbrand, war fürchterlich. »Nie wieder« ist dann auch mein erster Gedanke. Aber die Pächter, ein sächsisches Ehepaar, ließen nicht locker. Der Wirt balancierte ein Tablett mit gefüllten Gläsern nach dem anderen durch die Tischreihen. Die Sachsen sind unsicher. Sie wissen nicht, wie es nach der Währungsunion weitergeht. Und hier auf Poel haben sie sich noch nicht etabliert. In ihre Heimat, ins Land der Schlote, wollen sie auf keinen Fall zurück. Sie klagten, wohl wissend, daß wir keinen Rat geben können. Ich trank schweigend mit.

Die Einladung vom Wirt im »Seeblick« galt speziell meinem Bekannten Markus, der seit Wochen durch seine Törns die Gastwirte mit Gewürzen versorgt. Beispielsweise Knoblauch. »Die Mecklenburger Rübenschweine wissen doch nicht, was Knoblauch ist.« Das sagen die Gastwirte.

Eines der Klischees, mit denen man leben muß, ist, daß die Mecklenburger so bedächtig sind, daß der Weltuntergang bei ihnen später stattfinden wird als anderswo. Unbestritten ist wohl, daß sie behäbiger und zurückhaltender sind und sich alles dreimal überlegen, bevor sie Neues akzeptieren, was ja nicht von Nachteil ist.

Ich habe mir einiges angelesen. So unter anderem, daß Mecklenburg nicht wie »meckern« ausgesprochen wird, sondern mit einem langen »e« wie Meeeklenburg, daß der richtige Mecklenburger bodenständig ist, Köm liebt und am liebsten für sich in seiner einzigartigen Landschaft ist. Mecklenburg verdankt seine Schönheit der jüngsten Eiszeit, als gewaltige Eismassen das Land bedeckten. Nach ihrem Abschmelzen ließen sie weitgespannte Hügelketten – Endmoränen – und 60 Meter über dem Meeresspiegel 1000 Seen zurück. Sie sind wie blaue Augen in einem faltenreichen grünen Gesicht. An anderer Stelle lese ich, man habe bei 650 Seen aufgehört zu zählen.

Timmendorf, Poel, hatte gestern noch einiges zu bieten. Es gab einheimische Erdbeeren, fünf Ostmark ein Korb, direkt vom Lastwagen, was man noch nie erlebt hatte. Obst und Gemüse im Direktverkauf. Und dann dieser extrovertierte DDR-Segler, der beim Auslaufen lautstark seine Dänemarkfahrt ankündigte: »Ich fahre über die Ostsee«, aber nicht bei den zwei Grenzern ausklarierte. Per Megaphon zurückgerufen, drehte er eine Ehrenrunde vor dem Kontrollpunkt-Steg, zog seine Hose runter und zeigte den blanken Arsch. Stille im Hafen. Welch ungeheurer, verzweifelter Schmerz hat sich bei einigen Menschen aufgestaut.

Ich habe beschlossen weiterzusegeln. Trotz Kopfschmerzen und geringer Motivation. Nach Wismar sind es nur 9 Meilen. Unterwegs jedoch schreckt mich der Gedanke an die große Stadt ab, also peile ich kurz vor dem Überseehafen ein Vereinsgelände in Wendorf an. Zwischen Segelbooten, die an Bojen schwojen und FIDSCHI, VORAN, TEST und NORDOST heißen, laviere ich zum Kopf eines langen Steges. Auf 50 Zentimeter Wassertiefe fällt der Anker übers Heck.

Obschon Sonntag ist, zeigt sich niemand. Ich schlendere den Steg hinunter und stelle fest, daß die Anlage ziemlich »phantasievoll« angelegt ist. Wellblechhütten, Slipwagen zuhauf, Wracks, Bohlen und Eisenträger türmen sich vor mir auf. Im Vereinsgebäude begrüßt mich der Vorsitzende – leidlich freundlich. Willkommen sagt er nicht.

Besucher per Boot von »drüben« gibt es hier ohnehin nicht mangels Wassertiefe. Dies ist die BSG (Betriebssportgemeinschaft)

Am Markt von Wismar der »Alte Schwede«. Der Name kommt
von einer darin etablierten Gaststätte, die wiederum soll
an die Zeit erinnern, da Wismar zu Schweden gehörte. Rechts
davon die »Wasserkunst«, ein Pavillon, der bis zur
Jahrhundertwende die Stadtmitte mit Wasser versorgte.

»Schiffahrtshafen«, höre ich. Na denn, schauen wir uns mal ein wenig um in so einem BSG-Vereinshaus. Der Klubraum ist groß, hoch und – grau. Zur Linken am Eingang stapeln sich Werbesprospekte für Bootszubehör, Farbe, Außenborder. Auf der anderen Seite hängt noch die Seeordnung für Segler der DDR. Und auf dem Boden vor der Eingangstür, verewigt in Marmor, das Wappen des Partnervereins aus Neustadt. Gleich in der Nähe der »Bar« sitzt an zwei zusammengestellten Tischen eine Gruppe, die lautstark durcheinanderschwatzt. Ich setze mich dazu. Zwei bayerische Pärchen, Pkw-Reisende, sind auch darunter. Die Gesprächsthemen: Bootsbau, Liegeplätze und das gestrige gesamtdeutsche Kirchdorfer Fahrtenseglertreffen auf Poel. Dort haben die Westdeutschen jeder für sich und die Ostdeutschen miteinander gefeiert. »Ein Pappbecher Bier fünf Mark«, wird mir mehrfach mitgeteilt. »Hier im Verein kostet eine Flasche eine Mark.« – Sie haben nicht nur Kopfweh vom Seglertreffen, sondern vor allem wegen der kommenden Zeiten. Wer finanziert demnächst den Verein? Was geschieht mit den vereinseigenen Booten? Eine hitzige Diskussion entsteht am Tisch. Einer der Bayern, der eigentlich aus Wismar ist, möchte am liebsten einem ehemaligen Freund an den Kragen. Und je mehr »Goldkrone« fließt, um so aggressiver wird er. Es dauert lange, bis ich mitkriege, worum es geht. Mit 18 Jahren hat er eine vierjährige Strafe in Cottbus abgesessen. Wegen Republikflucht. »Und dabei hatten wir das Boot, mit dem wir flüchten wollten, noch im Keller.« Nach dem Gefängnis wurde er nach Bayern abgeschoben. Mit der Öffnung der Grenze ist er nun zum ersten Mal wieder in der Heimat – nach 18 Jahren als 36jähriger. Einer der Kumpel, der mit türmen wollte, hat das Vorhaben damals verraten. »Und jetzt steht der sogar im Telefonbuch«, empört sich der »Bayer«, außer sich vor Wut.

Die beschwipsten Segler, deren Fahrgebiet bisher die 9 Seemeilen Wismarer Bucht waren, verklaren mir, daß ich auf keinen Fall entlang der Halbinsel Wustrow nach Warnemünde segeln soll. »Ist absolutes Sperrgebiet. Da schießen die Russen täglich. Einen Westdeutschen hat es schon erwischt.« Das Sperrgebiet geht 9 Meilen im rechten Winkel zur Küste in die Ostsee. Ist mir nicht gerade angenehm, diesen Bogen mit meiner Jolle zu segeln. Ich kriege aber den Tip, durchs Salzhaff nach Rerik zu segeln, von da 100 Meter über die Sanddünen in die Ostsee zu gelangen. »Der Untergrund ist fest. Und der Verein ›Traktor‹ hat sicher einen Wagen fürs Übersetzen.« Hört sich verheißungsvoll an. Außerdem will ich Ungewöhnliches ausprobieren.

Ich darf kostenlos übernachten – inklusive Dusche und Spülklo. Der Hafenwart des Vereins: »Warum reist ihr mit so einem kleinen Boot?« Verblüfft über diese Frage und mein Zögern, gibt er sich gleich selber die Antwort: »Ihr verdient wohl nicht viel.« Er ist ein aufmerksamer, gewissenhafter Hafenwart. Er liebt seine Aufgabe. Im Sommer lebt er auf dem Gelände in einer Laube mit Liege und gerafften Spitzengardinen. Mit der Wende sieht er sein Revier gefährdet. »Aber mit 62 macht man sich keinen großen Kopp, wie es weitergeht.«

Ich mache mir auch keinen großen Kopp, wie die Route genau weitergehen soll. Zunächst ist der Stadtkai im alten Hafen von Wismar das Ziel. Die 2 Meilen werden lang. Drückend heiß sticht die Sonne, und der Wind ist flau. Rechts taucht die riesige Matthias-Thesen-Werft auf. Daneben Kaianlagen und ein supermodernes Ausflugsboot. Der Kai ist gut besucht von westdeutschen Seglern. Schon eine Minute nach dem »Leinen fest« wird mir eine Quittung von acht Ostmark unter die Nase gehalten. Ich habe aber nur einen Hundertmarkschein Ost. Der war für meine Mitwirkung im DDR-Fernsehen Anfang Mai in Warnemünde. 1200 Ostmark bekam ich für die Talkshow »Klönsnack« bar in die Hand. Offenbar hat man die Fernsehmitwirkenden drüben gut bezahlt, denn für vergleichbare Sendungen gibt es bei uns nur die Hälfte. Also, den Hunderter kann der Bürokratenmensch (Aktentasche, Trenchcoat) nicht wechseln. Ich mache mich auf zum ein paar Meter entfernten Toiletten- und Waschraum. Der Wärter wechselt, allerdings nur in Groschen und 20-Pfennig-Stücken. Um das Wechselgeld abzutransportieren, gibt er mir noch eine Tüte mit. Seine Einnahme eines Wochenendes erstaunt mich. Kein Wunder, daß der Frührentner noch einen Anbau mit Duschen plant.

Wismar ist eine stille Kleinstadt. Kein Autolärm, wie ich befürchtet hatte. Die Straßen sind holprig und kopfsteinlastig, ganz wie zu meinen Radrennzeiten 1955 und 56. Ich fuhr hier damals Rennen mit leidlichem Erfolg, um genau zu sein: ohne. Einmal

Aufgabe wegen Sturz und zweimal im Hinterfeld. Meine Radrenn-
periode litt sehr unter Materialzwängen. Ich hatte einfach zu wenig
Geld, und mein Vater konnte diesen Sport nicht ausstehen. Folglich unterstützte er ihn in keiner Weise.

Es ist Montag und *Spiegel*-Tag. Mit der Zeitschrift, zwei Flaschen
Frischmilch, Brot und Tomaten frühstücke ich um 12.30 Uhr. Zwei
Schulmädchen setzen sich auf den Kai und bewundern die Jolle. So
ein Boot gefällt ihnen. Damit würden sie gerne mal segeln. Aber
noch lieber zum Hansapark Sierksdorf fahren. »Da soll es kilometerlange Wasserrutschen geben.« Alexandra und Mandy gehen in
die 5. Klasse. Beide können prächtig erzählen. Es geht um den Kindergarten: »Der stand mir bis zum Hals.« – Um Arbeit: »Meine
Mutter hat den ›Alten Schweden‹ restauriert. Zehn Jahre hat das
gedauert. Ist er nicht schön?« Es ist in der Tat das schönste Bauwerk der Stadt, die seit 1358 Hansestadt ist. 610 Jahre hat der stu-
fenförmige Pfeilergiebel auf dem Fundament. Allzugern schweifen
die Mädchen ab Richtung Westen. »Endlich mal Bananen und Pfir-
siche satt zu essen.« Mein Gott, das ist mir nie so zu Bewußtsein
gekommen. Ich erzähle von der Südsee, wo wir häufig Bananen-
stauden unterm Großbaum hängen hatten, und über die Probleme,
diese rasch reifenden Früchte zu vertilgen. Bananen zum Frühstück, als Marmelade, gebraten, gekocht, als Brei zum Nachtisch.
Für die beiden unvorstellbar. Und der Preis! »Zwei Dollar für eine
ganze Staude?« Sie beklagen sich aber auch über ihr Elternhaus.
»Meine Mutter ist geschieden, und mein neuer Bruder ist häßlich zu
mir.« Mandy ergänzt: »Von meinen 100 D-Mark Begrüßungsgeld
habe ich nichts abbekommen.« Und Alexandra: »Eine Frau hat mir
in Lübeck zwei Tafeln Schokolade geschenkt und gefragt: Kommst
du von drüben? Ich wußte gar nicht, was drüben ist.« Ich spendiere
den beiden Getränke und Müsliriegel, und während sie immer weiter erzählen von Schule, Autos, Füller mit Killer, Giebeln, die ganz
aus Glas sind, krame ich Kaugummi und anderes aus meinen Behäl-
tern. Es geht mir durch den Kopf: Haben sich so die Amis bei uns
nach dem Krieg gefühlt?

Die Westdeutschen segeln mit Hund. Das ist mir heute besonders
aufgefallen. Mein Nachbar achtern hat auf seiner Segelyacht gleich
zwei. Einen jungen und einen alten Terrier. »Damit der ältere sich

nicht langweilt«, erfahre ich. In Timmendorf bemerkte die Pächterin vom »Seeblick« sarkastisch:»Die kommen alle mit Hund, aber ohne Kinder.«

Wenn man in meinem Alter als Jollensegler auftritt, ist man offenbar »ein armer Hund«. Die westdeutsche Yachtszene gönnt mir auch an dieser Küste keinen Blick und kein Wort. Dabei segle ich ein meisterlich verarbeitetes Boot. Es ist aufgeräumt und seemännisch richtig festgemacht. Und ich bin rasiert und frisch.

Im alten Hafen von Wismar ist Platz für ein Dutzend Segelschiffe, im Notfall einige mehr. Nun, ich trinke noch einen Kaffee an Bord, klare auf und schaue mir die Stadt genauer an. Wismar rückt mir nah mit seinen engen Gassen und wahnsinnig schönen Giebelhäusern. Ich gehe auf Inforeise. Durchs Wassertor gelange ich zum Marktplatz. Einige der alten Giebelhäuser sind restauriert. Vor dem »Alten Schweden« an der Ostseite des Marktes staune ich: Wismars ältester Backsteinbau hat eine wunderschöne spätgotische Fassade. Der Name kommt von einer vor 100 Jahren darin errichteten Gaststätte, die wiederum sollte an die Jahre 1648 – 1803 erinnern, als Wismar zu Schweden gehörte. Drinnen im »Alten Schweden« trinke ich ein Tonicwasser und schreibe Ansichtskarten. Wismar gefällt mir sehr. Eine Stadt, in der man sich sofort heimisch fühlt. Ein mir ungewohntes Bild präsentiert sich in den Schaufenstern: Aufkleber und im Geschäft Produkte vieler westdeutscher Firmen. Die Leute schlecken Langnese und Botterbloom. Ein Blick in die Nikolaikirche. Die Backsteinkirche mit einem 37 Meter hohen Mittelschiff war einst Gotteshaus in Hafennähe für Seefahrer, Fischer und Reisende.

Abends gehe ich in die neueröffnete»Klönstuw«. Ich bestelle ein Schnitzel. Im schwach besuchten Lokal setzt sich ein Grenzer zu mir. Jahrelang tat er Dienst auf Poel. Jetzt trinkt er Jever und hofft, in das bundesdeutsche Beamtenverhältnis übernommen zu werden.

Nach einer Nacht im schwarzen Hafenwasser setze ich Segel. Ein Stadtkai ist nichts für Jollen. Das Wasser der Wismarer Bucht wird schnell blau, grün und flach. Vor der Brücke Breitling muß ich den Mast legen. Ich paddle durch die schmale Rinne und werfe gegenüber den Anker, um den Mast wieder zu setzen, und bin erstaunt, wie schnell es geht. Fünf Minuten. Im Windschutz der Schilfinseln geht es mit rascher Fahrt und achterlichem Wind ins Salzhaff. Im Schutz einer Halbinsel werfe ich erneut Anker, um gegen ein Uhr endlich zu frühstücken. Rerik soll das Ziel sein, dessen Kirchturm sich schon in der Ferne zeigt. Ein paar Nackte am Strand schauen mir nach. Die Landschaft, an der ich heute vorbeisegle, ist hügelig und überhaupt nicht bebaut. Möwen ziehen am leicht bewölkten Himmel. Boote? Nicht einem einzigen begegne ich.

Ich rausche weiter über das 60 bis 70 Zentimeter flache Wasser. Der Grund besteht aus Sand und Algenbewuchs, nur an der Halbinsel gibt es einige Findlinge, sie sind aber deutlich auszumachen.

Am Steg der BSG »Traktor Rerik« erfahre ich, daß diese Holzkonstruktion extra vor zwei Monaten für die westdeutschen Segler gebaut wurde. Geeignete Pfähle wurden im Wald gefällt, geschält und dann mit einer handbetriebenen Ramme in zwei Meter tiefes Wasser und zwei Meter Schlick getrieben. Anschließend wurde der knapp einen Meter breite Steg mit Kiefernbrettern benagelt. Die ganze Mühe hat sich bisher aber nicht gelohnt. Ich bin erst der zweite Besucher mit Boot aus der Bundesrepublik.

Der Vorsitzende begrüßt mich per Handschlag und mit der jovialen Bemerkung: »Einem Jollensegler kann man doch kein Geld abnehmen!« Das Problem ist die Anfahrt nach Rerik, nur eine schlecht betonnte 20 Meter breite Fahrrinne führt ins Salzhaff. Und man muß sich unbedingt von der Halbinsel Wustrow freihalten, dort üben die Russen – immer noch. Schwimmen sollte man hier sein lassen. Eine Zeitlang war es aus einem anderen Grund sogar verboten – wegen der gegenüberliegenden Entenfarm. Ihre gräßliche Desinfektionsbrühe wird direkt ins Haff geleitet und vergiftet das Wasser.

Liebevoll schleift und streicht ein Fischer seinen Kahn auf dem Slip. Ich komme mit ihm, der sich »Kohle« nennt, ins Gespräch: »Uns Fischern ging es nicht schlecht. Dafür hatten wir allerdings einen 12- bis 15stündigen Arbeitstag.« Im Augenblick läuft absolut nichts, und so haben die Reriker Fischer wenigstens Zeit, ihre Kähne zu pflegen.

»Kohle« und seine ihn anhimmelnde Freundin schleppen mich mit ins »Alt Gaarzer Eck«, ein Lokal zum Verlieben. Bauernhecke,

Linden, Kieselsteine, Gartentische und Stühle aus Holz und Eisen schaffen Atmosphäre. Dazu ist es ein milder und trockener Tag. Die Jugend und einige Touris treffen sich hier. Ich werde vorgestellt als westdeutscher Jollensegler. Ich höre nur zu (der Kraftakt Jolle hat mich schlapp gemacht): »Eine Fete kann man jetzt nicht veranstalten. Kommt das Thema Geld zur Sprache, ist die Stimmung im Eimer.« Ein Sechzehnjähriger begeistert: »Endlich Ostseesegeln. Da wohnte man all die Jahre an der Ostsee und konnte nur mit einem ›Piraten‹ auf der Haffseite segeln.« Die Jugend zeigt Flagge im »Alt Gaarzer Eck«: West-Zigaretten, West-Bier, West-Kleidung. Der Wirt kennt mich von der »Klönsnack«-Sendung und spendiert ein tolles Schnitzel.

Der siebte Tag dieser Fahrt wird zum Ruhetag: Nordwind und Regen. Karl, einer aus dem hiesigen Verein, zeigt mir das schmuddelige Stilleben im Klubhaus: alte Matratzen, verstaubte Tische, brüchige Stühle, Segelsäcke und dergleichen türmen sich zuhauf. Er organisiert meine »Überfahrt« via Düne. Morgen um acht soll es losgehen.

Rerik hat einen schönen Ostseestrand mit fünf Meter breiten künstlichen Durchbrüchen in den Dünen, wo die Grenztruppen früher große Laster mit Riesenscheinwerfern parkten und die Nacht zum Tage machten.

Abends lese ich an Bord eine Seite im Buch. Da höre ich einen Motorbootfahrer aus Wismar hastig zu seiner Frau sagen: »Das ist doch der Weltumsegler! Wirklich. Der wollte doch mit der Jolle Mecklenburg erkunden.« Er hat die Talkshow im deutschen Fernsehfunk gesehen. Er und seine Frau sind ganz aufgeregt. Ein Autogramm auf die Seekarte muß gleich her. Einem Bier und einer »Goldkrone« kann ich nicht ausweichen. O Gott. Dabei denke ich an mein »Nie wieder« von Timmendorf. Es ist 20 Uhr, und die geplante Angelfahrt wird aufgegeben. Hans und seine Frau schnakken den angenehmen breiten Mecklenburger Dialekt. Er hat mein Alter und ist bei der Thesen-Werft in Wismar beschäftigt. Beide scheinen endlich einen kompetenten Westzuhörer gefunden zu haben: »Schlimm, die Zeit davor. Jedesmal, wenn ich eine PM 18 (Küstensegelgenehmigung) beantragte, wurde ich insgeheim durchleuchtet. Auch meine Frau. Und ich brauchte die Genehmi-

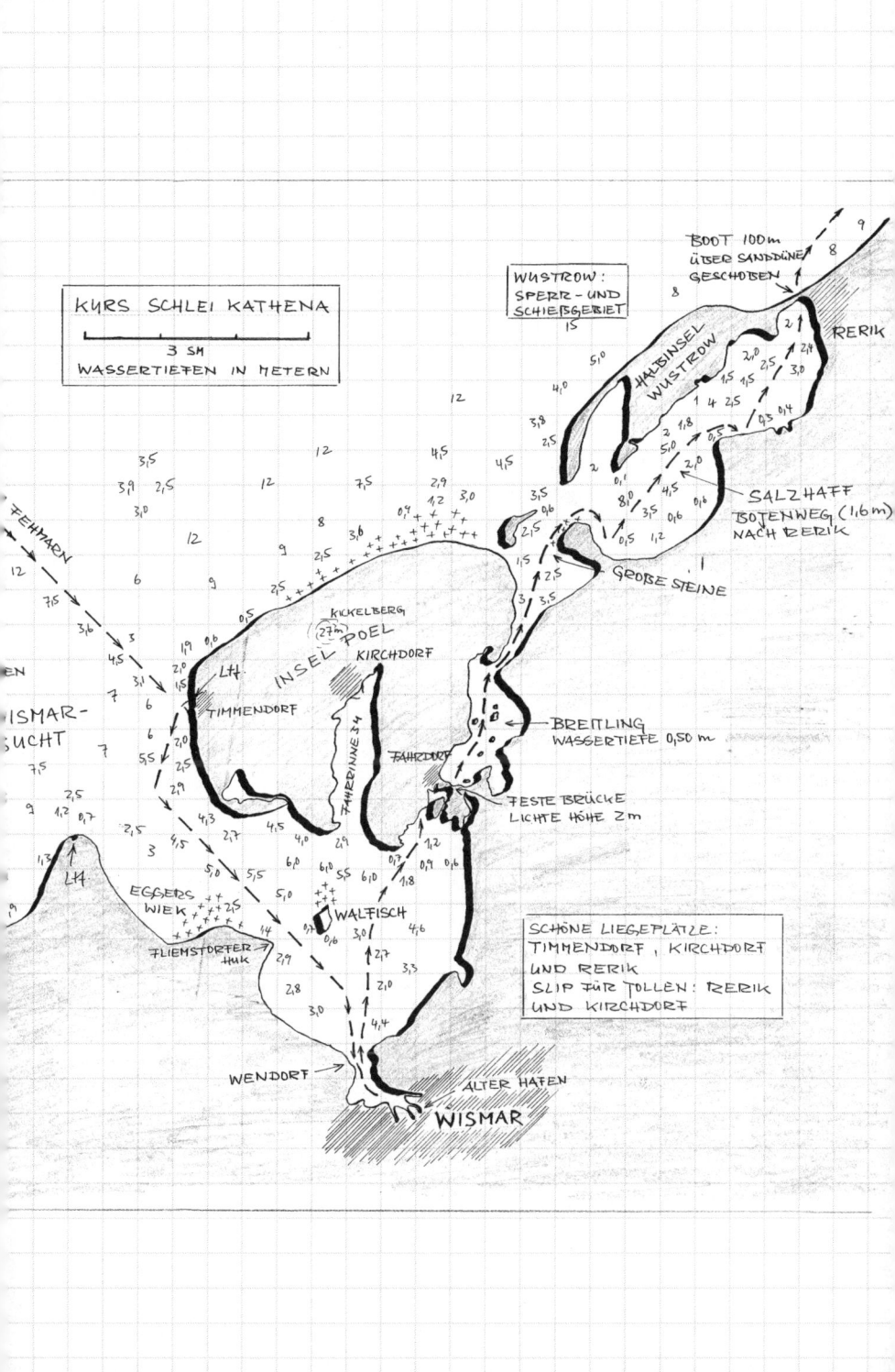

KURS SCHLEI KATHENA

3 SM

WASSERTIEFEN IN METERN

WUSTROW:
SPERR- UND
SCHIESSGEBIET

BOOT 100m
ÜBER SANDDÜNE
GESCHOBEN

RERIK

HALBINSEL WUSTROW

SALZHAFF
BOTENWEG (1,6 m)
NACH RERIK

GROSSE STEINE

KICKELBERG

INSEL POEL

KIRCHDORF

TIMMENDORF

LH

FEHMARN

WISMAR-
BUCHT

FAHRRINNE 3-4

FAHRDORF

BREITLING
WASSERTIEFE 0,50 m

FESTE BRÜCKE
LICHTE HÖHE 2m

EGGERS WIEK

WALFISCH

FLIEMSTORFER HUK

SCHÖNE LIEGEPLÄTZE:
TIMMENDORF, KIRCHDORF
UND RERIK
SLIP FÜR TOLLEN: RERIK
UND KIRCHDORF

WENDORF

ALTER HAFEN

WISMAR

gung, um rund Poel ins Salzhaff zu kommen, denn unter der Breit-lingbrücke passe ich wegen meiner Aufbauten nicht durch.« PM steht für Paß- und Meldewesen. 18 ist der Bereich Küste.

Sie machen sich keine großen Sorgen wegen der Zukunft. »Schlechter kann es nicht werden«, sagt sie. »Kaufte man sich einen Außenborder, gab es keinen Tank oder umgekehrt.« – »Wenn ich in Zukunft meinen Dorsch und Aal fangen kann, bin ich zufrieden.« Ja, bei jeder Fahrt ins Haff mußte er sich in Timmendorf abmelden und neben einem Schiff, das im Salzhaff vor Anker lag, festmachen zum Einklarieren. »Aber einmal habe ich die Grenzer beim Pennen erwischt. Die ganze Gang«, sagt er stolz. Eine Fahrt über die Lü-becker Bucht trauen sie sich nicht zu, noch nicht. »Als erste An-schaffung nach der Währungsunion ist ein Außenborder dran. 25 PS Yamaha würde mir gefallen.«

Es ist ein windiger Morgen, als wir Schlei Kathena über die Düne ziehen. Der Akt wird zwar nicht so dramatisch wie bei Fitz-carraldo, der im Amazonasgebiet sein Schiff über eine Landenge transportierte, aber immerhin packen wir es nur mit viel Kraft und Geschick. Der Anhänger ist eigentlich für die ganz leichten Jollen des Vereins gedacht und nicht für meine 280 Kilo plus Mast, denn den habe ich nicht demontiert, um auf der Ostsee schnell seeklar zu sein. Der Wind ist nämlich auflandig und der Küstengrund mit faustgroßen Steinen übersät. Segelbereit zu sein ist gut. Obschon ich 30 Meter Leine gesteckt habe, faßt der Anker nicht richtig, und im Nu treibe ich in einer mittleren Brandung.

Auch heute kein Griff zur Kamera. Leider. Mit großer Schose löse ich mich vom Strand in Rerik. Das Boot läuft wie der Teufel. Kühlungsborn, als prächtige Kulisse, fliegt, spritzt vorbei. Ein grö-ßeres Kielboot lasse ich schnell hinter mir. Am Leuchtturm von Warnemünde kommt die Fock runter. Mit Groß allein geht es ins Hafenbecken am Alten Strom, vorbei an 17 Yachten, fast alle west-deutsch. Ich mache neben einer »Dehler 34«, einer Serienyacht, fest. Man nimmt mich zur Kenntnis, indem man mit Wolle umhä-kelte Fender raushängt. Ein Einhand-Jollensegler ohne Motor könnte ja einen Kratzer machen.

Das Wasser des Alten Stroms von Warnemünde ist ölig von den vielen Fischkuttern, denen früher dieses Becken ausschließlich zu-

Auf Ostkurs: Im Jahr eins des neuen Deutschlands
rund Mecklenburg-Vorpommern. 340 Kilometer Ostseeküste
sind zu entdecken – plus Bodden, Wieks, Haffs – und
zahlreiche Flüsse, Kanäle und vor allem die Mecklenburger Seenplatte mit über 600 Seen.

Darßer Ort gefällt mir sehr. Dieser marode Zustand
der Hafenanlagen inmitten von Sand und Schilf
übt einen seltsamen Reiz aus. – Der wohl bekannteste
heimische Bootstyp: »Hiddensee«.

Endlich darf man Flagge zeigen. Neben der Landesflagge
Mecklenburgs, blau-gelb-rot, und Vorpommerns, blau-weiß,
dominieren an der Küste auch die dänische,
europäische und andere.

Blick vom Dornbusch-Leuchtturm auf eine mit Stachel-
drahtzäunen gesicherte Wachanlage. Radar, Scheinwerfer und
Ausguckturm sollten Todesmutige an der Flucht hindern.

Insel Hiddensee zwischen Ostsee und Bodden.
Ein Paradies für Bootsfahrer. Zweifellos. Speziell in der
Nähe des Leuchtturms Gellen.

Die Insel bietet kilometerlange feine Sandstrände,
Kiefernhaine, viele freche Möwen und der winzige Ort
Neuendorf gar eine gut sortierte Buchhandlung.

Ein Zeesboot setzt im Hafen von Wustrow Segel
für eine Boddenfahrt mit Touristen.

stand. Es wurde niemand sonst an diesen Kai gelassen. Meine Häkelfendernachbarn, ein Ehepaar, bewirten vorbeispazierende Kinder, mal mit Limo, mal mit Erdbeerkuchen und Sahne, mal mit Keksen. Sie beantworten geduldig alle Fragen: woher, wohin, wie groß ist das Schiff, wie teuer? Die Szene erinnert mich an Südseezeiten. Meine Nachbarn verteilen Kugelschreiber und sind auch schon mal mit einem Fünfmarkstück zur Stelle.

Vor mir liegt die Greifswalder GHOST. Die Crew kommt gerade von einem Dänemark-BRD-Törn zurück. Es reicht ihnen: »Man fühlt sich doch sehr arm.« Ein Essen an Land war nie drin. Sie segelte auch in meinem Revier, der Schlei. Am besten hat es ihnen in Eckernförde gefallen. »Hier stimmte alles: Stadt, Hafenmeister und Stegnachbarn.« Zum Essen wurden sie nirgendwo eingeladen. Nun freuen sie sich auf zu Hause.

Von Boot zu Boot springt der Hafenkassierer: Eine Mark pro Meter ist sein Preis. Bei mir stutzt er und schüttelt den Kopf. »So was hatte ich noch nie am Kai, was soll ich dir bloß abnehmen?« Als er hört, daß ich über die Ostsee gekommen bin: »Kannst du dir kein größeres Boot leisten?« Schließlich, nach einem Bier aus meiner Kiste, kassiert er fünf Ostmark.

Es ist heiß in Warnemünde. Im T-Shirt beobachte ich das Treiben. Seit vier Wochen hat sich einiges verändert, es wird gehämmert und gezimmert: Kioske, Verkaufsbuden, kleine Lokale. In einem dieser Lokale an dem breiten Strand mit Blick auf einen phantastischen Sonnenuntergang und die auf Reede liegenden Schiffe esse ich ein käseüberbackenes Schweinesteak. Ich komme zu dem Entschluß: Wenn ich wieder in einem Lokal essen gehe, nehme ich mein Fläschchen Tabasco mit.

Am nächsten Tag bekomme ich ein Stück schönster urwüchsiger Natur zu sehen. Wäre ich nicht von Nervosität erfaßt, wäre die Fahrt nach Darßer Ort das eindrucksvollste Segelküstenstück. Wie jetzt schon üblich – ohne Kaffee und einen Bissen im Magen – heißt es am Morgen: Leinen los! Im Strom reicht das Großsegel. Ein schwacher Südwind steht voll darauf. Das Wasser kräuselt nur schwach. Von den Fischern, die jetzt wegen der Touristen mit weißer Tischdecke auf der Fischluke fahren, ist keiner unterwegs. Vor einem Jahr durfte noch kein Mensch in die Nähe der Trawler kommen, und jetzt verdienen sie sich acht Ostmark pro Person für eine Tour zum Leuchtturm. Mit Fisch geht nichts mehr. Niemand will ihn haben. »Früher«, erzählt mir ein Fischer, »hat man ihn mir aus der Hand gerissen.« Während ich noch an das Gespräch gestern abend denke, da rauscht mir das Fall der Fock bis über die Saling. Wie kriege ich das nur wieder runter? Mit dem Bootshaken habe ich keinen Erfolg, schließlich entere ich das Jollenmästchen bis zur Saling und wundere mich, daß es bei leichter Ostseedünung meine 68 Kilo trägt.

Jetzt kann ich mir endlich die Küste ansehen: Wald und Sand und Dünen und wieder herrlicher Kiefernwald. Der auffrischende Südost ist ablandig. Genaugenommen einmaliges Segeln. Ich würde gerne ankern und mir die Gegend anschauen, aber Ungeduld treibt mich weiter. Unruhe wegen der Sicherheit in der Nacht. Der Wind nimmt zu, obwohl eine Seemeile unter Land, muß ich mehr und mehr auf Böen und Wellen achten, und mein Blick kann die Küste nur noch streifen.

22. Juni: Es ist hart. Nichts im Bauch, Durchfall. Ein Theater, damit beim Segeln fertig zu werden. Fock geborgen. Pinne mit Gummistropp sichern. Also eine Art Beidrehen. Dabei immer wieder Blick auf heraneilende Böen und gleichzeitigen Kurswechsel. Ich segele mit Jollenhose und Öljacke. Die Böen sind so stark, daß der Pinnenbeschlag aus Niro um 10 bis 20 Grad nachgibt.

Dieser Küstenstrich ist mit Kiefern bewaldet und leicht hügelig. Und er scheint wenig genutzt. Auf 25 Seemeilen sichte ich nur einen Campingplatz, zwei organisierte Strände und zwischendurch einige Radfahrer auf dem festen Sandstrand. Die Lust, dort zu ankern, überkommt mich. Nur: Was ist, wenn der Wind abends auf Nord oder West dreht? Dann sitze ich bei auflandigem Wind in der Falle. Ich denke: Darßer Ort ist auch sehr schön mit Dünen, Stränden und Einsamkeit. Das sandige Kap der Halbinsel Darß zu runden erfordert Glück. Und wird zum Problem. Das Kap wird auch eine Probe. Inzwischen haben die Seen zwei Meter Höhe und gehen steil. Obwohl ich eine Meile Abstand von der sandigen Huk halte, ist der Grund flach. Zu flach! Die Untiefe scheint nach Nordosten hin gewachsen zu sein. Mit dem Bootshaken lote ich einen Meter und 20 Zentimeter. Zu wenig. Ich falle ab, o Schreck, das Schwert setzt auf. Ich erinnere mich an mein Jollenbuch: »Beim Aufsetzen im Seegang kann das Schwert den Schwertkasten zertrümmern.« Ich falle noch mehr ab. Es rumst mehrfach. Die kabbeligen Seen laufen chaotisch durcheinander. Ruppig wird mein Boot in den Wellen herumgeschmissen wie in einer Wäscheschleuder. Irgendwann beruhigt sich die See – nach 2 Seemeilen Abstand vom Kap, und ich hole die Schot dicht. Endlich, nach vier Kreuzschlägen, sichte ich die Boje zur Hafeneinfahrt. Ich hatte erhebliche Bedenken, mit einem »Zugvogel« gegen diese kurze, steile Welle anzukreuzen. Doch wie sollte ich anders ums Kap herumkommen?

So rasch ich kann, mache ich an der Westseite des Hafens an einem verrotteten Holzsteg fest und werfe einen Blick in die Seekarte. Das Sandriff Darßer Ort ist auf meiner Karte völlig falsch eingezeichnet. Seine Spitze schießt in Wirklichkeit viel weiter – nämlich eine Meile – von Norden nach Osten. Dazu scheint die vorgelagerte Bernsteininsel inzwischen zu einer Verlängerung des Kaps geworden zu sein, gefressen vom Sand der Westküste, der von Sturm, Wind und Wasser an der Ostseite anlandet. Diese Landschaft bietet mehr als einsame Idylle, mehr als Wald und Sonnenstrand. Sie erzählt die großartige Geschichte vom gigantischen Kampf der Elemente, von der Macht des Sandkorns, das vereint mit Wind und Wasser Berge versetzt.

Darßer Ort gefällt mir auf Anhieb. Trotz bedecktem windigem Wetter, trotz zerfallener brüchiger Stege. Oder gerade deshalb? Der marode Zustand dieses Hafens übt einen seltsamen Reiz aus. Vielleicht hat hier das System in der dünn besiedelten Küstenregion positiv gewirkt, indem es die Natur sich selbst überließ.

Ich sichte Sanddünen, weiß und wild. Klares Hafen- oder, anders gesagt, Buchtwasser. Schilf, dicht und grün. Genau das Richtige für meine Magenverstimmung, um mal schnell zu verschwinden.

Diese Idylle durften natürlich die DDR-Segler nie nutzen. Auch nicht im Notfall. Es war militärisches Sperrgebiet. Die 4. Flottille der NVA war hier stationiert. Und von hier aus gingen die Grenzschutzboote auf Patrouille. Jahrzehntelang hatte kein normaler DDR-Bürger Zutritt vom Land aus. Zäune, Wachhäuser verhin-

Der Landzipfel Darßer Ort sollte als naturbelassener Schutzhafen erhalten bleiben. Warum sollen nicht Botanik, Vögel und Segler, die kurz Zuflucht in dieser Bucht suchen, miteinander auskommen?

derten das. Jetzt liegen nur ein paar stillgelegte Baggerschiffe und ein Vermessungsboot im Hafen.

Aber auch 31 westdeutsche Segler und drei mit Hammer und Zirkel. Einer davon macht mich neugierig, er hat die Flaggen Polens, Dänemarks und der Bundesrepublik in der Saling flattern. Ja, die trabifarbene Assi kommt von einem Ostseerundtörn zurück. Strahlende Gesichter, als die Crew mich erkennt. Es sind Hans und Lilo, Mitsegler, und Ingrid und »Rottke«, die Eigner dieser schönen 10,5 Meter langen Stahlyacht. Hans hat sogar mein »rotes Buch« *(Segeln mit Wilfried Erdmann)* an Bord. »Klar zum Signieren«, wie er sagt, »ich habe aufgrund der Fernsehsendung überall auf dich gewartet.«

Sie sind allgemein zufrieden mit ihrem Törn. »In der Kieler Förde scheinen viele Sonntagssegler ihrem Hobby nachzugehen.« Liegegebühren waren fast immer fällig. Auch der dezente Hinweis in Dänemark: »Schauen Sie mal auf meine Flagge« brachte zwar Bewunderung fürs Hammer-und-Zirkel-Emblem, doch keinen Nachlaß bei den Gebühren. »Nur zweimal war Freiliegen möglich.« Alles das sprudelt, ohne nachzuhaken, heraus. Spontan lassen sie alles ab, speziell, wenn's ums Geld geht. »Am besten war es auf der Ostsee.« – »Ja, Wahnsinn. Daß man so einfach mit dem Paß segeln kann, und keiner kümmert sich.« Einfach unvorstellbar für sie. Ich bringe eine Literdose »Faxe« (dänisches Bier) mit an Bord, und weiter geht's mit den »Erzählmaschinen«. Sie sind arg enttäuscht von Kontakten unter Seglern. Außer Floskeln: »Na endlich könnt ihr richtig segeln« keine festeren Verbindungen. »Sehr reserviert geht jeder bei euch seinen Weg. Das stört uns, das kennen wir nicht.« Ich frage, wie es mit einem Drink aussieht, und erzähle, um sie auf andere Gedanken zu bringen, von den Amerikanern und ihrer Freundlichkeit Besuchern gegenüber. »Selbst wenn du in einer Groß-Großstadt wie New York festmachst, wo nun wirklich jeder an Business denkt, hat man plötzlich von irgendwelchen Leuten ein Sixpack Bier in der Hand.« Aber von der Ferne wollen die beiden Pärchen der Assi wenig hören. Sie erzählen lieber von sich, von ihrer Stadt, Berlin und Neubrandenburg und von Ueckermünde, wo sie segeln, vom aufregenden Erlebnis, so ein Stahlboot selbst zu bauen. Die Crew ist sehr glücklich über die Veränderun-

46

gen in der DDR. Rottke: »Ich will jetzt die harte Mark machen –
mit Kohle.« Er hat in Berlin einen Kohlenhandel mit einem halben
Dutzend »Sacknegern«.

*23. Juni: Mein Reiseuntersatz wird am Steg von Kollegen, die im
Pullover einen gestickten Anker tragen, begutachtet: »Damit kann
man nur tagsüber und nüchtern fahren.«*

Darßer Ort gehört zu Prerow, und dazwischen liegt direkt am
Strand ein Campingplatz mit etwa 200 Stellplätzen. Trotz dieses
Ausmaßes kann man sein Zelt hinstellen, wo man will. Und wer
will, unmittelbar ans Meer. Das überrascht mich – nach all den
Zwängen. Ich kaufe auf dem Gelände Tomaten und Obst, ein Kilo
jeweils für zehn Ostmark, trotzdem heißt das Schlangestehen in
brütender Hitze.

Auf dem Rückweg treffe ich am Eisentor zum Darßer Ort-Ha-
fen, der früher zusätzlich mit Stacheldraht verrammelt war, einen
Ostsegler, der dabei ist, die Barriere aus Wut einzureißen. Mit seinem Gewicht von 90 Kilogramm rüttelt er heftig am Tor. »Hier
durften wir nie rein, diese Bande!« Er ist total von der Rolle. Ab-
schließend wirft er seine Tüte Abfall in die leerstehende Wach-
hütte. Die Fenster sind sowieso schon eingeschlagen. So impulsiv
habe ich auf meinem Kurs noch keinen Einheimischen schimpfen
und reagieren sehen. Im Laufe des Tages kommen immer wieder
Urlauber, überwiegend die unüberhörbaren Sachsen, die endlich
diesen Darßer Zipfel und die berühmte Bernsteininsel sehen wollen und ungehindert ihre Schimpfkanonaden gegen die früheren
Sitten ablassen wollen.

Ich stapfe durch Sand, über Dünen und durch knöcheltiefes Wasser zur Bernsteininsel. Offenbar hat man hier früher Bernstein gefunden. Die »Insel« ist sandig und tatsächlich mit dem Nordzipfel
Darß verwachsen. Am Strand entlang geht es weiter zu einem alten
Backsteinleuchtturm an der Westküste. Hans, der Mitsegler von
der Assi, begleitet mich. Nicht zum Spaß, sondern um auch Dampf
abzulassen. Drei Wochen immer wieder das Thema Gas und Kohle
auf engstem Raum an Bord – das ist sehr viel. Hans hat nämlich mit
Gasanlagen zu tun. Rottke, wie gehört, mit Kohle.

Wir schauen uns Stacheldraht, Wachtürme und das Anwesen von Kessler, dem ehemaligen Verteidigungsminister, an. Ein weitläufiger weißer Bungalow mit großer Terrasse. Für Bedienstete und Wachpersonal stehen zusätzlich noch ein paar weißgetünchte Häuser in der Kiefern- und Dünenlandschaft. Hans spuckt verächtlich in die Richtung, aber viel mehr beschäftigen ihn Segelboote. Boote bauen und konstruieren hielt ihn all die Jahre in Bewegung. Sein jetziges Boot liegt in Ueckermünde und ist ein 9,50 Meter Langkieler: »Eiche auf Eiche. Selbstgebaut im Hinterhof. Sechs Jahre Bauzeit.« – »Ich denke, Holz sei knapp gewesen, selbst Dachlatten hätte es nur mit Glück und Beziehungen gegeben.« – »Ich habe Glück gehabt. Mein geschnittenes Eichenholz sollte eigentlich der Schah von Persien in seinen Salonwagen eingebaut bekommen, der damals für ihn in Dessau gefertigt wurde. Durch den Sturz des Monarchen und weil ich dem Sachbearbeiter einen langersehnten Gasanschluß genehmigte, bekam ich das Kontingent des Schahs.«

Für diesen Törn mit der Assi hat Hans am 10. November, mithin einen Tag nach dem Mauerfall, Seekarten von der Ostsee bestellt. Hans kennt sich aus, nur eine PM 18, diese Segelgenehmigung im Grenzgebiet, hat er nie beantragt. »Bürokratenkram, da segelte ich lieber nur auf dem Oderhaff.« Sein Schiff erhielt den Namen Greetsiel. Das ist der westlichste deutsche Hafen. »Aber das hat hier nie jemand begriffen.«

Nach zwei kurzen Tagen verlasse ich schweren Herzens Darßer Ort, wo für Europa einmalige Landschaften gewachsen sind. Dieser Zipfel war schon vor dem Krieg Sperrgebiet, daher haben sich hier seltene Pflanzen (Stranddistel, Habichtskraut, Krähenbeere), Vögel (Seeadler) und andere Tiere ausbreiten können. Botaniker und Ornithologen unter uns Seglern finden hier ein reiches Betätigungsfeld. Die Zukunft des unvergleichlichen Hafens oder genauer der Bucht ist ungewiß. Die einen, die Gemeinde Prerow, möchten Molen und Stege bauen. Die anderen, die Naturschützer, möchten wieder ein Anlaufverbot für Sportboote durchsetzen. Der Mittelweg wäre vermutlich der richtige. Darßer Ort sollte als naturbelassener Schutzhafen erhalten werden. Also nur Zufahrt und Entsorgung sichern. Solche Häfen in Naturschutzgebieten habe ich häufig in Amerika gesehen.

Die erste Stunde auf meinem weiteren Weg gen Osten: nach einer kräftigen Regenböe flauer Südwest. Präge mir die Ansteuerungen Gellenstrom/Rügen ein. Lese während des Segelns in einem Schmöker.

Zweite Stunde: okay das Segeln. Bedeutet 3 Knoten ohne Seegang. Den Schmöker muß ich verstauen, um Kurs zu halten.

Dritte Stunde: Wie üblich frischt es gegen Mittag auf. Steuern wird zur Arbeit.

Vierte Stunde:»Nullhandsegler« sitzt auf der Kante und hält Schot und Pinne. Der auffrischende West-Südwest macht die Annäherung kritisch. Die Tonnenpaare, rot und grün, die durch den Gellen führen, sind nicht zu finden. Erst dicht unter der Insel Hiddensee, auf die mein Kurs vierkant zuhält, heben sich die Seezeichen in einer bewegten Stromsee ab.

Fünfte Stunde: Im engen Fahrwasser zwischen Bock und Barhöft, das in die Ribnitzer Boddenkette führt, düst der Wind – gegenan. Gebe nach nur einem Kreuzschlag mein Vorhaben Boddenkette auf und wähle Rügenschen Bodden mit Ummanz. Soll auch schön sein. Grundberührung südlich der Heuwiese. Rutsche über Gras und Sand.

Sechste Stunde: festgemacht in Ummanz am Seglersteg. Eine pummelige Frau ist mir dabei behilflich. Sie ist von der Insel,»aus Gingst, da drüben, wo der Kirchturm zu sehen ist.« Sie wünscht mir viel Spaß. Das ist also das berühmte Rügen.

5 | Rügen I: Eine Möglichkeit, die Insel zu beschreiben

Ein Glücksschauer durchläuft mich, als ich auf dem dreimal ver-
stärkten Bootssteg von Ummanz stehe. Mit Erreichen der Insel Rügen fällt die Anspannung des Seesegelns. Laut »Hurra« kann ich
nach den paar Meilen, und weil man mich beobachtet, nicht hinaus-
schreien. Man würde mich für verrückt erklären. Also mixe ich uns,
der pummligen Frau, die beim Festmachen geholfen hat, und mir
ein großes Glas Kakaomilch mit Cognac. Das Gesöff hilft abzu-
spannen. Der Zustand der ständigen Aufmerksamkeit beim Jollensegeln ist mir nämlich noch immer nicht zur Gewohnheit geworden.
Womöglich gebe ich der Angst zu viel Raum. Doch das soll jetzt
anders werden. Außerdem: Jetzt segle ich erst mal binnen. Und
fange damit gleich bei dem berühmten Rügen an.

Ummanz ist zwar schon binnen und Rügen, aber die eigentliche
Pracht des Binnensegelns findet in den »Fangarmen« der Insel und
ihren Ausläufern statt. Rügen ist ein Konglomerat aus Halbinseln.
Die wichtigsten heißen Wittow, Jasmund, Zudar und Mönchsgut.
Es existieren noch mehrere Nehrungen und vorgelagerte Inseln.
Die bekannteste ist Hiddensee. Kein Ort auf Rügen ist weiter als
acht Kilometer von der Küste entfernt.

Diese verheißungsvollen Informationen entnehme ich meiner
Seekarte, die ausgebreitet auf dem Boden der Jolle liegt. Mit Hilfe
des Zirkels stecke ich die Küstenlinie von Rügen ab: schätzungs-
weise 500 Kilometer insgesamt. Für Details muß ich erst meine Un-
ordnung an Bord lichten, um den Wanderatlas Rügen zu finden.
Das ist zwar nur ein Heft für Wanderer, aber darin sind jede Menge

Fakten angemerkt: Die Insel ist mit 926 Quadratkilometer die größte der DDR und natürlich jetzt Deutschlands. Die Zahl der Bewohner liegt bei 85000. Die dünn besiedelte Insel Rügen war nicht immer deutsch. Im Dreißigjährigen Krieg wurde sie von den Schweden erobert und blieb bis 1815 schwedisches Territorium, wie der pommersche Festlandstreifen mit Greifswald und Stralsund. Der Reiz der Insel beruht in erster Linie auf der Mannigfaltigkeit ihrer Landschaft und ihrer interessanten Flora und Fauna. Auffallend sind die großen Höhenunterschiede auf relativ kleinem Raum. Im Süden und Westen eine leicht gewellte Grundmoränenlandschaft, im Osten Endmoränen mit Steilabhängen (Kreidefelsen) von 117 Meter wie dem Königsstuhl. Der Piekberg ist mit 161 Meter die höchste Erhebung der Insel. Und immer wieder wird in dem Wanderbüchlein auf die Schönheit der Insel hingewiesen. Über viele Jahrzehnte haben berühmte und weniger bekannte Maler und Dichter ihrer Begeisterung Ausdruck gegeben. Für Caspar David Friedrich war es das malerisch reichste Landschaftsgebiet Europas. Bizarre Felsen, liebliche Höhenzüge, reiche Wälder – Ursprünglichkeit, wie geschaffen für Landschaftsmaler. In hochherrschaftlichen Villen kurte die Gesellschaft. Heutzutage ist Rügen die »Badewanne« der Werktätigen: Rund 700000 Urlauber machten an den zahlreichen Stränden Jahr für Jahr Ferien.

Dies im Stakkato. Schließlich will ich mir die Insel selbst ersegeln.

Die atemberaubende Schönheit ist von meinem derzeitigen Liegeplatz aus nur zu erahnen. Büsche, Bäume, Schilf und ein Brückkendamm nehmen mir die Sicht. Ja, eine wirkliche Insel ist Ummanz ebensowenig wie Rügen. Beide Inseln wurden durch Dämme mit dem jeweilig größeren Land verbunden. Rügen bei Stralsund mit einem 2,5 Kilometer langen und Ummanz mit einer 0,5 Kilometer langen Brücke.

Ummanz hat einen meterbreiten Holzsteg mit einem Dutzend Liegeplätzen, Bootsslip, einem Wasserhahn, einer herrlichen Wiese, Pappeln, zwei Toiletten mit »freiem Fall«. Und alles ist umzäunt und vergittert mit einem Tor, an dem ein rostiges Schild hängt: BSG Ummanz. Unbefugten ist das Betreten des Geländes nicht gestattet.

Um rauszukommen, steige ich über den Zaun. Ich habe es eilig. Heute abend findet das Weltmeisterschaftsspiel Holland – Deutschland statt. Diesen Fußballknüller im Fernsehen möchte ich mir nicht entgehen lassen. Das Dorf ist nur mit Poststelle und Konsum versehen. Eine Gaststätte befindet sich im sechs Kilometer entfernten Gingst, und ob dort ein Fernseher in einer Kneipe läuft, ist höchst zweifelhaft. Also begnüge ich mich mit der alten Backsteinkirche hier im Dorf, die gerade renoviert wird, genauer, deren Dach neu gedeckt wird. Der geschnitzte Altar und andere Kostbarkeiten aus dem 15. Jahrhundert entschädigen mich für das verpaßte Spiel.

Diese Vereinsanlage hat auch einen »Stegmeister«, also einen, der ein Auge auf das Gelände wirft. Es ist ein sympathischer alter Mann mit Schnurrbart und Krückstock, ein Hüne. Dieser Alte heißt Peplow, ist 81 Jahre und trägt weder eine Brille, noch hat er einen gekrümmten Rücken oder andere sichtbare Alterserscheinungen. Er begrüßt mich mit »Willkommen«, ist neugierig und zu einem unendlichen Schwatz aufgelegt. Er ist beeindruckt von meinem kleinen Boot, doch ich will ja nicht von mir erzählen, sondern bin gekommen, um zuzuhören. Mit Peplow habe ich einen »Kunden« gefunden, der vor Mitteilungsbedürfnis brennt. Er lebt nebenan, nur einen Steinwurf von der Anlage entfernt. Und das erste, was ich außer Alter und Namen erfahre, ist, daß er Haus und Hof an seinen Sohn und seine Schwiegertochter abgegeben hat. »Gegen Wohnen, Essen und Trinken.« Er ist einer von der Insel, der nie das Bedürfnis hatte wegzugehen. »Eine Fahrt über den Sund nach Stralsund reichte mir.«

Bis zur Bodenreform 1945 gehörte die gesamte Insel Ummanz zum Besitz des Klosters »Zum Heiligen Geist« in Stralsund. Damals führte Peplow die Schmiede für die Mönche. »Die verlangten viel. Die waren nicht zimperlich, eigentlich genauso wie die Gutsbesitzer.« Gemeinsam schimpfen wir auf das dunkle deutsche Kapitel Faschismus. Peplow bekam nach dem Krieg fünf Hektar Land und wirtschaftete damit recht gut. Nebenher baute er sich sein Haus.

Anderntags zeigt er mir stolz sein Anwesen. Ein weißgetünchtes spitzgiebeliges Einfamilienhaus samt elf Anbauten: Hühnerstall, Entenschuppen, Garage, Holzraum, Werkstatt, Wochenendhaus

(Datsche) usw. Liegt alles direkt am Bodden mit unverstellbarem Ausblick. Im Giebel des Wohnhauses befinden sich noch zwei Fremdenzimmer: »Unser Weihnachtsgeld.« In seinem eigenen Stichkanal hat er ein Segel- und ein Ruderboot. Beide sind mit einer Kette angeschlossen. Auf meine Frage, warum: »Das wurde von der alten Regierung so bestimmt.« Vom Ruderboot mußten gar die Riemen mit ins Haus genommen werden. »Man hätte ja damit flüchten können.« – »Uns ging's nicht schlecht«, erzählt Peplow weiter, wie es so Leute tun, die selten Besuch kriegen. »Wir haben alle Geld auf Rügen, die Fischer am meisten.« Der genossenschaftlich gefangene Fisch wanderte ausschließlich zu subventionierten Preisen in das Fischkombinat Saßnitz. Für den eigenen Abendbrottisch war schwer Fisch zu bekommen, und so fischte jeder für sich. »Wir haben nichts vermißt. Man hat sich eingerichtet. Man hat sich gegenseitig ausgeholfen.« So ein Treckerfahrer hat 1000 Ostmark im Monat verdient, hatte dazu sein Vieh zu Hause, einen großen Garten, und manchmal bewirtschaftete er noch die Ecken der LPG-Felder, dort, wo man mit den Maschinen nicht hinkam, für den Kartoffelvorrat. Im Garten gibt Peplow mir Tips, nachdem er gehört hat, daß wir zu Hause auch einen versorgen: Möhren mit Radieschensamen mischen oder mit Sand, damit sie nicht zu dicht stehen, die Erdbeerpflanzen für den Winter mit Pferdemist abdekken, damit sie besser tragen. Er hat schon Kartoffeln gebuddelt, heute, am 25. Juni. Zum Abschied gibt er mit eine Hand voll mit. »Mit soon lütten Kahn, dat kost doch viel Kraft.«

Ummanz ist eine landschaftliche Schönheit. Gegenüber von meinem Liegeplatz liegen die organisierten Angler mit den unterschiedlichsten Angelkähnen an einem anderen Holzsteg. Weiter östlich sieht man die schon erwähnte Brücke, die Ummanz mit Rügen verbindet, und zu beiden Seiten im Grünen geduckte Häuser mit Vorgärten. Silberpappeln, Schilf, wild wachsende Blumen und Felder umranden die Bucht. Mittendrin an einer Boje liegt ein seetüchtiges Fischerboot vertäut: Naturholz lackiert und überhaupt sehr schmuck und gepflegt. »Für die«, sagt Peplow und zeigt auf das Boot, »gibt es nichts mehr zu verdienen.«

Doch bevor man in diese Bucht reinsegelt, passiert man an Steuerbord einen Stall. Einen unübersehbaren Großstall mit 7000 Rin-

Nur wenige Segler sichte ich auf den Bodden. –
Selbst in abgelegenen Orten zeigt die Marktwirtschaft
erste Spuren. – Rügen hat viele solcher Privatstege.

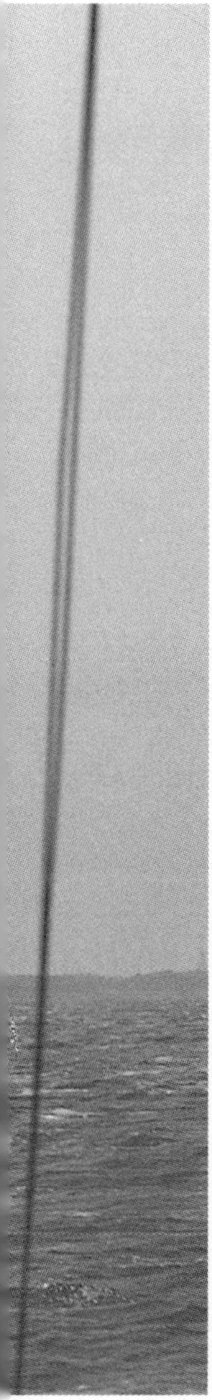

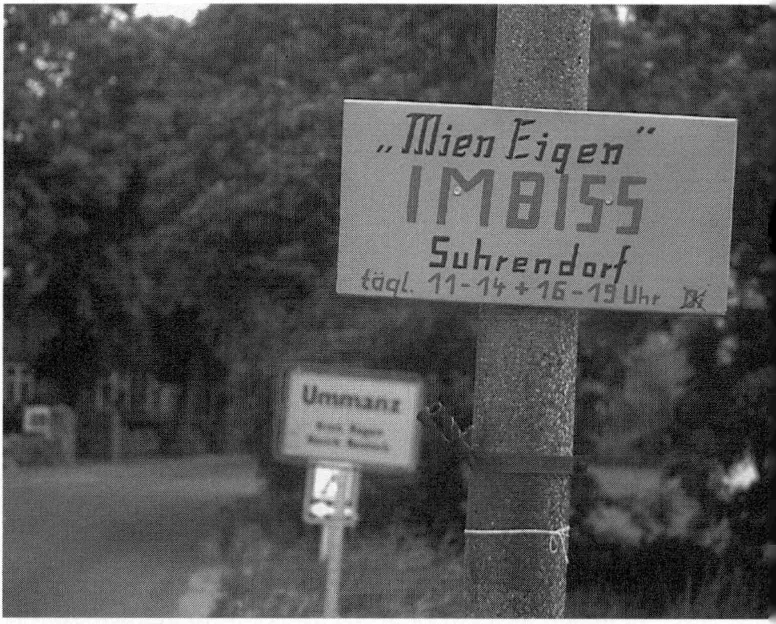
„Mien Eigen"
IMBISS
Suhrendorf
tägl. 11-14 + 16-19 Uhr
Ummanz

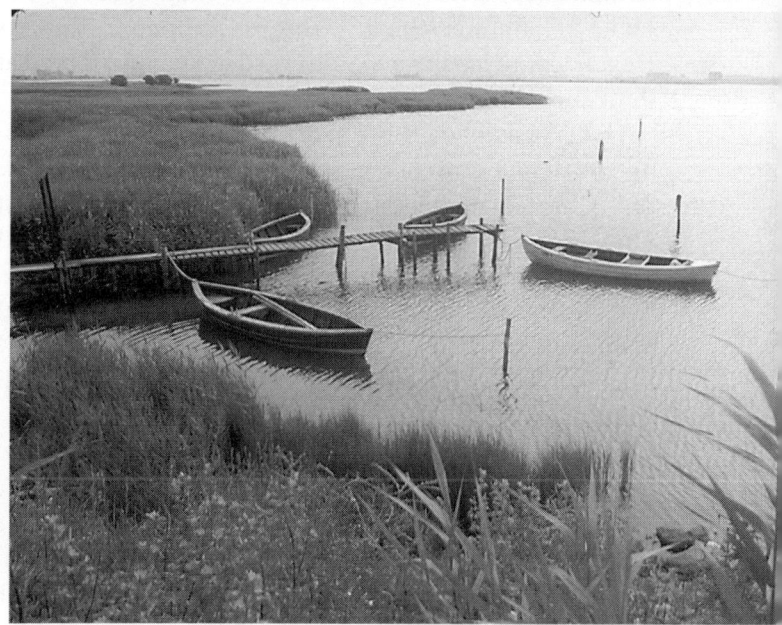

dern. »Leider«, meint Peplow, »so viel Vieh steckt der Boden hier nicht weg.« Entsprechend ist das Land übergüllt und läßt das Wasser in der Bucht blühen. »Rügenwasser ist nur abgekocht trinkbar und schmeckt wie billiger Rumverschnitt, vermischt mit Wasser und einem Schuß Öl.«

Abends begrüßt mich der Vorsitzende des Vereins. »Besuch von drüben kommt selten, und solange das so ist, begrüße ich jeden einzelnen.« Das finde ich sehr aufmerksam. Er will aber auch etwas loswerden. Zum Beispiel: »Was sollen wir unseren Besuchern an Liegegebühren abnehmen?« 5, 10 oder 20 D-Mark? Jetzt, da sich der Verein selbst finanzieren muß, möchte man nichts verschenken. Aber solange die Bucht nur von flachgehenden Booten anzusteuern ist (Wassertiefe einen Meter), sicher keine bewegende Frage. Das Problem der Benennung des 35-Mitglieder-Vereins steht auch noch an: »Verein oder Club?« – »Mein Segelverein in Cuxhaven bezeichnet sich bei 900 Mitgliedern auch als Verein.« Und noch ein Problem stimmt den Vorsitzenden zusehends nachdenklich: das Größenverhältnis Nationalflagge zur Gastlandflagge. Der Größenunterschied ist ihm zu frappant. »Eins zu fünf ist die Regel«, kläre ich ihn auf, »das wird in Dänemark und anderen Ländern auch ungefähr so gehandhabt.«

Der Vorsitzende bewundert mich. Er hat was von mir gelesen und mich im Fernsehen gesehen. Seine Freude, mich hier anzutreffen, seine Neugierde mir gegenüber überwiegen im Augenblick das Unbehagen wegen der Unsicherheit seiner Arbeitsstelle. Er ist bei der Landmaschinentechnik: »Es wird nicht mehr viel repariert werden, höchstens werden ganze Teile erneuert.« Von dem jungen, etwa dreißigjährigen Vorsitzenden höre ich zum ersten Mal, was ich immer häufiger hören werde: »Da wird einiges den Bach runtergehen.«

Über den Brückendamm, entlang einer zauberhaften Baumreihenstraße, mache ich einen Ausflug nach Gingst. Viele (28) dieser einmaligen Baumalleen (Ulmen, Linden, Kastanien) stehen auf Rügen unter Naturschutz. Sie tragen dann den Namen »geschützte Gehölze«. In Gingst will ich zu Hause anrufen. Doch das ist ein stundenlanges Warteprogramm – zum »guten« Schluß ohne Erfolg. Ich lese währenddessen den Sportteil und notiere die Gespräche, die am Schalter geführt werden. Es geht hauptsächlich um Geld. Wann? Wie? Wo? Grundsätzlich kommt man eine Woche vor der Währungsunion bei der Post nicht mehr an sein Geld heran. Die Post hier ist gleichzeitig der Zeitungsladen. Es wird oft zugegriffen, am meisten bei *Bild, Für Sie, Prima, Praline, Wochenend*. Später will ich etwas essen. Die einzige Gaststätte hat Ruhetag. Ein Kiosk davor verkauft Bockwurst und Bier. Ich staune über sehr schöne Flaschenetiketten und frage mich: Hat Rügen ein eigenes Bier? Bis ich merke, daß es importierter Gerstensaft ist. Also auch hier auf Rügen schon eingeführte Erzeugnisse wie diese Biermarke, von der ich noch nie im Westen gehört habe.

Es wird Zeit, in die »Peplow-Bucht« zurückzukehren. Acht Kilometer zu Fuß sind für einen Segler recht viel, doch ein Trabi-Fahrer stoppt. Schnell bin ich wieder an Bord, wo bereits Segler zum Klönen warten.

25. Juni: Abends. Niedergeschlagen. Kalt an Bord. Wind zerrt an meiner Zeltpersenning. Die Flamme des Petroleumkochers flackert und qualmt – wegen Zugluft heizt der Spiritus den Brenner nicht ausreichend. Also nichts Richtiges im Magen. Das deprimiert. Keine Anregungen, die zum Schreiben inspirieren. Ummanz, eine Bucht zum Ausschlafen.

Mit lautem Knall schlage ich mein Reisetagebuch zu und verstaue es in einem Tupperbehälter.

6 Fischland, Darß: Zwischen Meer und Bodden

Der 13. Tag meiner Fahrt beginnt und endet mit Gegenwind. Dazwischen: ein steifer und folglich gischtiger Südwest. Noch einen Tag dümpeln vor Ummanz wollte ich nicht. Und innerhalb Rügens nach Norden oder Süden auszuweichen beabsichtige ich erst, wenn ich die Buchten von Fischland, Darß und Zingst, die wie Binnenseen wirken, besucht habe.

So lande ich nach der Überquerung von drei Bodden und nach 99 Kreuzschlägen blaß und abgekämpft in Barth. Mit verquasten Händen mache ich nach 8 1/2 Stunden und 36 Seemeilen (inklusive Kreuz) an der Steganlage der BSG »Motor Barth« fest. Das war ein fürchterlicher Segeltag. Als besonders tückisch erwies sich der Grabower Bodden. Die Welle in dem flachen, etwa 3 Meter tiefen Gewässer ging ungewöhnlich steil. Der Bug schoß in diesem Hack immer wieder ab und knallte hart in das kurze Wellental. Folge: Das überkommende Wasser mußte aus dem Boot geschöpft werden. Folge 2: Dabei ging mir wiederum das Schiff in den Wind. Das bedeutete Fahrtverlust, Arbeit, Gefahr. Die zahlreichen Kreuzschläge waren sowieso nicht effektiv. Um mich nicht festzustampfen, mußte ich das gereffte Groß mehr auffieren, als mir lieb war. Zu allem Übel liegen die Fahrwassertonnen sehr eng. Und unmittelbar daneben ist die Wassertiefe meist knietief oder weniger. Um aber wenigstens etwas Strecke zu machen, verließ ich die rund 30 Meter breite Rinne. Folge 3: Ich saß prompt auf Schiet. Glücklicherweise bestehen die Gründe aus Schlick und Sand. Nie habe ich einen Stein getroffen. Mühevoll war es manchmal trotzdem

58

freizukommen. Schot fieren, Schwert aufholen, mit dem Bootshaken abstaken und dabei die Segel im Auge behalten, damit ich auf dem richtigen Bug freikomme! Puh! Und war's geschafft, das Schwert abgelassen, steckte mit Sicherheit in der Nähe und in Lee eine der vielen Fischreusen.

Wer auf einem Kielboot segelt, sollte es also auf keinen Fall riskieren, das Fahrwasser zu verlassen. Das gilt auch für den Rügenschen Bodden.

Die einzigen Lebewesen, die ich hier antraf, waren Kühe, die in großen Herden auf den weiten Feuchtwiesen grasten. Sie schauten vom Ufer aus zu, während ich mich abmühte freizukommen. Schilfgerändert meist die Küste, unterbrochen von Busch- und Baumgruppen. Ins Wasser jumpen mochte ich nicht. Trübe, trübe.

Barth am Barther Bodden ist das Tor zum Zingst und zum Darß. Mit den eng beieinanderliegenden roten Dächern ist die Stadt weithin sichtbar, speziell die 800 Jahre alte dreischiffige Sankt-Marien-Kirche mit ihrem 87 Meter hohen Turm. Sie ist das wichtigste Wahrzeichen an dem Küstenstrich und eignet sich exzellent zur Peilung. Neulich auf See war sie bereits deutlich von meinem niedrigen Boot aus zu erkennen. Um Verwechslungen auszuschließen, durfte an dieser Küste kein Turm mehr so hoch gebaut werden. Einige Kirchen der umliegenden Ortschaften haben denn auch Stummeltürme verpaßt bekommen. Trotz des flachen und engen Fahrwassers hatte die Schiffahrt im vorigen Jahrhundert eine enorme Bedeutung. 1877 besaß Barth 172 Seeschiffe unter Segeln. Und dazu wurden die meisten Schiffe auf den vier Werften der Stadt gebaut. Sie war seinerzeit die zweitgrößte Werftstadt an der deutschen Ostseeküste. Wenn man den Blick über den Hafen schweifen läßt, kann man sich das selbst mit viel Phantasie nicht mehr vorstellen. Heutzutage ist Barth als See- und Werftstadt bedeutungslos. Höchstens als Kohlenumschlagplatz hat der Hafen einen »Namen«. Wenn der berühmte Kohlenwind (aus Süd) weht, wirbelt er erheblichen Staub auf, der auch die hiesige Bootsanlage verschmutzt.

Nach der Meldung beim Hafenwart und der ziemlich dummen Frage nach einer Dusche (gibt's natürlich nicht) besorge ich mir eine Pütz Wasser und säubere mich damit am Heck der SCHLEI KATHENA. In frischer Kleidung, aber unrasiert (einen Spiegel nehme ich nicht an Bord), schlendere ich in die Stadt. Manch einer mag sich über Kopfsteinpflaster, Plattenwege und Löcher in den Bürgersteigen mokieren. Mich stört's nach holprigen Segeltagen nie. Über die Ernst-Thälmann-Straße gelange ich in die »Traube«, eine rauchige Tageskneipe. Obschon erst 16 Uhr, ist sie gerammelt voll. Gemütlich trinke ich nach der Weite in der Enge eine Kanne Kaffee zu 1,63 Ostmark und lese in der *FAZ* ausführlich, was Völler, Klinsmann und Co. in Mailand geleistet haben.

Wieder im Hafen, bestelle ich im Vereinsheim eine Flasche Rostocker Pils. Vor dem Haus am langen Tisch haben sich einige Segler eingefunden. Es ist warm, die Sonne scheint. Neu für mich: Die große Angst vor der Marktwirtschaft geht um. Arbeitsplätze, die Jahrzehnte unantastbar waren, sind plötzlich ein Nichts. In der Stadt haben der Schiffsanlagebau und die Lebensmittelfabrik Entlassungen vorgenommen, die Fischverarbeitung gar auf Anhieb 80 von 300 Angestellten nach Hause geschickt. Unserer Bedienung, einer Fischverarbeiterin, die nebenher diese Clubbar managt, wurden gerade heute, ohne Frist, die Arbeitspapiere mitgegeben. Sie jammert. Ohne Mann. Mit Kind. Auch das Supertrinkgeld ist kein Trost. Auch hier die Fragen: Wie nennen wir unseren Verein ab nächsten Monat? Was nehmen wir an Mitgliedsbeiträgen und Liegeplatzgebühren? (Ich zahle fünf Ostmark.) Die PM 18, diese Küstensegelgenehmigung, ist im Gespräch. Sie konnte ohne Begründung eingezogen werden. Gute Führung über Jahre war Voraussetzung, sie überhaupt zu bekommen. Einer am Tisch munkelt: »Einige ließen sich dafür auch zur Stasimitarbeit hinreißen.« Damp SV, ein Segelverein an der schleswig-holsteinischen Küste, wollte Partnerverein von Barth werden. »Leider haben wir nach dem ersten Besuch nichts mehr von denen gehört.« Womöglich hat sie der Rundgang ums Klo abgeschreckt.

Der Vereinsvorsitzende nimmt mich mit nach Hause. Seine Stadtwohnung ist überraschend groß und seine Frau – genauso überraschend – kein DDR-Typ. Sie wirkt wie eine englische Lady in ihrem langen hellen Kleid, reicht Tee, spricht in leisen Worten, ist schlank und hat diese schmalen britischen Gesichtszüge. Ihre Gesten sind distanziert. Aber sie stammt von hier. Ihr Sohn ist über Ungarn getürmt und lebt jetzt in Kiel. Das bedrückt beide. Ich er-

60

Für die Fischer von Stahlbrode gibt es nicht
viel zu tun: Netze flicken, Schiffe pönen, Motoren warten –
aber kaum Fischfang. Einheimische Produkte werden
in diesem Sommer 90 total verschmäht. Die Werktätigen decken ihre Tische vorzugsweise mit Westkonserven.

Vor Anker an der Steilküste Zickersches Höft.
Dies ist ein phantastisches Segelrevier.

Drei Wochen Rügen für Astrid. Die Buchten Schwarzer Peter
und Grubnow (unten) möchte sie nicht verlassen.

Im Norden der Insel Rügen erhebt sich Kap Arkona als
45 m hoher steiler Kreidefels. Um frei von Untiefen zu
bleiben, muß ich eine halbe Seemeile Abstand halten.

Flautensegeln im Oderhaff. Für Abwechslung sorgen
wunderschön naturlackierte 20er-Jollenkreuzer.

Ein Bild für Holzboot-»Apostel«. Einen solchen »Wald«
wird man in Zukunft leider nicht mehr vorfinden.

Zu Hering und Pellkartoffeln bei Lilo und Hans an Bord.
Ihr neun Meter langes Schiff – Eiche auf Eiche – haben sie selbst
gebaut. Sechs Jahre – vom Kiel bis zur Gardine.

zähle ein wenig von mir. Man ist verblüfft: drei Monate Zeit für eine Segelreise. Long-time-traveller sind in Barth noch nicht bekannt geworden.

Kohlenwind holt mich früh aus meinem Schlafsack. Segel auf, und nichts wie weg. Pruchten ist mein Ziel – der Tip der Barther Segler. Ich hangle mich zwischen Reusen und Untiefen in den Schlund. Schilfufer und trübes Wasser, ein Campingplatz und Urlauber sind nicht das, was ich heute will. Ich drehe ab und visiere mit einem angstmachenden Wetterbericht aus meinem Transistorradio Zingst an. Schwere Gewitter sind für dieses Gebiet angesagt. Es ist tatsächlich drückend heiß, und in der Ferne knallt auch mal was, und ein paar Tropfen fallen. In Zingst wasche ich an dem nahen Wasserhahn meine Kleidung und freue mich, einen schönen und sicheren Liegeplatz gefunden zu haben.

Der nächste Tag – noch immer in Zingst – ein harter Windtag. Irgendeine Ausrede findet ein Segler immer, wenn er nicht in Stimmung ist auszulaufen. Doch Tatsache ist ein echter Südwest um 7.

In den Läden sind die Regale leer. Zucker, Mehl, polnische Konserven, billiger, süßer Schnaps, zwei Sorten grauer Käse, total weißen Speck entdecke ich in der großen Kaufhalle von Zingst.

27. Juni: Was ich so denke: armselig, dieser Urlaubsort Zingst. Ein Dorfzentrum gibt es nicht. Die Straßen bestehen aus numerierten Betonplatten. Man hat die Häuser zersiedelt angelegt und grau belassen. Ich glaube, ich hätte es nicht so lange in diesem Land ausgehalten. Wie gefährlich es auch immer gewesen wäre, ich hätte mich woandershin aufgemacht. Natürlich leicht gesagt, so aus sicherer Distanz. Was mir noch auffällt: Die Ostdeutschen sind fleischiger, die Frauen fülliger. Sie verzichten oft auf Signale wie leuchtende Lippen und getuschte Wimpern.

Gleich neben meinem Liegeplatz befindet sich der ehemalige GST-Segelverein. Übersetzt: »Gesellschaft für Sport und Technik«. Hauptsächlich eine vormilitärische Angelegenheit für Jugendliche, hier segelt man mit Segelkuttern und Jollen. Jens Wallis lädt mich ein, die Anlage anzuschauen. Er ist zwar nicht der Chef, jedoch derjenige, der alles im Griff hat. Sein Verein hat sich schon vor der Währungsunion umgestellt. Stolz erwähnt er:»102 D-Mark Liegegebühren habe ich schon eingenommen.« Pro Meter nimmt er eine Mark plus Gebühren für Wasser und Elektrizität.»Es fällt mir schwer, die westdeutschen Segler abzukassieren«, sagt er. Ich vergesse zu fragen, warum.

Mein neuer Bekannter Wallis stammt von einer echten Seefahrerfamilie ab. Von einem englischen Schiff, das 1642 vor Zingst strandete, überlebten zwei. Einer hieß Wallis. Wallis und Futuna sind ihm auch ein Begriff. Er weiß, daß ich diese beiden Südsee-Inseln besucht habe.»Durch deine Berichte.« Er hat vor allem meine *Magische Route*, das Buch zur Nonstopumseglung,»gefressen«. Wie er an Bücher und Zeitschriften gekommen ist?»Irgendeiner hat immer irgend etwas aufgetrieben. Dein Buch hat mir meine Tante vom Begrüßungsgeld mitgebracht.«

Mit seinen 29 Jahren möchte er mehr machen aus der schönen GST-Anlage, zumal sein Arbeitsplatz als EDV-Mann beim Atomkraftwerk Greifswald unsicher ist. Von einem Fischrestaurant erhofft er sich viel.»Oben auf das Bootshaus gesetzt – mit Blick auf die Insel Große Kirr.«

Die Zingst gegenüberliegenden Inseln Kirr und Oie sind Naturschutzgebiete und ein Feuchtgebiet von internationaler Bedeutung. Über 30 zum Teil vom Aussterben bedrohte Küstenvogelarten brüten hier noch in solcher Anzahl, wie es sie sonst nirgendwo mehr gibt. Zum Beispiel: Löffelenten, Höckerschwäne, Säbelschnäbler, Flußseeschwalben, Austernschnepfen. Es wird alles getan, um dieses Salzgrasland als optimalen Lebensraum für die zahlreichen Küstenvögel zu erhalten.»Bei Strafe ist es verboten, das Schutzgebiet zu betreten«, sagt Wallis,»auch in dieser Zeit der Ungewißheit.«

Nun, bevor Wallis sein Eßlokal eröffnet, gehen wir gemeinsam essen und anschließend in einen Tanzschuppen. Viel los ist nicht, die Urlaubsgäste sind in Rimini, Hamburg oder sonstwo, aber mein Fan will hauptsächlich hören, wie man mit Schiff und Meer allein fertig wird. Wie man es macht, so lange Reisen zu finanzieren. Ich kann ihm keine genauen Zahlen geben. Nur so viel:»An das erste seetüchtige Segelboot zu kommen war für mich das Schwierigste.« Augenblicklich hat er weder Mittel noch Boot, um sich auf eine

Weltumseglung zu stürzen. Für ihn bisher das Größte:»Mit einer fünf Meter langen Schwertjolle, Typ ›Ixylon‹, allein von Stralsund nach Zingst«, und mit einem Augenzwinkern,»nonstop.«

Früh um sechs rolle ich mein Nachtlager ein. Verstaue die Bootspersenning im Vorschiff, hole die Festmacher ein, setze Segel, und weiter geht's westwärts – gegen einen Westwind. Die antiquierte Meiningen Brücke, die nur einmal wöchentlich öffnet, bereitet mir kein Kopfzerbrechen. Mastlegen, unten durchpaddeln, Mast wieder setzen – genau sechs Minuten.

Überall Schilf. Überall geschützte Ankerplätze am Schilf, im Schutz der Bülten, das sind Schilfinseln. Bis in den Saaler Bodden. Nur: An solchen Ankerplätzen kann ich wenig unternehmen. Landgänge sind begrenzt möglich – Feuchtland. Und sich im Boddenwasser schwimmend zu erfrischen, verlockt nicht. Sieht wie abgestandene Bouillon aus. Schuld an der grünlich braunen Brühe ist nach Ansicht der Einheimischen die»Fusselbude«, ein Faserplattenwerk in Ribnitz-Damgarten, das sein Abwasser ungeklärt in den Bodden leitet. Jens Wallis:»Wenn du dort ins Wasser fällst, kannst du deine Kleidung gleich in den Müll befördern. Der Dreck geht nicht raus.« Da ich wenig Kleidung an Bord habe, verzichte ich auf den Südzipfel des Saaler Boddens.

An Backbord sehe ich hinter einem Schilfsaum die Dächer von Michaelsdorf. Es wurde benannt nach dem berüchtigten Seeräuber Godeke Michels – einem Kumpan Störtebekers, deren Wiegen hier gestanden haben sollen. Der Stadthafen von Wustrow – Seebad Wustrow – ist etwa 100 Meter lang und 12 Meter breit. In Sichtweite von zwei Pommesbuden und inmitten von Fischern und Zeesbooten, den typischen Boddenseglern, vertäue ich SCHLEI KATHENA sorgfältig mit Vor- und Achterleine und springe an den niedrigen Kai. Die Wassertiefe beträgt einen Meter.

Ich suche das Meer – und komme zur Post. Die versprochene Meldung nach Hause fällt mir dabei ein. Ein Telefongespräch anzumelden erweist sich als sinnlos. Ich schicke ein Telegramm. Vorbei geht's am Supermarkt, der nur noch Bier und Milch führt, an vielen »Zimmer frei«-Schildern (das in einem beliebten Feriengebiet, wo man noch vor kurzem ein Jahr vorbuchen mußte). Vorbei an der auf einem Hügel liegenden Seefahrtsschule – der offizielle Name

Zeesboothafen Ostseebad Wustrow. – Buhne 12, Ahrenshoop.

lautet: Ingenieurhochschule für Seefahrt. Diese Lehrstätte gibt es seit anderthalb Jahrhunderten in Wustrow. Und vorbei an einem malerischen Reetdachviertel im Südosten. Einige der rohrgedeckten Häuser schieben sich stufenartig vor, so daß eines dem anderen die Sonne läßt. Außerdem können alle Bewohner auf diese Weise die Straße überblicken. Und sie selbst sind hinter tief heruntergezogenen Dächern geborgen.

Eine besondere Augenweide ist ausnahmsweise die farbige Lebendigkeit dieses Ortes. Balken, Zäune, Fensterläden und besonders Türen sind bunt bemalt und häufig sorgsam mit geschnitzten maritimen Motiven geschmückt. Das sind – denke ich – die sogenannten Kapitänshäuser. Schließlich verfügte Wustrow während der Blütezeit nach Barth über die meisten Schiffe.

Als ich die Ostseeküste gefunden habe, wandere ich hinter dem Deich entlang nach Ahrenshoop. Der Strand ist steinlos und unermeßlich in der Länge. Auf fünf Kilometern begegne ich nur vereinzelten Gruppen, die in der Sonne liegen oder am FKK-Strand Volleyball spielen. Es ist ein wunderschöner warmer Sommertag. Ich setze mich auf eine der zahlreichen Buhnen, die das Amt für Küstenschutz sauber in die Ostsee gerammt hat. Ich sehe das Meer und ahne den Bodden.

29. Juni: Es ist ein flaches Gewässer mit weiten Wiesen und Weiden, Rohrdachkaten (so nennt man hier Reethäuser), windzerzausten Bäumen. Dünn besiedelt, keine Betonbauten (glücklicherweise). Viele Naturschutzgebiete. Und diese berühmten pommerschen Zeesboote, früher Fischereiboote. Damals wurde mit einem Treibnetz unter Segeln im Bodden gefischt. Heute nur noch Stellnetz- und Reusenfischerei. Die Zeesboote werden von Oldtimerfreunden als Sportboote gesegelt. Mit Motor, Mittelcockpit und Schwert. Eiche geplankt, 10 m Länge.

Zweifellos, ein schönes Stück Erde zwischen Meer und Bodden. Und unter dem Reflex des von zwei Wasserflächen gebrochenen Lichtes von ungewöhnlichem Reiz.

In Ahrenshoop bestelle ich mir, unter einem brandneuen Marlboro-Sonnenschirm sitzend, einen Kaffee. Die Wirtin serviert ihn im Pappbecher. Am Nebentisch beobachte ich zwei junge Mädchen, die den Dorffreunden überschwenglich von ihrem Urlaub auf den Kanarischen Inseln erzählen. Sie sind frisch zurück und schwärmen unüberhörbar: »Und das Meer so blau, und die Wasserfarben könnt ihr euch nicht vorstellen. Stundenlang kannst du drinnen bleiben, ohne daß es kalt wird. Und wenn, dann macht dich der Sand gleich wieder heiß.« Ein Zimmer mit Meerblick hatten sie nicht. »Aber einen Swimmingpool wie in Miami Vice, genauso mit Palmen rundherum und türkisfarben.« Es war einfach alles super – der 660-DM-Ausflug an die Playa des Ingles auf Gran Canaria. »Jetzt hatten wir das Geld, und wer weiß, was wird.«

In Wustrow »beißt« sich ein Junge an meiner Jolle fest: ein Dreizehnjähriger aus Nordhausen. »Wo der Doppelkorn herkommt.« Der sportliche, fixe Typ macht samt Familie hier Ferien. »Zu viert in einem Zimmer ist nicht meine Sache.« Er möchte ans Meer, vor allem nach Helgoland, und auch ein Boot besitzen. Neben den üblichen Fragen interessiert er sich für Bauart und Sperrholz. Von Mahagoni hat er noch nichts gehört. Aber daß vom Typ »Zugvogel« über 4000 bei uns existieren, beeindruckt ihn stark. Gerne möchte ich was mitgeben. Eigene Bücher habe ich aus Gewichtgründen nicht an Bord. Mit Kaugummi und Cola liege ich auch richtig.

Eine Eßkneipe ist nicht auszumachen. Bevor ich einen Kiosk akzeptiere, der westdeutschen Kartoffelsalat und Wurst anbietet, koche ich lieber selbst an Bord. Aus der Achterpiek wird der Petroleumdruckkocher, der schon New York und Kap Hoorn gesehen hat, rausgeholt, mit Brennspiritus vorgeheizt, und schnell köchelt ein Topf Nudeln. Dazu gibt's Tomatenpüree und Käse. Übel auf so einer Jolle ist der Abwasch. Zu einem »mal eben im Hafenwasser« kann ich mich nicht überwinden.

Die Abend-Hafen-Wanderer haben ihren Spaß an mir: Jollenwanderer sind für sie ein neues Bild.

Ostwind gleich Gegenwind auf meinem Prerow-Kurs. Verdammt! Ich falle nach einer Handvoll Kreuzschlägen ab und bin im Handumdrehen in Althagen, dem Hafen von Ahrenshoop. Feiere ich die »Geldwende« also hier, im Herzstück dieses Landstrichs. Ich schlage den Tourenseglern im Hafen vor, die Währungsunion so zu feiern wie die Skandinavier ihre Mittsommernacht. Also am Lagerfeuer, und jeder bringt mit, was er zu trinken und zu essen an Bord hat. Aber sie wollen nicht:»Gut, es ist ein historischer Tag, aber es ist, als wäre das bisherige Dasein ein Irrtum gewesen.« Viele blasen Trübsal. Selbst meine quirligen Nachbarn, ein Leipziger Ehepaar, bleiben an Bord ihrer OLD DUTSCH. Ich habe immer noch 100 Ostmark von meinem Fernsehgeld, die werde ich heute abend in irgendeiner Kneipe auf den Kopf hauen.»Auch soon Penner«, sagt der eine.»Für die sollte man die Grenze wieder dichtmachen«, ergänzt der andere. Dies höre ich vorm Segler-Vereinshaus, während zwei Mitglieder in der morschen Baracke Türen einsetzen. Sie meinten, ich wäre schon weg, aber ich las noch draußen die Gebührenordnung. Zuvor hatte ich ihnen von meiner Jollenfahrt erzählt, und daß ich auf der Kiste auch lebe. Geld wird wahrscheinlich das Maß aller Dinge werden. Von einem Jollensegler, und das in meinem Alter, kann man nichts erwarten. Nach diesem Schock mache ich mich auf, einige Dinge zu fotografieren. Es kostet jedesmal Überwindung, weil meine Ausrüstung sorgsam weggestaut an Bord lagert. Aber wie wir alle wissen, gibt es bei der Fotografie kein zweites Mal. Und da dies für meinen Verlag gewissermaßen eine Dienstreise ist, muß ich ran. Ich versuche, meine Version aus dem Boot zu schießen, aber ab und an muß ich auch Bilder von der weiteren Umgebung einbringen.

Über eine Strandwanderung komme ich in den»Weg am Hohen Ufer«. Hier sehe ich Villen, die ebenso in Kampen auf Sylt stehen könnten: große Grundstücke und Nebengebäude, eingegrünt mit Bäumen und Büschen, rohrgedeckt, weiß getüncht. Wie hatten die Eigentümer sich bloß Geld, Grundstück und diese Traumaussicht angeeignet? Ein Herr Bradhering, so heißt hier jeder zweite im Fischland, klärt mich später im Hafen auf:»Selbstverständlich wohnt dort kein Einheimischer. Berliner, Leipziger, Dresdner sind die Bewohner. Die Fundamente durften unsere Baufirmen machen, der Rest kam von auswärts, und im Nu stand das Haus.«

Die Penner-Geschichte schmerzt. Na ja, Kennedy, der ehemalige amerikanische Präsident, segelte auch Jolle, ebenso Helmut Schmidt im hohen Alter. Und der mehrfache deutsche Meister im»Schwertzugvogel«, Gerd Eiermann aus Duisburg, ist immerhin an die 40 Jahre.

Allein und voller Vorfreude mache ich mich auf den Weg, um in irgendeiner Kneipe Zeitzeuge des außergewöhnlichen Augenblicks der »Geldwende« zu sein. Im Kaffee »Buhne 12« kostet ein Jever 4,80 D-Mark. Die haben sich schnell angepaßt oder überschätzt. So schön die Aussicht in der Abenddämmerung über ein Reethaus und windzerzauste Bäume auf die Ostsee auch ist, der Laden ist jedenfalls leer. Neben der Disco »Strandhalle« finde ich vor einem Kiosk endlich das Volk. Ich gerate an einen Tisch mit jungen Ahrenshoopern. Alle Anfang Zwanzig, haben aber schon Frau und Kinder, die sie zu Hause gelassen haben. Udo, ein ehemaliger Binnenschiffer, fährt mit mir auf dem Tisch die Peene rauf und nach Kamminke und immer weiter. Er lockt mich in alle möglichen Gegenden, und überall ist es für ihn schön. »Mecklenburg-Vorpommern ist ein Paradies.« Skepsis gegenüber der Wende wird von dieser jungen Truppe nicht angemerkt. Überhaupt kein Thema. Kräuterschnaps und Bier gehen um – eine Flasche zu 2,30 Ostmark. Ich muß mich eilen mitzuhalten, denn mein »Vermögen« hat nur bis Mitternacht Gültigkeit. Gegen 23 Uhr beginnt der Sturm auf den Kiosk. Alle möglichen Leute schleppen Bier, Schnaps und Sekt weg. 6 Flaschen, 10 Flaschen, 12 Flaschen. Ein richtiger Orkan geht gegen Mitternacht los. Im Gedränge kentert die Bude fast – jeder will noch schnell seine grünen, roten und braunen Scheine loswerden. Punkt 12 knallen die Korken. Silvesterstimmung am 1. Juli in Ahrenshoop.

Ein paar Stunden später in Prerow. Dort treffe ich auf einen Motorbootfahrer, der von Bord seiner THORSTEN zu mir herüberstrahlt: »Das war die Fahrt meines Lebens.« Diesmal ist er nicht, wie all die Jahre zuvor, per Lastwagen von Warnemünde via Ribnitz gefahren, sondern mit seinem Boot rund um Darßer Ort und Gellenstrom über die offene Ostsee in den Bodden gelangt. »Mein Herz schlug mächtig.«

Und das alles ohne Kompaß. »Den gibt es verständlicherweise bei uns nicht. Daß ich das noch mal machen durfte!« So der Solo-Motorbootfahrer mit seinen 61 Jahren. Sein Freund liegt mit seiner SEEPFERDCHEN daneben. »Warum das alles nicht eher?« Für sie ist es der schönste Urlaub ihres Daseins. Sie fahren in Päckchen mit zwei kleinen ollen Booten, vielleicht fünf Meter lang, und sind jetzt meine Liegeplatznachbarn in Prerow an der Hohen Düne. Sie freuen sich unheimlich über ihre »lange Seereise«, sind hilfs- und auskunftsbereit. Ich hole meine für diesen Zweck mitgenommene Flasche französischen Cognac heraus – »oh, mit Korken!« Der Stacheldraht war doch engmaschiger, als viele meinen.

Ich besteige einen echten Küstenkontrollturm, wo die Grenzer nach Flüchtlingen starrten. 30 Meter hoch steht er an der Hohen Düne von Prerow. Der Gitterturm ist zwar durch einen Zaun gesichert, aber die Tür steht offen. Eine phantastische Aussicht bietet sich mir, als ich die metallene Leiter hochgestiegen bin und die eiserne Luke zurückkippe. Aufgewühlt blicke ich hinunter. Mir ist mulmig zumute, als ich mich ans Pult stelle und durch die Fenster in Richtung Westen, Norden, Osten blicke. Der Raum ist zwei mal zwei Meter. Eine Tür führt auf eine schmale Balustrade, und von der geht's über eine Leiter ein Deck höher. Ein Deck höher für den Scheinwerfer. Hier hat man also Grenzdienst geschoben. Immer acht Stunden lang in Wechselschicht rund um die Uhr. Schlimm muß es gewesen sein. Im Sommer brütend heiß, im Winter klirrend kalt. Eine Heizung ist nicht zu finden.

Wer sie wohl mehr gehaßt hat, diese grauen Wachtürme, die alles Leben an der Küste observierten – die, die unten waren und von oben bespitzelt wurden, oder die, die oben waren und nach unten hinabspähen mußten? Die unten hatten wohl noch einige Gründe mehr für ihren Haß.

Nicht einmal mit einem Surfbrett durften die Urlauber auf die Halbinsel. »Auch keinen kleinen Ruderkahn mitbringen«, sagt Fiete Schlummer, ein 63jähriger Prerower. »Unser Zahnarzt ist ihnen aber trotzdem entwischt. Genau hier am Wachturm ist er mit seinem Wartburg und Speedboot ans Wasser gefahren, und schon trugen ihn seine zwei Außenborder auf Nimmerwiedersehen nach Dänemark.«

Diesen Fiete Schlummer, einen aufregenden Typ, lerne ich in der engen Kajüte der ALINE kennen. Das wunderschöne Holzschiff liegt backbord von mir und gehört Kai Greiser, einem bekannten Hamburger Yachtfotografen. Fiete ist voller Wut auf die alte Regierung: »Nachts gab es ab und zu Zimmerkontrolle, ob man ja nicht an mehr als zwei Personen vermietet hatte.« Und zornig fügt er hinzu: »Ich habe mich nie angepaßt, nie den Duckmäuser gespielt.« Radfahrermentalität nein. Er hat schon mal den Hammer geworfen, wenn ihm politisch etwas nicht paßte. Dafür hat er als Bootsbauer und Zimmerer allerhand Demütigungen und Schikanen einstecken müssen. Kai schenkt großzügig Tee in Mucks aus, aber Fiete kann dem nicht viel abgewinnen. Auf die Rumbuddel ist er scharf, aber da hält der Fotograf – leider – den Daumen drauf. Fiete fährt trotzdem erhitzt fort:»Gut, daß sie die Türme und Scheinwerfer haben stehen lassen, da könnt ihr euch vorstellen, wie es mal war.«

Bisher bin ich einem so verbitterten Menschen nicht begegnet. Kai verspricht Fiete, den Riß eines etwa sechs Meter langen geklinkerten Flunderbootes zu besorgen. So eines will er sich mit 63 noch bauen. Früher durfte er, weil er im Grenzgebiet wohnte, sich weder eines bauen noch eines besitzen.

Die Liegeplatzgebühren sind eine Bringschuld. Da absolut nichts geboten wird (ich will die Sanitärlitanei nicht wieder vorbeten), verlasse ich Prerow, ohne den Kassierer im weit entfernten Stückweg aufzusuchen. Kai kriegt zum Abschied eine frische *Morgenpost* von mir. Dafür fotografiert er meine Abfahrt. Wir kennen uns seit 1968, seit meiner ersten Einhand-Weltumseglungs-Ankunft in Wedel. Er verpaßte allerdings meine unmittelbare Ankunft, weil sein Fahrrad einen Platten hatte. So blieben ihm nur Danach-Ankunfts-Fotos. Als junger Spunt war er damals fast dem Weinen nah. Das werde ich nie vergessen.

Der erste Tag seit langem mit günstiger Windrichtung. Ein Genuß, im drei Meter tiefen, steilufrigen Prerowstrom zu segeln. Dieser Strom könnte den Bodden regenerieren, aber man hat vor über 100 Jahren die Mündung dichtgemacht. Einige Sturmfluten überschwemmten regelmäßig das Flußgebiet. Nach einer Stunde setze ich bei den zwei Birken den Bug aufs Ufer und koche mir einen Kaffee. Der Blick über den Deich zeigt mir Gräben, Gras, Büsche und Sumpfland, vergleichbar der französischen Camargue. Und es herrscht absonderliche Stille. Das gute Wetter setzt sich fort. Ich passiere die Meiningen Brücke, Zingst, Grabower Bodden und vor allem einige sieben und acht Meter lange Sportboote. Es macht Spaß, an den Schoten zu reißen und diese wesentlich größeren Schiffe zu überholen. Eines ist mein »Zugvogel« mit Sicherheit:

Aufwühlende Gedanken bei Besichtigung verlassener
Küsten-Wachtürme. Von hier aus also wurde alles Leben
am Strand beobachtet. Tag und Nacht. Wirklich bedrückend
für mich, der sich viele Jahre die große Freiheit
gegönnt hat. So kann ich nie an den grauen Gittertürmen
vorbeigehen, ohne sie zu besteigen.

schnell. Und leider auch laut. Letzte Nacht stand der Wind aufs Heck, so daß die kleinen Wellen regelmäßig unter den Knickspantboden knallten. War recht unangenehm.

Bei Tonne 32, südlich von Bock, gehe ich vor Anker und wandere zur Wattseite der Insel. Mir fallen besonders viele angespülte dunkle Miesmuscheln und gerippte Herzmuscheln auf. Weiße Bohrmuscheln und die Strandschnecken sind seltener. Von den Krebsen ist die Strandkrabbe am häufigsten vertreten. Strand- und Wasservögel, deren Revier diese Sumpfinsel ist, sind nicht zu sehen. Nur Möwen. Und Mücken. Und Fliegen.

Wieder an Bord, klöne ich ein wenig mit Fischern, die ebenfalls vor Anker gegangen sind. Sie fangen in ihren Netzen Hecht, Plötz und Zander. Barsch und Aal in den Reusen. Das Mindestmaß für Hechte beträgt 45 Zentimeter, für Aal 30 Zentimeter. Man hält sich dran. Der Fangertrag übertrifft derzeit den Bedarf. Der Absatz ist nämlich nicht mehr gesichert.»Jetzt müssen wir uns selbst um Kunden bemühen.«

Im ehemaligen Sperrhafen (Grenzer und NVA) Barhöft beende ich meine Fischland-Tour. Diese vier Bodden und ihre Menschen waren für mich voller Eigentümlichkeit und immer gleich reizvoll. Ich kann den Bodden nicht verlassen, ohne auch hier den besonders hohen Wachgitterturm zu besteigen – diese Ruine des Sozialismus. Die Sicht ist gut. Kirchtürme von Stralsund und Barth sind sichtbar. Ebenso Ummanz, die Heuwiese und Rügen, wo ich morgen wieder hinsegeln will. Heute bin ich jedoch in Barhöft. Und heute ist wieder Fußball im Fernsehen – Deutschland gegen England, und weit und breit kein Lokal. So lade ich mich selbst ein auf einen hier stationierten Schlepper. Der Vier-Mann-Crew bringe ich meine zweite Literdose»Faxe« mit. Das»Monstrum«verblüfft, und ich bin willkommen.

Doch das Spiel interessiert mich bald weniger, als ich erfahre, daß die beiden Decksleute einst Hochseefischer waren. Wir erzählen von Neufundland, wo ich letzten Sommer mit dem gecharterten Millionenschiff unterwegs war. Die Fischer, die auf den Neufundlandbänken 50 Tage und länger im härtesten Einsatz waren, bekamen beim Landgang einen kanadischen Dollar pro Tag an Devisen. Die Offiziere 1,25 Dollar.»Was kann man sich dafür schon kaufen?«

Ja, ich erinnere mich, für eine Flasche Bier in einem normalen Pub wäre es ziemlich knapp. Das Landgangsgeld wurde daher mit geschmuggelten Spirituosen aufgestockt. Jeder machte es, jeder wußte es. Trotzdem ließ sich der mitfahrende Politoffizier folgende Belehrung unterschreiben:»Jedes Besatzungsmitglied hat sich während der Hafentage, aber ganz besonders an Land, strikt an die Normen des sozialistischen Prinzips der Ethik und Moral zu halten. Es hat jeder die Pflicht, als bewußter Staatsbürger unserer Republik aufzutreten... Schmuggel und Tauschgeschäfte haben strikt zu unterbleiben...«

Der Politoffizier, der gleichzeitig Parteisekretär war, fuhr auf so einem Dampfer mit, ohne Hand anzulegen, weder auf der Brücke noch mit dem Messer an Deck. Seine einzige Aufgabe war, die Leute ideologisch zu trimmen, damit sie nicht in den westlichen Häfen türmten. Schon ein harter Hund, auf einem Fischdampfer monatelang mitzugondeln, nichts zu tun und letztlich besser bezahlt und als Zugabe befördert zu werden.

Das beschäftigt mich die Nacht hindurch. Das Fußballspiel endete übrigens 5:4 – nach Elfmeterschießen.

7 | Rügen II: An der Schilfküste gestrandet

Meistens passieren Unglücke bei hartem Segelwetter, sagen meine Logbücher. Heute ist totale Flaute, blauer Himmel, und ich habe mir (fast) eine Gehirnerschütterung zugezogen. Während ich da durch den Kubitzer Bodden dümple, die Beine weit von mir gestreckt, den Rücken entspannt gegen das Süllbord gelehnt, gibt's doch plötzlich achtern einen Mordsknall. Ich wie eine Rakete hoch und – oooh – voll mit dem Schädel unter den Großbaum. Mit der Hand auf der Wunde suche ich den Verursacher: Es ist nur ein Jollenkreuzer, der seine »Forelle« (Außenborder) gestartet hat. Das Boot verschwindet mit blauer Wolke. Meine Platzwunde bleibt.

Aus der Flaute heraus entwickelt sich ein konstanter Nordwest. Schiebt mich mit 4 Knoten in den Strelasund. Die markante Silhouette der alten Hansestadt Stralsund wird erkennbar. Ich stecke einen Kurs ab, der mich durch den Rügendamm nach Osten führt. Die Stadt will ich rechts liegen lassen und erst auf der Rückfahrt ansteuern.

Neu für mich: Zahlreiche Segler und Motorsegler passieren mich. Eine Hand zum Winken wird selten gehoben.

Die Küsten sind hügelig. Laubbaumhaine, Kiefern und stille sandige Buchten. Felder bis zum Horizont. Äcker und Koppeln sind fast ohne Zäune, ohne Knicks. Für mich, der an die Knicklandschaft des nördlichen Schleswig-Holsteins gewöhnt ist, macht die Gegend hier einen weitläufigen, einen unbegrenzten Eindruck. Man könnte ewig über die Felder stiefeln, ohne irgendwo anzukommen.

Rügendamm: Schon mal eine acht Meter hohe Brückendurch-fahrt mit 7,80 Meter Masthöhe passiert? Puh. Vor Schreck schwinge ich mich Sekunden davor auf die Bordkante, um dem Boot Schräglage zu geben.

Im Strelasund dreht der Wind. Schlagartig. Hoch am Wind geht's durch diesen Meeresarm. Kreuzschlag auf Kreuzschlag. Die Segel sind dichtgeholt, das Schwert ist vollständig unten. Es klatscht, knallt und spritzt. Ich reite stark aus und fluche vor mich hin.

Stahlbrode ist diese Mühe nicht wert. Ein bei Südostwind schaukliger Hafen für meinen Untersatz mit dem höchsten Kom-fort einer benutzbaren Mülltonne, was neuerdings nicht immer so ist. Nur ein einsamer Dorfbewohner läßt sich im Hafen blicken. Er klagt mir sein Leid.»Acht Ostmark im Jahr bezahlte ich für meinen Bootsliegeplatz. Jetzt will die Gemeinde 650 haben!«»Das ist wirk-lich etwas happig«, bestärke ich ihn,»selbst im Westen zahlt kaum ein Mensch so viel für ein sieben Meter langes Bötchen.« Dabei schreit die Steganlage nach Improvisation. Sie ist jämmerlich aus Kistenbrettern, Treibholz und Ölfässern zusammengestückelt. Lei-tungsrohre als Pfähle staken verquer aus dem Morast.

In der Kneipe»Am Strelasund« trinke ich ein Bier und führe Tagebuch. Ich bin der einzige Gast. Daß sich einer Notizen macht, gefällt dem Wirt offenbar nicht. Gereizte Blicke. Schließlich fragt er, was das soll. Mit seiner Kellnerin tuschelt er hinterm Tresen.

Eine Nacht mit Wellenschlag unterm Knickspantboden. Fischer-boote wecken mich in aller Herrgottsfrühe. Kaffee mit Milch bringt mich in Bewegung. Stahlbrode ist ein Fischerhafen, doch es tuckern nur wenige zur Arbeit auf See. Von der FPG Stahlbrode (Fischerei-Produktions-Genossenschaft) gelangt kaum noch Fisch zur Verar-beitung nach Saßnitz. Die Tische der Werktätigen im Lande wer-den mit neuartigen Fischkonserven versorgt. Ich mache ein paar typische Hafenfotos: Netzflicken, Deckschrubben, hölzerne Fang-boote am Kai. Die volkseigenen Kähne haben ganz normale Na-men: HEIMAT, STIBBEL, KÄTHE.

»Gristow lohnt sich allemal«, sagen die Fischer,»letzte Tonne des Fahrwassers, und dann auf den Kirchturm zu.« Eigentlich will ich nach Greifswald. Am Ende komme ich gerade eine Meile weiter östlich. Der Südost verhindert mehr. Auf dem Mittelgrund, drei

Meter Tiefe, steht eine gefährliche See. Ich breche kurzerhand ab, und mit raumem Wind, oh, wie angenehm, geht es in den Boddenarm Puddemin.

Grauer windiger Tag, und doch schön.

Am Ostufer: eine geschützte leere Bucht inmitten von Schilf. Ich bin neugierig, setze den Bug aufs fußbreite sandige Ufer. Ringsum Schilf, nur Schilf. Die Halme sind drei Meter hoch, kräftig und von gesunder Farbe. Kein Mensch ist zu sehen, kein Haus, keine Straße, kein Laut zu hören. Der starke Wind kaum spürbar. Alles atmet Frieden und Ruhe. Hier bleibst du die Nacht, sage ich zu mir selbst.

Um mir einen Überblick von meinem total isolierten Liegeplatz aus zu verschaffen, klettere ich in eine alte Weide. Nach Norden, Osten, Süden breite Schilfgürtel, nach Westen eine halbe Seemeile Bodden, wo die einfallenden Böen das Wasser schattieren. Dahinter die Kirchturmspitze von Mellnitz, und nachdem ich noch ein Stück den Baum hinaufgestiegen bin, sehe ich ein paar kleine Boote und drei Segelyachten, die am Kai von Puddemin mächtig schaukeln. Hinter mir wogt ein riesiges Gerstenfeld, durchwachsen von Unkraut und Blumen – roten Mohnblumen.

So viel Geborgenheit vor einem zu erwartenden stürmischen Wind macht hungrig. Ich werfe Reis, Tomaten, Chili, Zwiebeln und Salz in einen Topf und schütte die doppelte Menge Wasser hinzu. Das Ganze lasse ich mit geschlossenem Deckel auf leichter Flamme garen. Ich nenne es Bootsstew. Gutes Essen verleitet zu Aktivität. Das Schiff wird gesäubert, und wieder ist Aufräumen, Ordnen, Umpacken dran. Es beginnt zu regnen. Aber nicht so stark, daß es unangenehm wäre. Unter der gespannten Persenning lese ich von Paul Theroux, meiner Neuentdeckung, *Die Moskitoküste*. Eine ökologische Abenteuergeschichte, die von einer amerikanischen Familie handelt und im Urwald von Honduras spielt. Entspannt und ungestört in dieser fast unwegsamen Bucht, rekle ich mich mit dem Buch auf dem Schlafsack. Die Tropfen fallen härter.

Eine Bucht, in der man verlorengehen möchte. Also bleibe ich einen Tag, zumal die Lagune – der Boddenarm – weiß ist. Schaue mir die Gegend an, soweit es trotz des Dickichts und der Felder möglich ist. Und führe Reparaturen und Änderungen an Bord durch. Neue Windfähnchen werden am Rigg festgebunden, Groß-segel nachgenäht, Holepunkte und Reffs mit Tesa markiert, Ko-cherdüsen gewechselt. Und dann werden endlich die zum täglichen Gebrauch bestimmten Dinge in Holster aus Leinentuch am Schwertkasten montiert: Deckmesser, Zahnbürste, Bleistift, Kom-bizange und Schraubenzieher. Das ist praktisch und erleichtert mir das Bordleben ungemein. Dadurch spare ich viel Mühe und Zeit, die ich sonst damit vergeude, diese Dinge in den Ablagen zu su-chen. Auch mein Reisetagebuch bekommt einen wassersicheren Platz – leicht zugänglich in einem Tupperbehälter neben der Pinne. Hier hat es schon »Gewinn« gebracht. Meine Beobachtungen sind wegen der Griffnähe sogleich notiert worden und ausführlicher.

6. Juli: Gegen 11.00 Uhr bin ich abfahrbereit. Nur: Ich sitze auf dem trocknen. Durch den Südwestwind ist mir das Wasser abhanden ge-kommen. Wo gestern noch 30 Zentimeter waren, sind jetzt ganze 5. Eigenartiges Gefühl. Was ist zu tun? Es kann zwar nichts passieren, aber zwei Tage in dieser Bucht sind eigentlich genug. – Nicht weil mir das dichte Grün, das üppig wuchernde Unkraut mit den verkrüppel-ten Weiden über ist, sondern wegen meines Zeitplanes. Rund Rügen, Usedom, Peene und die Mecklenburgische Seenplatte stehen auf meiner Karte.

Die Sonne kommt durch. Ich spanne die Kamera. Stiefele am Schilf entlang. Keine Tiere, auch keine Vögel. Finde keine Motive. Heute früh schrecklichen Kameraalptraum gehabt – man habe mir die gesamte Ausrüstung gestohlen. Meine Traurigkeit deswegen hat keiner richtig verstanden. All die schönen schweren alten Objektive, die mich auf vielen Reisen begleitet haben. Lief ziemlich verdattert stundenlang durch irgenwelche Gänge. Zum Schluß hockte ich mich auf einen Papierkorb und heulte. Dabei wurde ich wach, und ein Glücksgefühl durchströmte mich. Der Alukoffer lag neben mir. – Um 13.00 Uhr beginne ich, uns freizubaggern. Ruhig und umsichtig schaukle und schiebe ich das Boot Zentimeter für Zentimeter durch den schwarzen Sand. Mit Selbstauslöser halte ich die Situation fest. Nach einer Stunde geht's »bergab«. Hätte nicht gedacht, daß ich es schaffe. Die Luft ist rein. Mit geblähter Fock und Schub am Heck starte ich sozusagen »fliegend«. Ein gewaltiger Satz ins Boot und

Kurssteuern sind eins. Freue mich wie ein Junge. Denke: Wenn mich jemand beobachten würde! Ein älterer Mann spielt in der fernen Einsamkeit seinen Jugendtraum. Zugegeben, von einer Schilfhütte am Strand habe ich ganz früher wirklich geträumt. Wenn dieses Boot eine kleine Kajüte hätte und selbstlenzend wäre, könnte ich lange darauf leben. Ein Leben ohne Post, Radio, Fernsehen, Elektrizität. Eine Zeit, in der man der Alltäglichkeit entflieht. Seinen Körper und seinen Geist für neue Fähigkeiten entdeckt. Das Leben als Erlebnis – ohne Komfort, dafür Natur pur. Ja, das Jollensegeln ist meine Sache. Ohne Zweifel. Dabei habe ich bei weitem die Möglichkeiten nicht ausgeschöpft. Klitzekleine flache Ecken, mit dem Bug auf dem Strand, hätte ich schon häufiger testen sollen. Da hat man endlich Zeit, alles um sich herum intensiv wahrzunehmen und zu genießen. Der Kopf ist frei. Kein jammernder DDRler, der unzufrieden ist mit dem Tauschkurs, mit den neuen Begebenheiten. Frei sein ist doch mehr wert, als gesichert durch ein verplantes langweiliges Leben zu gehen. Puddemin im Schilf ist für mich auch ein Ort, um Zwischenbilanz meiner nicht alltäglichen Dienstreise zu ziehen: Landschaftlich ist diese Ecke eine Reise und auch viele wert, nur etliche Menschen sind hoffnungslos verbiestert. Ich bin auch unzufrieden mit meiner Aufgabe. Ich wollte richtige Interviews machen. Wie war's? Was ist zu tun? Wie geht's weiter? Ich will ja drüber schreiben. Doch es kommt immer anders. Mal will man sich nicht aushorchen lassen, dann wiederum bin ich gehemmt, und mir fällt keine richtige Frage ein. Keine einzige, die mir weiterhelfen würde, die maritimen DDR-Verhältnisse noch näher zu erkunden.

Zum Puddemin-Kai sind es nur wenige Minuten Segelzeit. Zur nächsten Stadt, Garz, eine gute Stunde Fußmarsch. Wie üblich auf einer Straße, flankiert von endlosen Baumreihen. Und wie üblich ist auch diese Kleinstadt umgeben von Plattenhochhäusern. Die Bauten sollten wohl der Landbevölkerung moderne große weite Welt vorgaukeln. In Garz kaufe ich frischen Proviant. An Bord kann man nicht viel bunkern. Auf dem Markt westdeutsche Händler von der üblen Sorte, die mindestens doppelte Preise nehmen.

   Am Kai von Puddemin wohnt eine Rentnerin. Sie würde gerne die Liegegebühren von den Seglern abkassieren, aber die Behörde hat es ihr untersagt. Mangels sanitärer Einrichtungen wünscht man es nicht. Ich gebe ihr ein Autogramm, und – schwupp – steht das gereffte Groß. Ab geht es. Erst okay, aber dann, oh, das gibt's doch nicht, ein Kielwasser – 8 Knoten. Ruckartig legt sich das Boot über. Fahre die Schot aus der Hand, habe trotzdem und mit (fast) killendem Tuch 30 bis 40 Grad Schräglage. Ich werde nervös. So ein Segeln kenne ich überhaupt nicht. Es sind einfallende Sturmböen, die mir zu schaffen machen. Schon das bißchen Seeraum gischtet uns ein. Ich Leichtsinniger, das hatte ich im Schutz des Kais nicht vermutet! Habe weder Ölzeug an, noch bin ich darauf vorbereitet. Mit den Augen suche ich verzweifelt nach Windschutz. Im südlichen Teil des Boddens am Wieker Haken finde ich ihn hinter einem Deich und – wie schön – einem Kamillefeld. Ich werfe den Anker in den Schlick. Hier kann ich nicht mal im flachen Wasser am Schilf langgehen.

Der Wind legt sich. Das Wasser steigt. Mücken und Biber finden sich geräuschvoll ein. Sie halten mich bis weit nach Mitternacht wach.

12 Seemeilen, inklusive einem Dutzend Kreuzschlägen, vor dem Frühstück tun mir gut. Aber auch der Rahmen von Kiefern bis zum Ufer, hellem Sandstrand mit Sonne, Vogelgezwitscher und vollkommener Stille. Wenn es überhaupt ein lautes Geräusch gibt, dann ist es garantiert ein Bootsmotor, der gestartet wird.

Ich liege im Wampen, einer schmalen tiefen Bucht, 2 Seemeilen von Stralsund entfernt. Die Kaffeemaschine zischt, und ich beobachte entspannt das Geschehen rundum. Im Scheitel der Bucht toben sich Russen mit Lagerfeuer und Ballspielen aus. Sie kommen aus Stralsund, haben die Bauaufsicht über die Schiffe, die auf der Volkswerft für sie gebaut werden. Sie sind im Wampen nicht beliebt, erzählt mir ein Bootsnachbar. Auch, daß er auf der Werft tätig ist und sein Schiff und die seiner Söhne dort »nebenher« gebaut hat. Es sind 20er Stahljollenkreuzer. Mir kommt sogleich der Gedanke: Dann sind das ja volkseigene Schiffe.

Mit einem Motorbootfahrer beginne ich ein Gespräch, das nichts fruchtet, denn er zischt mich an: »Es kann doch nicht alles so schlecht gewesen sein – wirtschaftlich.« Vielleicht lag es auch daran, daß ich seiner kleinen Tochter eine Handvoll Schokoriegel

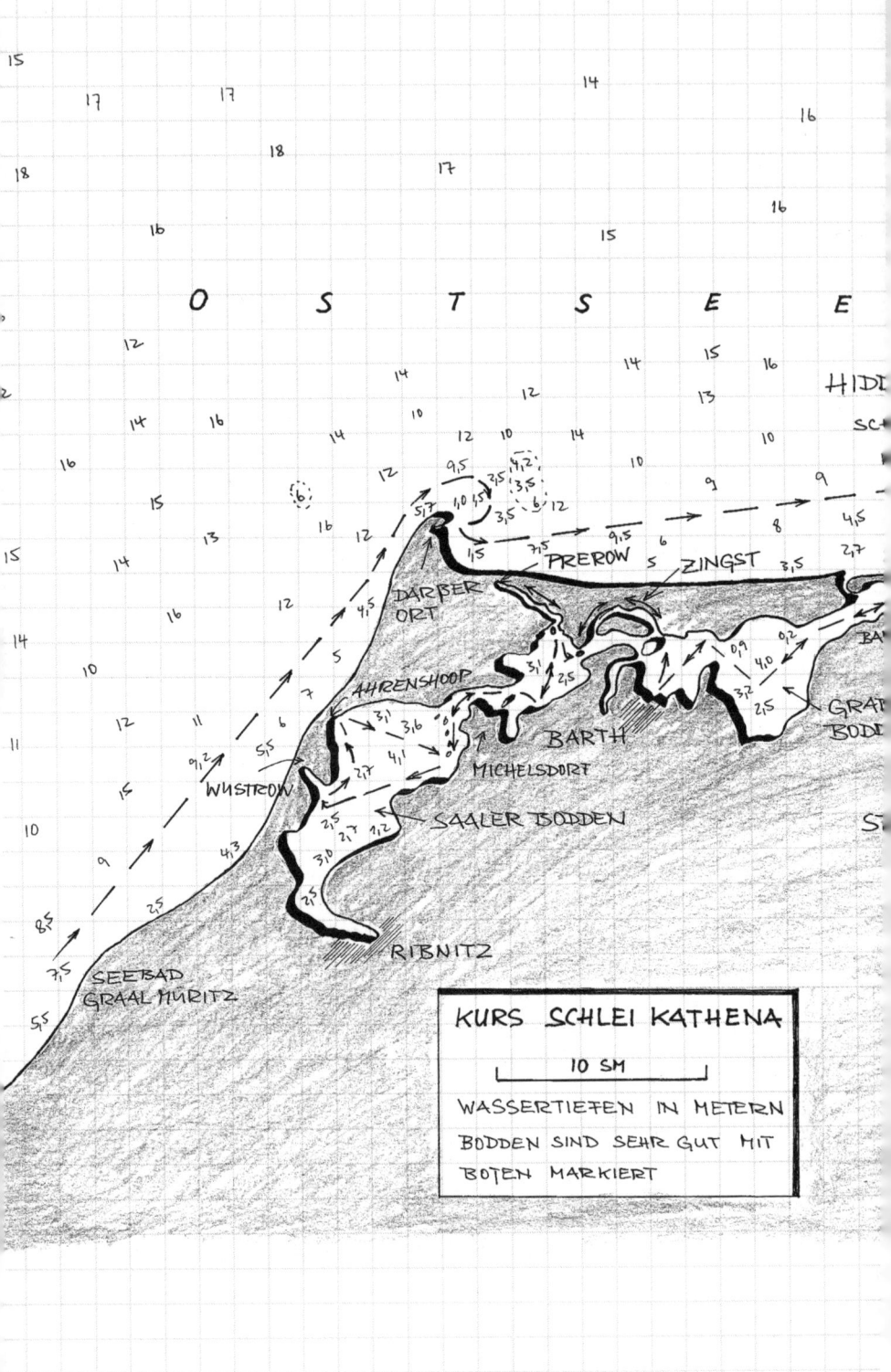

O S T S E E E

15

17 17 14

16

18

17

18

16

15

16

HIDI

SC

12

14 15 16

2

14 14 12 13

14 16 14 10 12 10 14 10

16 9 9

15 12 9,5 4,2 10

6 3,5 3,5 8 4,5

13 1,0 0,5 3,5 9,5 6

16 12 5,7 6 12 2,7

15 14 12 4,5 1,5 7,5 PREROW 5 ZINGST 3,5

14 16 DARSER 5 0,9 4,0 BA

ORT 3,1 4,0

10 12 AHRENSHOOP 2,5 3,2

14 5 3,1 BARTH 2,5 GRA

11 11 7 3,6 BOD

9,2 6 2,7 4,1 MICHELSDORF

15 5,5 WUSTROW 2,5 SAALER BODDEN S

10 2,7 1,2

4,3 3,0

9 2,5 2,5

8,5 2,5 RIBNITZ

7,5 SEEBAD

5,5 GRAAL MÜRITZ

KURS SCHLEI KATHENA

⊢ 10 SM ⊣

WASSERTIEFEN IN METERN

BODDEN SIND SEHR GUT MIT

BOJEN MARKIERT

gab, als sie mir beim Frühstück zusah. Das werde ich mal sein lassen, habe eh ein komisches Gefühl dabei.

Nachmittags segle ich rüber zum Werfthafen Stralsund. Der Hafen ist für die Nacht grauenhaft. Im Süden die berühmte 8000-Mann-Volkswerft, im Norden der Rügendamm mit 122 Eisenbahnfahrten täglich, und komplett unruhig macht ihn der Schwell.

Ich wasche SCHLEI KATHENA innen und außen sorgfältig mit Süßwasser. Dusche heiß. Das erste Mal in diesem Landstrich! Echt eine Wohltat – und wasche eimerweise Wäsche.

Frisch geduscht, das hebt die Luscht. Auf... warum habe ich wohl diese idyllische Kiefernbucht Wampen verlassen? Na? Das Fußballfinale in Italien ist heute angesagt. Deutschland gegen Argentinien. So einen Leckerbissen kann ich mir nicht entgehen lassen. Doch wo kriege ich ein Fernsehbild zu sehen? Der Werfthafen hat keinen Clubraum. Über verschiedene Straßen mit mörderischen Steinen gelange ich in die Innenstadt: Die 1. Gaststätte in der Wasserstraße hat keinen Apparat; 2. Lokal in der Langenstraße: geschlossen; 3. Lokal in der Heiligengeiststraße: Urlaub; 4. Lokal Ecke Semlower Straße: Ruhetag; 5. Lokal im Rathaus: keinen Fernsehapparat; 6. Lokal in der Papenstraße: Renovierung; 7. Lokal am Bahnhof: keinen.»Aber gehen Sie mal über den Frankenwall ins Vereinsgelände des Jahnsportparks zur BSG Motor.« Mit hängender Zunge und verschwitzt komme ich dort an. Der Laden macht um 20.00 Uhr dicht. Um das Spiel zu sehen, verholen sich einige Gäste mit einem Arm voll Bierflaschen in den Clubraum. Ich schließe mich an. Das Bild ist schwach, der Kommentar einschläfernd, das Spiel wenig mitreißend. Ich döse fast ein. Dann ist alles zu Ende. 1:0. Plötzlich Autogehupe, Weltmeistergeschrei auf den Straßen.

Um 12.10 Uhr ist Astrid da. Mustert für drei Wochen an. Mit Kartoffeln, Stachelbeeren, Pflaumen, Möhren, einem Riesenstück Käse, einem Kasten Bier und meinem lichtstarken 300er Teleobjektiv. Das heißt ab sofort doppelt wertvolle Fracht – Astrid und Objektiv. Geplant ist eine gemeinsame Umrundung Rügens.

Astrid, meine Frau, will nicht den ganzen Sommer allein zu Hause sein, Tomaten ziehen, Anrufe und Briefe beantworten oder Hühner versorgen. Das Wasser lockt. Sie möchte mit mir im selben

Boot sitzen. Sie ist voller Optimismus, obschon genau wie ich vor der Fahrt ohne nennenswerte Jollenerfahrung. Übernachten in einem Hotel oder »Zimmer frei?« Nein: »Ich schlafe an Bord!« Sie wird sich wundern. Eine Wende im Schlafsack, und das ganze Boot schüttelt sich. Und die Mücken, die man unter der Persenning nicht abwehren kann. Und dieses ewige Verstauen und Umstauen morgens, abends, immer!

Ihr 1. Tag ist mein 26. an Bord.

Unser sofortiger Angriff auf Hiddensee, wo wir schnellstens hinwollen, wird nach wenigen Meilen abgewehrt: Westwind und weiße Schaumkronen auf den Wellen. Raumschots geht es zurück nach Stralsund. Im Querkanal, fast mitten in der Stadt, machen wir längsseits an einer alten Feldsteinkaimauer fest. Gegenüber eine Gaststätte mit der Aufschrift »Marina Stralsund«. Der Kanal hat nur ein paar Liegeplätze. Mit Abzweigern in den Bodden – und Heiligengeistkanal erinnert die Szenerie an Amsterdams Grachten. Hier könnte ein Kriminalfilm spielen: Flucht durchs Hafenwirrwarr, über alte Schlepper, Zäune und durch Verfall gezeichnete Häuser. Wir aber blicken auf den Kern der mittelalterlichen Stadt mit der markanten Silhouette, die von den mächtigen Kirchenschiffen und Türmen von St. Nikolai, Jakobi und Marien beherrscht wird. Wir machen einen Streifzug durch die Altstadt. Wir suchen ein Eßlokal, finden aber überall nur Wasser. Die Stadt ist von Wasser umspült: Frankenteich, Knieperteich und an der Ostseeseite der Strelasund. Die Altstadt ist eine Meerstadt und eine kostbare historische dazu: Kirchen, Denkmäler, Museen und viele alte schmucke Giebelhäuser mit einer Stilvielfalt von Gotik bis Barock lassen uns staunen.

Ein prägnantes Bauwerk ist das Stralsunder Rathaus am Alten Markt, genauer gesagt, seine nördliche Schmuckwand. Diese Giebelwand ist gegliedert in sechs schmale Giebelflächen, die von kräftigen hohen Pfeilern eingefaßt werden. Wir sind beeindruckt von der Architektur dieser Stadt, auch wenn viele Gebäude marode sind.

Tip für Stralsund-Yachtbesucher: Der Querkanal ist mit 2,50 Meter Tiefe auch für große Segelboote zugänglich. Die Brücke öffnet auf Wunsch. Dennoch: Wir hatten eine schreckliche Nacht. Am

Hafenkai wurde rangiert. Pünktlich ab Mitternacht ließ eine ratternde Lok alle zehn Minuten die Puffer knallen. Das soll jetzt nicht mehr so sein. Dazu Astrids Kampf mit der Luftmatratze. Zu kurz und zu schmal ist das geliehene Stück. In Eile ergattert sie in der Stadt die letzte Luftmatratze mit normalen Maßen.

Bevor wir nun endlich zu »der Insel« Hiddensee aufbrechen, interviewt mich die *Ostseezeitung*. Der Ressortleiter von »Ostseestrand und Binnenland« kommt extra aus Rostock. Er spendiert in der Gaststätte Kartoffelsalat und Würstchen und erzählt, daß er für die *Ostseezeitung* in Acapulco, China und sonstwo war. Er war jahrelang Chefredakteur der Zeitung.

Es folgt ein knallharter Ritt über den Kubitzer Bodden. Das sind nur 15 Seemeilen. Aber Meilen von der übelsten Sorte. Die nicht präparierte Astrid »verliert« im Tonnenweg (Boje 56) Würstchen und Kartoffelsalat. Ich im Fahrwasser die Lust, denn ein Kurs gegenan ist das Letzte, was mich heute begeistert. Und: Hiddensee erreichen wir bei aller spritzenden Nässe nicht. Wir fallen nach Lee ab, nach Schaprode, das gegenüber der legendären Insel liegt.

Die wiederholte Warnung – der Kubitzer Bodden kann für dich und dein Boot lebensgefährlich sein – , ist berechtigt. Nie war ich einer Kenterung so nahe wie in diesem ungestümen Seestück. Eine kräftige Böe zusammen mit der Heckwelle eines Fahrgastschiffes war die Ursache. Das größtmögliche Reff (im Großsegel) war auch noch für die Zweiercrew zuviel. Schlimmer: Ich fürchtete um den Mast. Dieser Tag war wirklich die Grenze für einen »Schwertzugvogel«.

In Schaprode fallen dem Hafenmeister, der mit seinem Moped angepest kommt, fast die Augen aus dem Helm. Es weht nämlich mit 8 Beaufort, und an der hohen Spundwand wirkt unser Bötchen wahrhaftig winzig. Aber: Er will gleich acht Mark, die ich so schnell nicht in der durchnäßten Wuhling finden kann.

Wir lenzen, ordnen, waschen. Im Rigg hängt ein Kleid zum Trocknen! Als der West noch zulegt und es im Hafen schwellig wird, verholen wir uns mit ein paar kräftigen Paddelschlägen zur dem Ort vorgelagerten Insel Öhe. Die Gras- und Bauminsel, auf der viele Kühe weiden, ist in einer guten Stunde leicht zu umwandern. Die unübersehbaren Schilder »Betreten verboten« ignoriere

Für Rügen mustert Astrid an. Schon am 3. Tag,
in Schaprode, stürzt sie sich aufs Wäschewaschen.
Zu Hause eine Notwendigkeit, ist für sie das
Hantieren mit Pütz und Wasser, Seife und Wäscheklammern
an Bord ein Vergnügen. Jedenfalls läßt sie keine
Gelegenheit aus, es anzupacken.

85

ich einfach. In dem bröckelnden Parteistaat sind sowieso überall Wildwestzeiten ausgebrochen. Und so ist es nicht die Besitzerin der Insel, die mich deswegen zur Rede stellt, sondern ihr Sohn, ein Schleswiger, der hier Ferien macht.

Schaprode lockt Touristen an. Bestimmt nicht, weil der Flecken besonders anziehend ist, wohl mehr wegen der Fähre zur Insel Hiddensee. Da Autos nicht auf die Urlaubsinsel transportiert werden dürfen, parken hier in allen Vorgärten gedrängelt Wartburgs und Trabis. Wer nicht rüber will oder wie früher nicht durfte, dem bietet der Ort einen feinen Sandstrand mit Campingplatz und eine glukkenhafte kleine Backsteinkirche. Sie ist die drittälteste auf Rügen, gebaut um 1200.

Nach einer gut durchschlafenen Nacht – A. rechts, ich links vom Schwertkasten – steuern wir noch vor dem Frühstück Hiddensee von Osten an. Es wird eine leichte Segelstunde. Die Möwen lassen ab, uns zu verfolgen, als der Bug den Strand berührt. Hiddensee! Wir haben die seichte Bucht Schwarzer Peter gewählt, zwei Kilometer südlich von Neuendorf, eine der Siedlungen, die sich auf der 17 Kilometer langen seepferdchenförmigen Insel behaupten. Uns gefällt die Insel, noch bevor wir richtig den Fuß an Land gesetzt haben. Ist es die Sonne? Sind es Deich und Kiefernhaine, die uns gegen den störrischen Westwind Schutz bieten? Oder der Wasserhahn, der im Gebüsch auszumachen ist? Sicher auch. Aber primär: Diese Bucht ist sauber und farbig, flaches grünes Land drumherum. Nach Stahlbrode, Schaprode, Stralsund wirkt es wie eine andere Welt. Hier fahren tatsächlich keine Autos. Es gibt keinen Krach und keinen Gestank, es gibt kaum Hotelbetrieb, auch keine dichte Besiedlung. Nur in der Ferne sind verstreut die rohrgedeckten Katen von Neuendorf zu erkennen.

Ein Bootsparadies also. Zweifellos. Und bei Sonnenschein betrachtet allemal. Drei Schweriner Seglerpärchen bieten uns ihre Freundschaft an – und eine Flasche Bier.»Wessis«»in soon lütten Kahn« ist man noch nicht begegnet. Sie klären uns auf, warum die Bucht Schwarzer Peter so schwach besucht ist – 20 gegen sonst 80 Boote.»Die reisen lieber mit dem Bus nach Paris.« Das klingt etwas enttäuscht. Aber in diesem Jahr ist eben alles anders. Urlaub auf Hiddensee mit ihrem Jollenkreuzer war für sie wie für viele andere Segler der Höhepunkt des Jahres. Denn normale Urlaubsplätze in den Ferienheimen waren ein Privileg für Angepaßte. Es gab Wartelisten in den Betrieben und Gewerkschaften, auf denen man sich durch jahreslanges Ansammeln von »Bewährungspunkten« hochdienen konnte. Weiter erfahren wir, die Insel sei so begehrt gewesen, daß selbst ausgebaute Ziegenställe als Ferienquartier nur gegen Handgeld zu kriegen waren.

Um einen Überblick zu bekommen, klettern wir auf den Deich. Schwarzer Peter, du bist herrlich! Die paradiesische Bucht hat nur einen Nachteil – oder ist es ein Vorteil? – Zugang ist nur möglich mit Booten bis maximal 80 Zentimeter Tiefgang. Und: Sie ist nach Osten hin offen. Bei östlichen Winden baut sich schnell eine unangenehme, aber nicht gefährliche Welle auf – eben weil sie über ein Flachwasserrevier kommt.

Gleich gehen wir über einen wildwechselähnlichen Pfad durch Kiefernwald und karge Graslandschaft zum blütenweißen Sandstrand. Er zieht sich scheinbar unendlich hin – nach Norden mit bewaldeten Höhen und nach Süden mit lang ausgestreckten Dünen. Noch weit über die zahlreichen gut erhaltenen Holzbuhnen hinaus ist das Wasser über sandigem Grund erstaunlich klar und sauber. Wir ziehen uns aus und gehen durch die Brandung ins tiefe Wasser. Ich hätte Lust, lange zu schwimmen, doch die Ostsee ist kalt: 15 Grad Celsius.

Es ist ein Strand für Bekleidete und Unbekleidete. Nach Luv und Lee entdeckt mein Blick nur Frauen und Mädchen, so als seien viele Aphroditen dem Meer entstiegen. Sie spielen entweder Ball, essen Würstchen oder ruhen ganz einfach ausgestreckt im Sand. Ungestört spielen die Kinder, bauen Sandkuhlen, riesige Strandburgen samt Piratenflagge. Namen und Daten aus kleinen Steinen und Muscheln zieren ihre Werke.

Am Abend sitzen wir in der engen Kajüte der SLÖPENDRIWER, eines der Schweriner Schwertboote. Ute und Franz haben uns zu einer »Flasche« eingeladen. Ihre Freunde von den anderen Booten sind auch dabei. Zu acht hocken wir in der engen Kajüte und fragen uns gegenseitig aus. Astrid plaudert munter drauflos. Das Bier schmeckt vorzüglich. Die Unterhaltung wird dann aber eher einseitig. Die Schweriner sind begierig, Dampf abzulassen. Wie überall

auf meiner Route berichten sie von durchlittenen Jahren im
»Honecker-Sanatorium« – also von Mangel, Arbeitsmoral, Improvisation an Booten wie im Haus. »Vor ein paar Jahren war es hier
noch anders. Es war besser. Es wurde ganz schlimm seit der Pere-
stroika. Es ging rückwärts – ohne Bremse.« Diese Segler waren
oder sind tätig in der Schweriner Bootsbranche und wissen nicht,
wie es weitergeht. Frage: Soll ich mich als Segelmacher selbständig
machen? Keine Frage bei 6000 Booten an beiden Schweriner Seen.
Vor allem, wenn man die Nähmaschinen schon hat. Selbst der
handwerklich geschickte Franz macht sich so seine Gedanken als
Bootsbauer. Holzverarbeitungsmaschinen hat er schon, nur Kunden, wie kommt man an Kunden? Ich kann wenig Rat geben, obwohl wir seit 25 Jahren selbständig mit Segeln und Schreiben unser
Geld verdienen. Aber der Anfang beim Aufbau einer selbständi-
gen Existenz ist immer riskant.

Franz hat sich SLÖPENDRIWER, 7,5 Meter lang, selbst gebaut, Typ
»Hiddensee« aus Kunststoff. Wie üblich ging die Negativform von
Verein zu Verein, um daraus Rümpfe zu bauen. So entwickelte sich
die »Hiddensee« zum gängigsten Bootstyp der DDR. 200 bis 300
Stück soll es davon geben. Genau weiß das keiner. Viele Boote
seien eigentlich volkseigen, weil Bootsbaugedanken und Mate-
rialbeschaffung in die offizielle Arbeitszeit fielen. »Aber das wurde
von den Parteibonzen geduldet. Da waren die Leute beschäftigt
und dachten nicht über den Mißstand unserer Republik nach.«

Ute, Franz und die anderen wollen auch von mir etwas hören.
Was soll ich ihnen erzählen, ohne weh zu tun? Notgedrungen blät-
tere ich in meinem »Logbuch«: Karibik, Tuvalu, Tahiti, Samoa,
Maquarie, Kap Hoorn. Das Bild in einer palmengesäumten Bucht,
vor Anker mit einer reifen Bananenstaude unterm Großbaum beeindruckt. Ich gebe ihnen bewußt keine Beschreibungen vom Weltumsegeln, in denen es nur so dampft von ungewöhnlichen Adjekti-
ven. Die Höhepunkte auf so einer Reise liegen ja tatsächlich oft in
kleinen Nebenumständen: ein guter Landfall, ein kleines Feuer am
Strand mit selbstgefangenen, gerösteten Fischen, eine geschenkte
Muschel von Eingeborenen, die Fröhlichkeit und vorbehaltlose Be-
reitschaft der Einheimischen, die Stimmung bei dem Drum und
Dran des Bordlebens, die Freude auf eine Tasse Tee nach einer

durchwachten, nassen Sturmnacht. Sturm ist das Stichwort vor allem für das Erlebnis, das ich ihnen von meiner 271-Tage-Nonstopfahrt vermittle.

Sie wollen erst mal allesamt keine »Wildgänse« sein, die, von der Seesehnsucht gepackt, einfach davonsegeln. »Es ist zu viel und zu schnell passiert.« Der Kopf ist nicht frei für solche Phantasien. Obschon die drei sehr gute Boote segeln, wollen sie nicht mal rüber nach Dänemark, nach Mön. Für mich unverständlich. Und das sage ich auch. »Sollen wir nur mit dem Kompaß segeln?« »Mensch, das sind doch nur 30 Meilen.« Ute möchte, aber die Männer wollen nicht...

Astrid macht keine Anstalten, diese Bucht zu verlassen. »Die gefällt mir.« Die Insel ist in dem Maße melancholisch, wie es jede Insel ist. Die einfache, klare Natur lädt zu unkomplizierten Wanderungen ein, und es gibt viele Möglichkeiten, sich die Zeit zu vertreiben – auch ohne Strandpromenade oder einen anderen zentralen Begegnungsort.

Auf Hiddensee wohnen 1200 Menschen. Davon lebt ein Drittel im nahen Neuendorf. Dort besorgen wir uns Wurst, Käse und Brot, und wenn man früh aufsteht, bekommt man auch Brötchen. Kaffee im Lokal gibt's erst ab 14.00 Uhr. Auch die Volksbuchhandlung öffnet nachmittags. In einer weißgestrichenen Holzbaracke ist sie gut sortiert untergebracht. Im Schaufenster, schutzlos der Sonne ausgesetzt, brütet *Der General in seinem Labyrinth* von Marquez.

In einer Gerätehandlung besorgen wir uns auch einen kleinen Spaten. Da sanitäre Einrichtungen im Schwarzen Peter fehlen, sehen wir morgens viele mit dem Spaten in der Hand über den Deich wandern – Richtung Wald.

Die Einwohner wirken verschlossen. Urlauber stöhnen: »Es ist schwer, akzeptiert zu werden.« Früher wurden die Fremden einfach in der Schlange beim Einkauf beiseite gestoßen, heute bitten die Einheimischen wenigstens schon, vorbei zu dürfen. Sie werden beim Kaufmann bevorzugt behandelt.

Wir treiben uns noch einige Tage auf dem südlichen Teil von Hiddensee herum, der Gellen genannt wird. Ständige Brandung und völlig waldfrei. Vereinzelt brüten dort noch See- und Strandvögel, und es ist ein Rastplatz für die Kanadagänse, die hier durchziehen.

Reisetagebuch 14. Juli: Mein Zeitplan bringt uns wieder unter Segel. Schwarzer Peter – Ralswiek, Südende Jasmunder Bodden, 22 See- meilen. Kalter böiger Wind – Gott sei Dank West (achtern). Mit auf- geholtem Schwert rutschen wir über verschiedene Flachs. Schwach- windfan A. verkrampft und ohne Humor an der Pinne. Erstaunlich viel Wasser kommt über. Beste Sicht. Kornfelder, flache schilfige Kü- sten, Büsche, kleine Wälder, vereinzelte Häuser ziehen rasch vorbei. Anluven. Gischt. Kalter Westwind. Unlust. Suchen eine Bucht zum Kaffeetrinken. Doch nichts. Einlaufen in den Mittelsee scheitert – seicht und ohne Reiz. Ganz im Süden des Jasmunder Boddens frischt es auf (6). Schlechtes Anlegemanöver im Schaukelhafen Rals- wiek – genau vor dem Schaukasten mit der Preistafel: Bis 6 Meter 3 DM, 6 – 10 Meter 6 DM / Tag, usw.

Essen, Kaffee, ein Schnack. »Bisher kostete ein Liegeplatz 25 Mark.« Jährlich. Rundgang durchs Dorf (eben Tourist), und dar- über hinaus östlich zu einem umfangreichen Hügelgräberfeld aus slawischer Zeit. Am Waldrand eine kleine Holzkapelle, die soge- nannte Schwedenkirche, mit dem Leitspruch: »Die Liebe höret nimmer auf.« Unübersehbar in einem Landschaftspark mit selte- nen Gehölzen das Schloß von Ralswiek. Es gehörte einem der grö- ßen Feudalisten Rügens, Graf Douglas. Seit Kriegsende ist es ein Feierabend- und Pflegeheim. Die weite Wiese vor dem Schloß, zum Bodden hin abfallend, ist eine riesige Naturbühne. Auf ihr findet übermorgen das »Classic-Open-Air« Konzert statt. Justus Frantz wird einschweben, und dann, zwei Tage später, gibt Dieter Bohlen mit Blue System ein Konzert. Diese Freilichtbühne am Meer war schon seit jeher ein Schauplatz von Abenteurern. Bis 1981 konnte man hier im Sommer die Heldentaten Klaus Störtebekers und Godeke Michels im Kampfgetümmel als Theaterstück bewundern. Bis sich die SED zum Einschreiten genötigt sah. Der Freiheits- drang der edlen Helden hatte unerwünschte Beifallskundgebungen provoziert. Nach den Piraten versuchen jetzt also Musiker ihr Glück auf der Naturbühne von Ralswiek. Wir gehen dem Getüm- mel aus dem Wege – verholen nach Martinshafen. Freizeitfischer gehen dort mit Haken und Netzen ihrem Hobby nach, ein kleiner Junge lernt in der wirklich trübsten Brühe schwimmen, im

Sailor und Crew aus Wolgast. Petra führt nicht nur das Schiff,
sie näht auch stets ganze Segel aus Zelttuchstoff.

Scheitel des kanalartigen Hafenbeckens findet eine Grillfete von Freizeitschiffbauern in den typischen weißen Leinenlatzhosen statt. Durch die häßlichen Bootsschuppen verliert der Hafen leider seinen Reiz.

Und dann ist da noch – unübersehbar – ein Katamaran aus Flensburg. »Ich bin Lehrer in Süderbrarup.« Mit seiner riesigen High-Tech-Flunder »beherrscht« er das kleine Hafenbecken. Unüberhörbar beim Auslaufen sein: »Ilva, schalt die Instrumente ein!« Beide Schalthebel volle Fahrt voraus, dampft er aus dem Hafen.

Wir tun's ihm nach – unter vollen Segeln. Bei diesem Wetter sind es Großsegel und Arbeitsfock. Zwei Kreuzstunden später stößt der Bug im Lindower Strom auf 'en morastigen Grund einer Kuhweide. Eine traumhafte Bucht, doch auch nur wieder was für Schwertboote, so seicht ist sie. An der Einfahrt steht ein Reetdachhaus mit Uferbefestigung. Das Ganze heißt Grubnow. Die Bucht hat für Schilfliebhaber nicht den geringsten Makel. Da die Kühe aufdringlich am Bug stehen, verholen wir an den Steg eines Anglervereins. Mit der Ruhe ist es da vorbei. Ein Maurer aus Neuenkirchen unterhält uns bis in die Nacht: »Diesen Steg haben wir uns selbst geschaufelt und gerammt, und jetzt will die Gemeinde ihn uns abnehmen.« Seine Sorge ist nicht unbegründet. Gehört der Steg erst der Gemeinde, bedeutet das erheblich höhere Liegeplatzgebühren. Er verrät uns noch, daß Arbeiten jetzt wieder Spaß macht – Geld gegen Leistung.

Der Jasmunder Bodden mag vielen gefallen, uns zieht es mit Macht nach Hiddensee zurück. Und das kann mit einer Jolle gefährlich werden. Wir segeln gegen Wind und weiße Schaumköpfe und wären beinahe an der Kreuz koppheister gegangen. Weit draußen ans Boot geklammert, fahren wir Wende um Wende. Zwischen Wittower Fähre und dem Landzipfel Bug kommen wir innerhalb des Bojenweges auf der »holprigen Chaussee« kaum noch voran. Wir weichen auf die seitlichen Flachs aus. Fahren das Schwert fest. Brechen es aus. Das Aluminiumrigg zittert, das gereffte Großsegel killt wie eine Fahne im Wind. Wir kommen nochmals in Fahrt und in den Bojenweg, wo in Verbindung mit der Welle eines vorbeifahrenden Berufsschiffes der Bug zu tief einschneidet und das Boot gleichzeitig nach Lee bis zum Seitendeck wegkrängt. Genug!

A. sagt nichts. Sie will unbedingt nach Hiddensee – zum Ostseestrand. Mit einer Halse hat die Plackerei doch ein Ende. Raumschots segeln wir zurück. Im Windschatten der hohen Weiden des nördlichen Anlegers Wittower Fähre wärmen wir unsere müden, lädierten Knochen und trocknen Schiff und Klamotten.

Die Beine weit von uns gestreckt, total entspannt und mit Blick auf die weiße See, hocken wir an der Fähre, begleitet vom Gefühl, einem ziemlichen Unglück entronnen zu sein. Und das binnen!

Ich habe den Eindruck, daß die Knickspantform des »Zugvogels« bei gleicher Bootsbreite wesentlich mehr Formstabilität als eine Rundspantform bietet.

Am Himmel kleine Wolken. Mildes Klima – Ziel Vitte. Um es wirklich zu packen, kreuzen wir vor Sonnenaufgang das Stück dorthin. Morgens sehr früh ist der Wind schwächer.

Auch in Vitte, wie in Neuendorf, sind nur wenige Grundstücke eingezäunt, das Land sichtbar nicht parzelliert, als wäre hier der Grund und Boden für jedermann da. Neue schmucke Privathäuser, reetgedeckt und größtenteils inselgerecht, stehen teilweise auch in Landschafts- und Naturschutzgebieten. Fast alle im Besitz hoher Parteifunktionäre oder Künstler. »Die bekamen einfach eine Sondergenehmigung.«

Den Reiz der Insel erkannten schon andere »Kulturschaffende«, wie Ernst Barlach, Albert Einstein, Gustav Gründgens, Asta Nielsen, Stefan Zweig und viele mehr. Thomas Mann war kurze Zeit darunter. Der eigentliche Hiddenseer Kulturstolz gilt aber Gerhart Hauptmann. Er entdeckte diese Insel schon 1885. Hauptmann bereiste sie immer wieder und arbeitete hier. In den 20er Jahren erwarb er das Haus »Seedorn« in Kloster. Heute ist dieses Haus eine Hauptmann-Gedenkstätte. Als der Dichter 1946 starb, wurde er dort begraben. Ein riesiger Findling markiert sein Grab auf dem Friedhof in Kloster. Warum kehrte Gerhart Hauptmann Jahr für Jahr hierher zurück und blieb nicht im sonnigen Italien, wo er meistens den Winter verbrachte?

»Diese Klarheit! Dieses stumme und mächtige Strömen des Lichtes! Dazu diese Freiheit des Wanderns. Dazu der Salzgeschmack auf den Lippen. Das geradezu erschütternde Brausen der See.« Das schrieb er seinerzeit.

Wohin die Sehnsucht viele Bootseigner all die Jahre zerrte, wird deutlich an Bootsnamen sichtbar. Ich notiere noch SAMOA, ADRIA, ROMA und so weiter.

Auf Mietfahrrädern erklimmen wir die Nordspitze mit dem 72 Meter hohen Bakelsberg. Seit der Wald im Dreißigjährigen Krieg niedergebrannt wurde, ist er nur teilweise aufgeforstet worden. Es dominiert dichtes Buschwerk aus Sanddorn, Holunder und Krüppelkiefern. Auf der hellen Steilküste des Dornbusch ragt der Leuchtturm über den Horizont. Gegen eine geringe Gebühr dürfen wir hinauf auf den Turm. Früher war der nicht zu besichtigen. Natürlich nicht, wo gleich daneben eine Grenzüberwachungsanlage mit doppeltem Stacheldraht und Scheinwerfern installiert ist! Phantastische Sicht. Östlich erstreckt sich hügeliges Land mit vielen Buchten. Mön in Nordwesten läßt sich mit ein wenig Phantasie erkennen. Nach Süden bewachsene Dünen bis Kloster hinunter.

Auf dem Rückweg machen wir einen »Trinkstopp« in Kloster. A. ist hingerissen. Winziger Hafen, Hauptmann-Museum, kaum befestigte Straßen. Gegründet wurde der Ort 1296 durch Zisterzienser-Mönche. Der Ordenssitz wurde jedoch wegen der steinigen Felder und der ewigen Streitereien mit den Fischern im Bodden im 16. Jahrhundert wieder aufgelöst.

Vitte ist der mittlere Hafen von Hiddensee. Liegeplätze gibt es an der Yachthafenbrücke noch mitten im Juli. »Schon seltsam«, sagt der Hafenmeister, »waren doch sonst die 50 Plätze schon im Frühsommer mit bis zu 250 Booten belegt.«

Endlich DDR-Segler en masse. Einige Schiffe fallen zwangsläufig durch Anspruchslosigkeit auf: selbstgenähte Segel aus Zeltstoff; handgefertigte Curryklemmen; Blöcke und Umlenkrollen aus Sperrholz und Metallscheiben; Schotwinden aus der Heimwerkerecke. Und bewegt werden die gepflegten Schiffe von Außenbordern, die, wenn sie überhaupt starten, leicht einen Lastwagen übertönen. DDR-Segler waren auch elektronisch erfinderisch. Eigenhändig konstruierte Echolote und Speedometer hängen an den Schotts. Wohin die Sehnsucht viele Bootseigner all die Jahre zerrte, wird in Vitte deutlich an den Bootsnamen sichtbar: SAMOA, WAIKIKI, MARTINIQUE, ROMA, ADRIA, BATAVIA. Auch eine PASSAT stöbere ich auf. Der Besitzer will den Passatwind irgendwann mal spüren. Nur momentan bewegt ihn der Umbruch nach wie vor.

Gibt es Mitleid, Häme, Trost? Deutlich wird: Sie wollen keinen allzu intimen Kontakt mit den Westseglern. Astrid und ich fühlen mit ihnen, aber trösten wollen sie sich nicht lassen. Die meisten gehen »Wessis« aus dem Wege. Erst unser Weltumseglerbonus läßt sie vertraulicher werden. Der Dornbusch war offenbar ein Treffpunkt. Hier stand man also früher mit sehnsüchtigem Blick, schaute aufs Meer und, wenn die Sicht sehr gut war, hinüber zur Insel Mön. »Entweder lachte ich damals drüber, oder ich setzte mich ins Gras und heulte« – Richtung Dänemark.

Als ein Segelkutter der Nationalen Volksarmee mit gemischter Crew neben uns am Strand festmacht, kommt gleich die erste Frage: »Gibt es hier Toiletten?« Ich, mit einer Armbewegung: »Ja, da drüben in der weißen Hütte.« Der junge Soldat: »Mit oder ohne Gummistiefel zu benutzen?« Ein unerschöpfliches Thema in Vitte, da den Seglern seit Jahren erzählt wird: »Wird alles renoviert.«

Zur Schiffsbesichtigung auf der Greifswalder VENUS. Sie gehört einem Ehepaar mit zwei Kindern. Als Atomkraftwerkangestellte sind sie schlecht auf *Spiegel* und *Stern* zu sprechen. »Die haben alles nur negativ gesehen oder sehen wollen.« Ihre Kinder Stefan und Matthias fragen mir Löcher in den Bauch: »Hast du Pinguine gesehen? Seehunde? Kann man Kokosnüsse einfach so pflücken?« Alles mit leuchtenden Augen. Rückblickend: meine einzigen überzeugten Fans in Hiddensee. Ich schenke ihnen ein Buch, in dem es von tropischen Bildern nur so brodelt.

Einladung auf die SAILOR aus Wolgast. Die selbstbewußte junge Frau: »Das Schiff segle ich. Mein Mann ist erst später hinzugekommen. Der darf die Pinne halten.« Sie hat den B-Schein, das Eignungspatent für Boddenfahrt. Ohne Schein geht nichts in der DDR. Erstaunt über meine Anmerkung, daß es bei uns Vorschriften für wirklich alles gibt – ausgenommen fürs Segeln. Man kann ein Boot bauen und um die Welt segeln, und keine westdeutsche Behörde fragt nach Sicherheit, Segelschein und dergleichen. Sie und auch andere finden das unter Sicherheitsaspekten nicht gut.

Man kann sich auf dieser Insel wunderbar aus dem Wege gehen, nur nicht sich selbst. Schon gar nicht zu zweit in einer Wanderjolle, wenn der Wind den Dünensand ins Boot bläst. Wetterbedingt müssen wir länger bleiben als geplant. Mir stinkt's. Mürrisch lasse ich mein Unbehagen an A. aus, die sich so sehr auf die Ferien gefreut hat. Einmal nehme ich meinen Seemannstag = schlechte Laune.

8 | Rügen III: Endlich Kurs Kap Arkona

Ein Segelstück, auf das wir fünf Tage warten müssen, ist schon von Natur aus aufregend. Zumal der Wetterbericht wiederum reichlich Wind ansagt. In der Tat, in Vitte gibt es Tag um Tag 6 bis 7 und manchmal 8 Windstärken. »Einfach nicht zu verantworten, mit einer Jolle bei diesem Starkwind auf die Ostsee raus«, sagt Astrid und zitiert gleich noch aus dem Buch *Jollensegeln*: »Kenterbare Jollen gehören grundsätzlich nicht auf die See, weil das zu risikoreich ist. Es sei denn im Rahmen von Regatten, die unter Sicherheitsvorkehrungen durchgeführt werden.« Astrids anfängliche Jollenbegeisterung hat seit dem Jasmunder Bodden sowieso stark gelitten.

Wir teilen unser »Leid« mit anderen Seglern, die gleichfalls auf Wetterbesserung warten. Sie wollen zur Insel Mön oder genau gegen den Wind zum Darßer Ort. Was tun, wenn man gezwungenermaßen festgehalten wird? Man hört den Seewetterbericht ab. »Im Raum Island baut sich ein Tief auf.« Ordnet das Boot. Wischt täglich den Sand raus. Wandert nochmals zum Dornbusch. Und wundert sich, jedesmal ein anderer Pfad. Wir essen Schnitzel und Bockwurst in Restaurants, groß wie Kinos. Abends träumen wir: Morgen geht es aber bestimmt weiter. Und anderntags: »Ich hatte schon den Stöpsel der Luftmatratze gezogen, aber Wilfried sagte was von zu viel Wind, sofort kroch ich wieder in den Schlafsack.«

23. Juli: Endlich Kurs Kap Arkona. Ziel ist Saßnitz. Seekrankheit und Angst segeln mit. Speziell bis zum Kap. Dort steht er, der älteste und berühmteste Leuchtturm der Ostsee – ein Entwurf von Karl Friedrich Schinkel. 1827 in Dienst gestellt. Das Leuchtfeuer auf dem knapp 20 Meter hohen Turm wurde nach 75 Jahren stillgelegt und durch einen leistungsfähigen neuen Leuchtturm ersetzt. Der Turm ist rot-schwarz gestreift. Nach Umrunden des markanten weißen Steilkaps Gischt und Schaum, berge Fock. Erstes Reff ins Groß. Trotzdem Surfpartien um 10 Knoten. Bug schneidet weiter tief in die Wellen. Ich rede viel mit A. Ermuntere sie, es zu genießen. Sie ist jedoch weit entfernt davon. Nur nach boshaften Worten krabbelt sie vor den Mast, um ein Erinnerungsbild zu knipsen. Bis zur Hafeneinfahrt Saßnitz erreichen wir einen Schnitt von 7,5 Knoten.

Vor Saßnitz – wohlgemerkt. Im Windschatten des Königsstuhls zieht sich die Wolkendecke zu einer grauschwarzen Masse zusammen. Der Wind kentert, kommt uns direkt entgegen, Regentropfen fallen. Die Böen erreichen Stärke, wühlen die See rasch auf und machen uns das Leben schwer. Und das in Sichtweite des Hafens. Die Luft dröhnt, SCHLEI KATHENA braust. »Klar zur Wende!« – »Klar.« – »Ree«. Schlag auf Schlag. Voll setzen wir beide unser Körpergewicht zum Ausreiten ein. Wenden müssen klappen. »Das Boot darf dabei nicht die Fahrt verlieren, weil es sonst auch seine Stabilität verlieren würde.« Jollensegelbuch!

Eine falsche Bewegung würde ausreichen zum Kentern. Das kann, eingepackt in Ölzeug und Gummistiefel, schnell passieren. Und dann? Ablandig! Ob uns jemand beobachtet?

16 Kreuzschläge sind bis zum Molenkopf notwendig. Naßglänzend ziehen wir in die Tiefe des Fischereihafens. Gehen längsseits an der großen Außenmole, am Heck der uns vertrauten KUCHEN-BECKER. Der Rettungskreuzer war bisher in Maasholm (Schlei) stationiert. Die innere Aufregung bekämpfen wir mit einer Dose Bier.

Niemand bewundert uns. Niemand ist da, der von unserer Leistung hören will. Die Yachties hocken in ihren Cockpits und registrieren uns nicht einmal, da kauert man enttäuscht auf dem Boden der Tatsachen und schlürft Kaffee.

Saßnitz ist eine Stadt mit Fischerei- und Fährhafen und nichts fürs Kleinstboote. Der durch eine 1600 Meter lange Steinmole (Ostmole) geschützte Hafen sehr unruhig. Auch hier bewegen die

Fischer keine oder kaum Netze, sondern Ausflügler: Für acht Mark sind sie dabei. Einmal bis zu den Wissower Klinken und zurück.

Wir machen einen Gang in die Stadt, die gegenüber vom Hafen auf einem 40 Meter hohen Plateau liegt. Kaufen, wie gehabt, Tomaten, Brot, Milch. Es herrscht kein Mangel an Früchten und Getränken. In der Gaststätte müssen wir nicht warten, bis ein Tisch frei ist, nicht bitten, daß uns der Kellner einen Platz anweist. Die Bedienung ist freundlich. Wie merkwürdig muß den Einheimischen dieser stille Sommer vorkommen im Vergleich mit den früheren turbulenten Sommermonaten.

Wir treffen Bernd Monno aus Berlin, den Super-Seesegler der DDR-Szene. Er konnte seinen Traum erfüllen: Teilnehmer sein an der weltberühmten Kieler Woche. In seiner Klasse wurde er Vierter. »Man war dort ein Exot. Fotos wurden von mir gemacht mit einem Pack Bier am Heck meines Schiffes, einem Werbe-T-Shirt, einer Wetterjacke. Mal durfte ich die Dinge behalten, mal wurden sie mir nach den Aufnahmen wieder abgenommen. Kurze übliche Fragen. Es hat mir eigentlich nichts gebracht. Im Jahr davor habe ich noch die DDR-Seesegelmeisterschaft mit diesem von mir gezeichneten und gebauten Boot gewonnen. Ich wurde gerade damit fertig, ohne einen Schlag gesegelt zu haben. Der Mauerfall kam, wirtschaftlich, für mich zu früh. Gerne hätte ich den Riß meiner MONA samt Schale verkauft. Anfragen hatte ich eine ganze Menge. Als es richtig losgehen sollte, hatten die Interessenten anderes im Kopf – die Wende. Zu einem Regattaschiff, westlike, komme ich erst mal nicht. Ich denke, es wird dauern, aber ich habe noch ein Patent auf leichte Holzmasten, verstärkt nur durch längslaufende Polyesterfasern.« Bernd Monno ist ein ganz »heißer« Segler, sagt man uns am Steg. Einen kleinen Einblick bekamen wir heute auf See, als er uns unter Spinnaker im Nacken saß.

Für uns ist Saßnitz Ausgangspunkt für ausgiebige Wanderungen in das Naturschutzgebiet Stubnitz. Wir wollen dorthin, wo Caspar David Friedrich die Kreidefelsen malte, um ein Foto zu machen. Von genau der Stelle, wo der berühmteste deutsche Maler des 19. Jahrhunderts vor 180 Jahren gestanden hat, als er sein Bild »Kreidefelsen auf Rügen« gemalt hat. Wahrscheinlicher ist, er hat es hier nur skizziert und in Dresden, wohin es den Greifswalder verschlagen hatte, in seinem Atelier fertiggestellt. Astrid und ich haben lange gebraucht, um den Blickwinkel Friedrichs zu finden. Als wir ihn – vermeintlich – entdeckt hatten, stellten wir enttäuscht fest, daß die Kreidespitzen von der See abgewaschen waren und überhaupt alles ganz anders aussah.

Rainer und Uschi laden uns zum Frühstück an Bord ein. In der engen Kochecke brutzeln sie Eier und Speck zum Frühstück. Dazu gibt es Brühkaffee. Ihre 8,10 Meter lange STELLA vom Typ »Sund« haben sie natürlich selbst ausgebaut und ausgerüstet. Der Rumpf wurde aus Metall in der Volkswerft Stralsund gebaut und ist der einzige handelsübliche Seekreuzer. Nun, ich bin hier vielen Menschen begegnet, die mich um meine Reisen, Möglichkeiten und Ungebundenheit beneiden, aber in diesem Berliner Ehepaar begegne ich echten Fans. Er, Rainer, kennt sich bestens aus in der Weltumseglerszene. »Ich habe mich im Winter durch die Segelliteratur der Westberliner Stadtbibliothek gelesen.« Er sagt das wehmütig. »All ihr Westeuropäer und Amerikaner konntet euren Drang zur See ausleben, und wir haben fast alles verboten bekommen.« Im Kopf hat er auch schon eine neue Fahrtenyacht: »Eine aus Aluminium würde mir gefallen.« Wenn beide ihre Arbeit behalten, könnten sie sich eine solche Yacht in absehbarer Zeit leisten. Schon jetzt wird dafür jede Mark beiseite gelegt. So wollen sie sich in Seedorf nicht 16 Mark Liegegebühren abnehmen lassen – für eine Nacht. Clever verholen sie ihr Schiff an den Schilfgürtel. Ich glaube, sie werden einen großen Törn bald packen. Wir haben sie in Saßnitz und Seedorf getroffen und Adressen ausgetauscht.

Mit Seedorf sind wir bereits in der sogenannten Having, einer fjordähnlichen Bucht im Greifswalder Bodden. Endlich mal leicht und angenehm war das Segelstück von Saßnitz via Nordperd und Südperd. Begleitet von den kreischenden Geräuschen der Schwimmer vor den großen Badeorten Binz und Lobbe.

Dieses Seedorf ist ein entzückender kleiner Naturhafen. Nach Hiddensee der reizvollste an der gesamten Küste. Er liegt zwischen zwei Anhöhen in einer malerischen Umgebung. Zur Having hin mit reichlich Schilf, Kiefern und Sandstrand versehen. Und er ist vor allem tief, hat vielfältige Möglichkeiten, man kann an Stegen festmachen oder vollkommen isoliert einfach am Ufer liegen. Reet-

Endlich darf das Volk den Hafen besichtigen – in Saßnitz. –
Für Grenzschützer gibt es nicht viel zu tun.

Hechtfang am Selliner See. – Leere Fischkisten und
freundliche Werbung – erst nach der Wende.

dachkaten und alte Klinkerhäuser bilden das Ortsbild am Ostufer. Am Scheitel trennt eine hölzerne Fußgängerbrücke den Hafen vom Neuensienersee. Und neben der Hafeneinfahrt an Backbord liegen drei Frachtsegler, die hier auf dem Trocknen als Urlauberunterkünfte dienen. Nur ein riesiger Blechschuppen stört das harmonische Bild ein wenig. Man liegt bei jedem Wetter sehr geschützt. Gleich der erste Steg an Steuerbord bietet zudem beste sanitäre Einrichtungen. Weiter behaupten sich in dem kleinen Dorf eine Gaststätte, ein Imbiß, Kaufmann, Friseur und Autoverleih.

Von hier aus unternehmen wir mehrere Ausflüge. Schloß Granitz auf dem höchsten Punkt Ostrügens, dem 107 Meter hohen Tempelberg, ist unser erstes Ziel. Dieses ehemalige Jagdschloß ließ sich Wilhelm Malte I. von Putbus 1836 bauen. Es ist ein zweigeschossiger verputzter Backsteinbau im romantisch gotisierenden Stil. Auffallend sind die vier runden zinnenbekrönten Ecktürme. In den Lichthof wurde 1844 nach einem Entwurf Schinkels ein 38 Meter hoher Aussichtsturm mit einer gußeisernen Wendeltreppe eingefügt, von dem der gesamte Südostteil Rügens zu übersehen ist – wenn die Sicht gut ist. Empfehlenswert ist der Besuch schon wegen dieser Wendeltreppe, die 232 Stufen hinaufführt. Leider ist an unserem Besuchstag die Sicht miserabel.

Nach Lauterbach fahren wir mit dem Auto. Der Hafen bietet ein Bild mit Ausflugsbooten, großen und kleinen Fischerkähnen, einem Grenzschutzboot Nr. 881, das jetzt »brach«liegt, und einer richtigen Yachtwerft. Hier wird der Typ »Vilm« gebaut, ein etwa elf Meter langer Motorsegler. Acht bis neun Stück pro Jahr bei 60 Beschäftigten in der Produktion und 20 in der Verwaltung.

Putbus, Bergen, Middelhagen, Thießow und der wunderschöne saubere Dünenstrand von Lobbe sind weitere Stationen unserer Ausflüge. Bergen, die größte Stadt Rügens, gefällt uns. Ganz besonders beeindruckend die Marienkirche. Sie wurde 1193 als Kirche des Nonnenklosters Bergen geweiht und zählt zu einem der ganz frühen Ziegelsteingebäude Rügens, das älteste erhaltene Gebäude der Insel.

Astrids Mitseglerzeit ist in Seedorf um. Sie geht nochmals ausgiebig ihrem Hobby an Bord nach: Wäschewaschen. Dann mustert sie ab. Festgegurtet, nun aber in ihrem Auto, düst sie nach Hause.

Ich kaufe Milch – ein halber Liter 59 Pfennig – und Tomaten zum Kilopreis von 4,91 Mark im Konsum. Mache noch schnell ein paar Fotos von der Brücke und den Hängen und verlasse bei strahlend blauem Himmel und leichtem östlichem Wind den Hafen. Die Having habe ich mir heute vorgenommen. Durch drei Tonnenpaare erreiche ich Moritzdorf am schmalen Wasserarm, der in den Selliner See führt. Gegen einen Schönwetterwind kreuze ich bis zur Sportbootanlage Sellin. Das Tor zur Anlage ist verschlossen und rundum vergittert. Für mich nichts Außergewöhnliches. Bootsanlagen sind im Grenzbereich immer noch versperrt, als gäbe es nach wie vor die Angst vor Bootsdiebstahl und damit verbundener Republikflucht. Ein Gang in die Stadt entfällt deshalb.

Als Segler segelt man aus Gewohnheit weiter, auch wenn man keine Lust hat. Die Nacht verbringe ich im Schutz des Gobbiner Hakens – dicht an einer niedrigen Steilküste. Die Nacht »unter Naturschutz« beginnt um 22.00 Uhr. Zuvor habe ich eine Neuordnung an Bord vorgenommen, ausführliche Notizen gemacht und die nächste Route ausgearbeitet: 7. August Peene, 16. August Feldbergseen, 2. September Müritz, 12. September Schwerin, 20. September Lübeck, 25. September Schlei.

Eigentlich wollte ich in aller Herrgottsfrühe aufbrechen, aber ich habe in der Stille verschlafen. Außerdem sitze ich mit SCHLEI KATHENA wieder mal fest. Muß ordentlich rütteln, schieben und zerren, bevor mein Boot frei schwimmt.

Es folgt ein Segeltag, der A. begeistert hätte. Sonne, Idealwind, kaum Seegang. Als erstes steuere ich die Insel Vilm an. Nervös, weil immer noch nicht erlaubt. Nur mit dem Ausflugsboot ist es möglich, die »Parteiinsel« zu erreichen. Und das nimmt von Lauterbach pro Person glatte 200 Mark. Ich umrunde also das Nordkap und folge dicht der Küste. Verbotsschilder (Anker) sind nicht zu übersehen. Ich erreiche tatsächlich die moderne Kaianlage Vilm. Auf dem dort vertäuten Schnellboot rührt sich nichts. Ein seltsamer Schauer im Rücken durchzieht mich beim Festmachen am Betonkai. Alles bestens in Schuß. Fender mit Tauwerk umwickelt. Poller und Reling in Farbe, also wirklich, sogar eine Barge für den Müll. Ich höre einen Hahn krähen. Die Ferienhäuser der ehemaligen Bonzen sind nicht auszumachen. Ich will gerade meinen Kocher in

Gang setzen, da kommt ein Uniformierter mit Funksprechgerät in der Hand daher:»Verlassen Sie bitte sofort den Hafen!« Mich einfach mit einem Satz abweisen lassen? Nein. Sekundenlang setze ich auf meine »Berühmtheit« und will sie einbringen, denn ich habe ernstlich vor, mir die Insel anzusehen. Doch würde sie mir helfen? Der Selbstbetrug des Reisenden, das Gefühl der eigenen Wichtigkeit, ist altbekannt. Ich werfe die Leinen los. Noch schnell einen Blick über die eleganteste Mole der gesamten Küste, und schon steht das Großsegel.

28. Juli: Vilm war also nichts. Mit Kreuzkurs und zweimal »Hallo, Herr Erdmann« von passierenden Jollenkreuzer-Crews geht's zum Zickerschen Höft. Eine imponierende Steilküste. Noch immer im Greifswalder Bodden. Die Küste ist mit Findlingen gespickt. Ankere in der Nähe von drei anderen Jollen. Ich latsche den Saum entlang. Abwechselnd Sand und Steine. Die Luft ist gottverdammt heiß. Ich ziehe meine Kappe dichter ins Gesicht und greife den Fotokoffer fester. Der Wind ist sanft und kommt vom Nordkap. Das Wasser sehr warm und klar. In diesen Minuten wünsche ich mir, lange so durchs flache Wasser gehen zu können. Doch dann kommen die ersten Urlauber. Nackt hocken sie vor ihrem Sonnensegel, hören Radio oder planschen im flachen Wasser. Ich schiebe meine Kappe hoch, grüße und betrachte das am meisten geschätzte Vergnügen, das die DDR zu bieten hatte: das Nacktbaden. Ich schlage einen kleinen Bogen, und bald stoße ich auf die nächste Gruppe. Sie spielt Ball. Der dritten gehe ich aus dem Wege, indem ich den Steilhang hinaufjage. Eine phantastische Aussicht. Ich wandere weiter bergauf, bergab durch Heidekraut und Sandgruben bis zum 66 Meter hohen Bakenberg. Ein großartiger Rundblick. Und ich bin allein, das ist schon alle Anstrengungen in der Mittagshitze wert. Hagensche Wiek, Vilm, Putbus, Zicker, Südperd, Having, selbst Seedorf ist auszumachen. Eine große Schafherde kreuzt meinen Rückweg. Am Hochufer steige und rutsche ich zum Strand hinab. Bei den Zeltern riecht es nach Erbsensuppe. Ich stapfe über Stein und Sand zurück zum Boot. Und dann überfällt es mich: Ich stürze mich ins Wasser. Schwimme viele Male ums Boot. Schrubbe mit einer Bürste den Schiffsboden. Eine Badenixe, die sich auf einem Findling aalt, schaut mir dabei zu.

Ich jumpe an Bord. Segel auf und Anker ein. Eine knappe Stunde später werfe ich ihn in der Bucht Südperd. Sand. Kiefern. Und eine imaginäre ehemalige östliche Grenzlinie quer über den Greifswalder Bodden für Surfer und Segler. Deswegen bin ich hier, blicke bekümmert in die Runde und fühle mit den Surfern, die hier nur die Welle suchten.

Unverstellte Blicke auch auf Ruden, einem Eiland, das 6 Seemeilen Südsüdost vom Südperd liegt. Abends, an diesem seglerisch einmaligen Tag, erreiche ich den kleinen Hafen von Ruden. Wieder mit Wind und platter See. Kaum zu fassen. Und dabei, mit dem Gedanken schon auf der unbewohnten Insel, wäre ich beinahe mit einer schicken Segelyacht kollidiert. Während ich mit »Vollzeug« übers Wasser pirsche, mir dadurch völlig die Sicht nach Steuerbord voraus genommen ist, höre ich plötzlich jemanden laut brüllen: »Paß auf, Mensch!« Damit sehe ich auch schon das weiße Schiff genau vor meinem Bug – nur wenige Meter entfernt. In Sekundenschnelle fahre ich eine einwandfreie Wende, komme so gerade um die berühmte Haaresbreite frei. Ich hätte den Rumpf voll breitseits getroffen und wäre auch noch schuld an dem Malheur gewesen. Backbordbug vor Steuerbordbug ist die Regel.

Ruden, ein 200 Meter breites und in Nordsüdrichtung vielleicht einen Kilometer langes flaches Inselchen, wurde seit 28 Jahren von der Nationalen Volksarmee militärisch genutzt. Doch wie viele Stätten an der Küste, räumte die Armee mit der Wende auch diese. Die Überbleibsel sind aber überall noch sichtbar: defekte Anlagen, verfallende Gebäude, Abfall. Schon merkwürdig: Sterile Kasernen hat man gebaut und das zweckmäßige, geklinkerte Lotsenanwesen verkommen lassen. Ein aktives Zeichen des Sozialismus ist nur noch der besetzte Grenzkontrollpunkt.

Seit zwei Wochen darf die Insel wieder von jedermann angesteuert werden. Als ich mit dem letzten Sonnenstrahl in dem Hafenbecken festmache, feiern Wolgaster Bootsfahrer am grasbewachsenen Kai ein Wiedersehen mit der Insel, die auch für sie, sozusagen die Nachbarn, versperrt war. Folglich wird die Befreiung vom Frust nach 28 Jahren Vorbeifahren mit Steak vom Grill, Doppelkorn und Bier und Tränen gefeiert. Auch ich bin willkommen. Motorbootfahrer Herbert versorgt mich mit einem Zwiebelsteak, Jochen mit

Ruden ist dem Ansturm der See gewachsen. Der Küstenschutz funktionierte auf der 29 Jahre gesperrten Insel. – Mit Wolgaster Seglern und Motorbootfahrern feiere ich deren »Ruden-Wiedergeburt.«

einer Flasche Bier. Kapitän Rust holt sein Schifferklavier heraus, und damit wird die Nacht kurz. Seine Frau klärt mich auf:»Wenn er seinen Fernwehblick hatte und La Paloma spielte, durfte man ihn nicht ansprechen.«

Um zwei Uhr in der Früh schlüpfe ich in den Schlafsack. Den Kopf voller Geschichten der neuen Eindrücke der DDR-Segler: »All die schönen farbigen Holzhäuser auf Helgoland. Die Geschäfte. Das Angebot. Meine beeindruckendste Reise.« – »Bornholm, daß es so was gibt. Sauber und nett. Die Leute sagen danke, wenn du eine Zeitung kaufst.«

Jochen und Rust hatten eigentlich mit ihren Segelbooten eine Rügenumrundung geplant. Nun ist ihnen schon in Ruden, dem ersten Hafen, der Proviant ausgegangen. Morgen wollen sie erst wieder in Freest bunkern.»Lange Seereisen brauchten wir früher nicht zu planen.« Auch die sogenannten Kleinigkeiten werden diskutiert.»Wir kauften uns neulich in Lübeck Ölzeug mit dem vielversprechenden Namen ›Pazifik‹. Nicht einmal arg teuer. Beim ersten Regen zogen wir es an Bord über und warteten eigentlich, daß es durchsippt, wie bei unserem traditionellen Gelborangenem. Aber nichts dergleichen geschah. Wir blieben überall trocken.«

Segler, die Einsamkeit und Sicherheit in einem Hafen suchen, sind auf Ruden bestens aufgehoben. Die Kaimauern sind intakt, sauber und auch für tiefgehende Schiffe geeignet. Es gibt einige Wanderwege – quer und rund um die Insel. Der gesamte langgestreckte südliche Zipfel ist Vogelbrutgebiet. Das Ostufer bietet, eingebettet zwischen Buhnen, ideale Bademöglichkeiten. Die Natur wirkt durchweg unberührt – meterhohe Stranddisteln habe ich gesehen und den sehr seltenen Meerkohl, eine ebenfalls typische Küstenpflanze. Pflicht für mich ist es, den »Lichtturm« zu besteigen. Dort, wo man Scheinwerfer Richtung See installiert hat. Und ich wandere auch den Steinwall ab, den der Küstenschutz um den Nordteil der Insel meisterhaft verlegt hat. Allerdings zu Zeiten der Nationalsozialisten, die Ruden in die Erprobung der Peenemünder V2-Raketen mit einbezogen hatten.

Was bietet Ruden noch? Mücken. Trotzdem eine kinderfreundliche Insel. Kinder aller Boote vereinigt euch und laßt euch Kurs Ruden segeln!

9 | Usedom:
Sportboot-Vereinigung
»Blauweiß« Koserow

Auf der Seekarte schaue ich mir die restliche Strecke der Ostsee, die ich mir vorgenommen habe, an: Peenestrom, Achterwasser, Oderhaff. Ein verzweigtes Segelrevier zwischen Usedom und dem Festland. Die Insel Usedom besitzt eine langgestreckte Außenküste mit breiten sandigen Stränden. Die verschilfte Boddenküste hat Steine und Flachs, aber alle Untiefen bis zur polnischen Grenze sind bestens mit Tonnen markiert. Weiter will ich auch nicht. Mein Schiff habe ich so gut in der Hand, daß ich es mir erlauben kann, auch bei flotter Fahrt ausgiebig in die Karten zu gucken. Eine Pinnen-Gummistropp-Selbsteuerung hilft mir dabei. Nur auf die Vielzahl der Tonnen muß ich achten. Aber die sind weithin sichtbar, weil gut in Farbe. Also, die Gewässerwirtschaft, wenn sie so heißt, hat ihre Seezeichen in Schuß.

Ruden tat gut. Unbeobachtet verbrachte ich den ganzen Tag. Eine Muck Kaffee, einen Topf Reis. Stranddistelfotos, mein besonderes Interesse galt dem Lotsenhaus. Sehen, hören, fühlen. Auch hier hat das Besuchsverbot positiv auf die Natur gewirkt. Ich schöpfte neue Kraft in der Stille und Wildnis des Eilandes.

Es bröckelt erheblich an meinem Engagement »Segeln in Mecklenburg-Vorpommern«. Nur schöne Landschaft in sich aufzunehmen, genügt nicht. Die Geschichten der Menschen wiederholen sich. Das Jammern verstärkt sich mehr und mehr. Den Menschen wurde nicht nur die eigene Meinung untersagt, es gab ja auch keine Gleichheit im Arbeiter- und Bauernstaat. Man hat sie wirtschaftlich gröblichst beleidigt. Und das erfahren sie jetzt jeden Tag neu.

Und das Schlimmste: Man hat ihnen den Mut genommen. Ich meine hier nicht den Mut zur Tapferkeit, zum Aushalten, sondern den Mut des Wollens. Einer, der erfüllt ist von Mut, sitzt nicht herum und grübelt über Dinge nach, die sowieso nicht mehr zu ändern sind. Sage ich mal, und hoffe, daß die Menschen aus der Lähmung erwachen und Eigeninitiative entwickeln. Ich wünschte, ich könnte mehr tun, als »seglerisch« zu reden. Manchmal sind sie mir so nah, und doch hat diese Nähe im Unterbewußtsein Distanz. Dabei bin ich ja auch in keiner Weise beruflich abgesichert. Muß mir Jahr für Jahr Ideen, Themen, Aufgaben selbst suchen. Gebe also ein Beispiel, wie man so was schaffen kann. 25 Jahre »Segelsaison« verblüffen zunächst. Daß so etwas überhaupt funktioniert, daß man fürs Segeln und vom Segeln leben kann. Aber ich spüre, viel lieber hätten die Leute in diesem Sommer einen Besucher – mit Zeit (wie ich) –, der sich mit sozialen Themen auskennt. Der was vom Arbeitsrecht versteht, versicherungstechnisch versiert ist oder ganz simpel die Frage beantworten kann: Wie trägt sich in der BRD ein Segelverein finanziell? Niemand hat Erfahrung, wie in den Vereinen selbständig gewirtschaftet wird.

Wie gesagt, ich segle im Tonnenstrich Richtung Peenestrom. Schon um neun Uhr brennt die Sonne heiß hernieder. Ich ziehe meine rote Kappe ganz tief ins Gesicht und schalte meinen handflächengroßen »Sony« an: Radio Mecklenburg-Vorpommern spielt Stefan Remmler – »*Einer ist immer der Looser*«. In den Nachrichten verkündet der Sender: Die Deutsche Bank hat in einem Monat 100000 Konten in Mecklenburg-Vorpommern eröffnet... und die Wetterlage – sonnig überall, 32 Grad Celsius; was Windrichtung und Stärke betrifft: Windschutz brauchen die Urlauber heute nicht mit an den Strand zu nehmen. Von Seglern ist nicht die Rede.

Freest, der größte Fischereihafen an der Küste. Ich gehe längsseits von einem 18-Meter-Kahn. Frisch gefangener Fisch ist, wie hier überall, kaum gefragt. Also werden Netze geflickt, Deck und Aufbauten gestrichen. Der Fischer, bei dem ich festmache, ist äußerst freundlich. Er ist optimistisch, zweifelt überhaupt nicht am Gelingen der Marktwirtschaft. Keine Sorge, Fisch wird bald wieder gefragt sein. Erst einmal holt er sich morgen seinen neuen VW-Passat ab. Endlich ein Auto, das er nach Modell und Farbe wählen kann. Probleme bereitet ihm nur seine Garage. Die hat er für Trabi-Größe gebaut.

Richtung Wolgast segle ich eine heiße Regatta (wettermäßig) gegen TRUDE aus Rostock. So sehr die Crew drüben auch an den Schoten reißt, mit den Segeln arbeitet, gegen meinen »Schwertzugvogel« haben sie mit ihrem 20er Jollenkreuzer vom Typ »Greif« keine Chance. Aber das Witzige ist, die vierköpfige Crew, Vater, Mutter und zwei junge Töchter, erkennen mich von vorn. Also noch bevor sie den Schiffsnamen am Heck lesen können. »Aus der Fernsehsendung in Warnemünde«, rufen sie fröhlich herüber. Ich habe inzwischen den Eindruck, die Leute hier merken sich die Gesichter, die sie in der Öffentlichkeit gesehen haben, viel besser. Wir klönen von Boot zu Boot, beim Segeln auf dem Peene-Strom durch flaches Wiesenland. Auf ihre brandneue »Greif« waren sie vor einem Jahr bei der Bestellung in der Werft noch stolz. Aber jetzt? Man hätte sich lieber auf dem erweiterten Bootsmarkt umgesehen. Das Schiff war mit 21000 Ostmark nicht billig.

Gemeinsam legen wir bei BSG-Motor »Dreilindengrund« in Wolgast an. Sie sind die ersten, die mich zu einem richtigen Essen an Bord einladen. Um den winzigen Tisch in der engen Kajüte hokken wir zu fünft. Die älteste Tochter serviert Spaghetti, bulgarischen Ketchup, Käse und Butter. Sie gefällt mir sehr gut – für meinen Sohn (18 Jahre).

Meine Bootsbekannten aus Vitte auf Hiddensee, Holger und Petra, zeigen mir Wolgast, »die graue Stadt«. Früher reich und ein berühmter Getreidehafen, wirkt sie heute heruntergewirtschaftet. Ich sehe ein altbekanntes Bild: Gaststätten, von der Baupolizei geschlossen, Stadthäuser, deren Fenster mit Holzlatten vernagelt sind. Vor einer dreckverschmierten, geborstenen Fassade erzählt Holger: »Fünf Jahre haben wir hier drin gewohnt. Mit Feuchtigkeit, Ungeziefer, Ofenheizung bei vier Meter hohen Räumen, Uringestank aus den Treppenhaus-Klos, brüchigen elektrischen Leitungen, die im Hausflur lose an den Wänden hingen.«

Holger, von Beruf Exportkaufmann und vielleicht 30 Jahre alt, ließ sich nicht »betäuben« und »verführen«, um dadurch dem System persönliche Vorteile abzugewinnen. Dafür nahm er für sich und seine junge Familie viel in Kauf. Fernweh pickt auch ihn. Um

112

sich ein Ziel zu setzen, wählte er Australien. Hängte eine große Karte vom Fünften Kontinent an die hohe Zimmerwand, daneben die Nationalflagge, und auf die Blümchentapete malte er das Kreuz des Südens. Er sammelte alles Gedruckte über Australien. Wenn er schlechte Laune hatte, zog er sich in einen stillen Winkel zurück und brütete über Geschichte, Wirtschaft und Geographie des Landes. Es gibt keine größere Stadt, die er nicht auf Anhieb richtig plaziert. Wer weiß schon sofort, wo Cap Leeuwin oder die Millionenstadt Perth liegen? Seine Leidenschaft hat ihm geholfen. Heute hat er einen Job – verkauft für eine australische Firma Wolle an Polen und die Sowjetunion.

Mir scheint, die Wasserfront von Wolgast besteht nur aus Werften und Kaianlagen für Marinefahrzeuge. Beinahe eine Stunde drifte ich mangels Wind an Kriegsbooten aller Art vorbei – entweder sind sie in Bau, in Reparatur oder in der Ausrüstung.

Danach öffnet sich der Peene-Strom ins Achterwasser. Kurze Stops: Weißer Berg – Zinnowitz – Lüttenort – Loddiner Höft – Stagnitz – Neppermin. Lüttenort ist gleich Koserower Riek. Eine versteckte Schönheit an der Taille der Insel Usedom, der schmalsten Stelle zwischen Ostsee und Achterwasser. Man findet diese Bucht von Süd – Lassaner Kirche achteraus, Forsthaus voraus oder Tonne Zinnowitz. Kurs 55 Grad bis auf zwei Meter Wassertiefe. Von Ost – Loddiner Höft achteraus. Ostwärts gelegene Häuser von Zempin voraus. Parallel zum Schilfgürtel etwa 340 Grad bis hart an die Reuse vor der Einfahrt. Günstigen Anlegeplatz am ostwärtigen Ufer suchen, Anker achteraus. Diese Hinweise auf die Bucht fand ich erst später in mehreren Vereinshäusern angepinnt. Ich habe die einladende Schilfbucht nur durch Zufall entdeckt, weil ich alle Ekken im Achterwasser aussegelte. Die Koserower Riek hat am Scheitel einen kleinen Steg. Die Leinen befestigte ich hier, wie schon anderswo, an in den Grund gerammten Bohrrohren, die von der Erdölsuche in Grimmen stammen. Vom Steg sind es hier über Straße und Dünen ganze 200 Meter bis zum Ostseestrand. Und weil von hier aus Segler nachts ihr Boot über die Dünen getragen haben und dem Staat davongesegelt sind – in die Freiheit und, wie zu erfahren war, auch schon mal in den Tod –, wurde dieses herrliche Fleckchen für den normalen Wassersportler gesperrt.

Eigentlich wollte ich die Bucht nur absegeln – ohne Landgang, doch an der Ostseite der Koserower Riek entdeckte ich einen ungewöhnlichen Garten: Hinter Obstbäumen, Birken, Pappeln, mannshohen Plastiken, Rundbögen aus kunstvoll zusammengestellten hölzernen Schiffsspanten stand ein umgrüntes Haus, mit Anbauten und am Kopf zum Bodden hin einem Segelkutter. Hoch auf dem Trockenen wird er als Ferienwohnung benutzt. Alles hat ein wenig Patina angesetzt. Es ist das Otto Niemeyer-Holstein-Atelier und gehörte einem Kunstmaler gleichen Namens, der sich diesen versteckten Ort einst zum Lebens- und Arbeitsplatz ausgesucht hatte und ihn Lüttenort nannte. Seit seinem Tod, 1984, ist er als Gedenkstätte erhalten. Einmal wöchentlich ist eine Führung für Besucher, und – ich habe Glück – gerade heute und in einer halben Stunde geht's los.

Inmitten einer kleinen Gruppe höre ich beim Rundgang durch das verschachtelte Anwesen ehrfurchtsvoll zu. Mit gedämpfter Stimme gibt die Führerin uns einen Einblick in das Leben eines berühmten DDR-Malers. Er lebte von 1894 bis 1984. Von Kiel kam er über Berlin 1933 an diese schmalste Stelle Usedoms. Sie gefiel ihm spontan, und er machte das Land (Sumpf) urbar, pflanzte, baute, lebte, malte. Bis zu seinem 65. Lebensjahr – 1961 – ging's dem Maler schlecht, sein Werk fand keine Anerkennung. Kleine Ausstellungen in Touristenlokalen der Insel waren alles. Mit dem Segelkutter hinter seinem Haus unternahm er Charterfahrten in Bodden und Ostsee, um seine Malerei zu finanzieren. Als die Nationalgalerie Berlin eine umfassende Ausstellung zeigte, gelang der Durchbruch. Die Herren Schalck-Golodkowski und Eduard von Schnitzler gingen bei Otto Niemeyer-Holstein ein und aus. »Waren seine Förderer«, sagt die Dame.

Wieviel ein Bild von Otto Niemeyer-Holstein heute wert ist, konnte sie mir nicht sagen. Ich kann seinen vielen Ölbildern, Aquarellen und Zeichnungen nichts abgewinnen. Niemeyer hat im Garten versucht, als Künstler und Gärtner Gegensätzliches, scheinbar Unvereinbares miteinander zu verbinden. Den Norden mit dem Süden, Einheimisches mit Fremdem. »Einen japanischen Garten mit freiwuchernder Vegetation einer Wildnis. Dazwischen zahlreiche Plastiken von Wieland Förster« (soll auch ein bekannter Bild-

Vier gegen eins – heiße (wettermäßig) Regatta gegen TRUDE
aus Rostock. – Einsame Sandbucht im Achterwasser.

Von Hand gerammte Böschung im Sporthafen Koserow. –
Bewohntes Haus in der Altstadt von Wolgast. –
Der Landschaftsmaler Otto Niemeyer-Holstein.

hauer sein). Ja, von Atelier, Garten und Lage des Ganzen bin ich tief beeindruckt.

Lüttenort, eine paradiesische Bucht. Ohne Zweifel. Gleich nebenan, eine halbe Segelstunde ostwärts, entdecke ich eine gleichermaßen paradiesische Vereinsanlage. Sportboot-Vereinigung »Blauweiß« steht frisch am weißen Gebäude. Mit viel Phantasie wirkt die Anlage mit dem daneben liegenden Anglerverein wie eine Miniaturausgabe von Port Grimaud an der Côte d'Azur. Ausschlaggebend natürlich auch die prächtigen Temperaturen: 30 Grad Luft, 22 Grad Wasser. Ich verhole mich mit einem Pott Kaffee und Tomatenbrot auf die Veranda des Vereinshäuschen. Frühstück um 15 Uhr! Aber Weißer Berg, Zinnowitz und der Kunstmaler waren die Verspätung wert. An dem langen Kieferntisch und auf einer hölzernen Backskiste, wie sie sich Astrid schon immer wünscht, mache ich mich breit. Ich schreibe Postkarten, lese in einer alten Zeitung und führe mein Reisetagebuch. Es fehlt mir nichts: Waschraum, Toilette, alles da. Vielleicht ein Spiegel zum Rasieren wäre noch nützlich. Wo bin ich hier gelandet? Selbst die Brüstung der überdachten Terrasse, die Treppenstufen und der Fußboden sind aus Kiefernholz. Fehlt nur noch der Gaul davor, festgelascht am Pfosten – perfekt wäre die Westernveranda wie in Cowboyfilmen üblich. Ich blicke ins Gegenlicht am Flaggenmast vorbei, über zwei Schilfinseln, die den Hafen schützen, in den Bodden. Mann, geht's mir gut!

Und weit und breit kein Mensch. Kein Sommer für DDR-Segler. Sie sind offensichtlich alle mit was anderem beschäftigt: Einkaufsfahrten, Berufsprobleme, Autokauf. Doch: Die Frau des Vereinsvorsitzenden kommt irgendwann vorbei. Sie leistet mir Gesellschaft, und wir trinken zwei Flaschen Pils. Stolz zeigt mir Sabine das Innere des Vereinshauses. An der Stirnwand hängt eine riesige Pommernflagge – blauweiß – mit aufgenähtem Wappen: dem pommerschen Greif.»Das habe ich mühevoll aufgenäht«, sagt sie stolz.

Abends um elf Uhr hat es noch 23 Grad. Sabine erzählt aus ihrem Leben. Japan, Singapur, Indien, Aden – da war sie wirklich schon. In der Zeit, als ihr Mann Ingenieur bei der Handelsschiffahrt war. Und in Schleswig war sie auch:»Ist der Altar im Dom aus Kiefernholz?« Ich weiß es nicht. – Der Verein hat 22 Mitglieder, die auch den Hafen ins Land »gegraben« haben. Erst wurden Kiefern-stämme gerammt als Böschung, und dann wurde gebaggert und ge-graben. »Unsere Mitglieder können außerdem alles: schweißen, Sanitärinstallation, Elektrik, zimmern und – spleißen.« Sabines Mann ist gerade heute fort. »Auf Arbeitsuche in Rostock.« Sie ver-mietet in ihrem Haus Ferienzimmer und vergißt nicht zu erwähnen: »Ich habe keine Anstellung gehabt. Heute bin ich froh, nicht direkt für diesen Staat tätig gewesen zu sein.« Ihr Mann, der Vereinsvor-sitzende, überlegt, mit Tagesgästen zu segeln. Aber der Hafen, nur für Schiffe mit maximal 60 Zentimetern Tiefgang nutzbar, verbietet von vornherein ein größeres Schiff, mit dem man auch verdienen könnte. Er selber segelt eine Jolle.

Zwei Tage bleibe ich. Zum Abschied gibt mir Sabine noch eine große Tüte Augustäpfel aus ihrem Garten mit – als Stärkung. Sie findet mein motorloses Vorhaben doch verdammt sportlich.

2. August: Mönkebude. Am Stehtisch (Kiefernholz) im »Haff-blick«. Zwei Buchten heute: Neppermin, mit Sand, Schilfinsel, Ka-nälen und abwechslungsreicher Vogelwelt – ein Faltbootidyll. Am Strand Loddiner Höft neben einer Rügen-Jolle (fünf Meter) gelegen. Dialog des Segelpärchens: »Komm, laß uns heute abend essen ge-hen.« – »Ist zu teuer. 15,80 Mark für ein Schnitzel, 2,80 Mark für ein Glas Bier. Nein.« – »Ach, komm, laß uns richtig ausgehen. Wir ma-chen keine Flugreise, wir fahren nicht an die Nordsee, da können wir doch ein bißchen mehr in Usedom ausgeben.« – Hier am Strand warte ich auf Wind. 35 Grad Hitze sind heute angesagt. Seit Tagen sehr heiß und schwachwindig. Das Wasser »blüht«. Ich bin von zwei Dutzend toten Fischen, Quallen, grüngelben Algenteppichen umge-ben. Und die Urlauber schwimmen drin. Wenn die FKKler aus dem Wasser kommen, brauchen sie keinen Badeanzug. Zum Segeln: 36 Meilen heute, leichter Wind. Meine Gummistropp-Selbststeuerung funktioniert gut. Beispiel: Am-Wind-Kurs leichter Schrick in der Großschot, und ich kann lesen, Kleidung wechseln und dergleichen. Mir gefällt diese Beweglichkeit mit der Jolle ungemein. Ich meine den geringen Aufwand, kurz irgendwo anzulanden. Das ist echtes Se-geln. Überall schnell mal reingucken. Nur kann man ohne Motor nicht eben schnell mal ausweichen. Genau bei der Monsterbrücke

Karnin kommt ein Binnenschiff von achtern auf. Ich weiche aus. Es folgt mir. Ich weiche im rechten Winkel aus, es folgt mir. Zum Verrücktwerden. Gerade dort, wo alte Brückenpfeiler unter Wasser sind, passiert es. SCHLEI KATHENA kratzt über Betonreste. Grauslich. Ich schüttle mich. Mein schönes Boot! Ursache: Das Schiff geht vor Anker, genau dort, wohin ich auszuweichen versuchte. – Landschaft wie üblich. Weite Felder, margarinefarben. Keine Wälder, nur Büsche, vereinzelte Häuser, Schilf. Wasser flach. Und Bojen: Die Kielsegler in den Bodden dürfen sich gerne Bojensegler nennen. »Heil Honecker«, sagt gerade ein Gast zum Tresenpersonal und bestellt sich ein Bier. Die Unterhaltung im »Haffblick« dreht sich um Boote, Kosten der Liegeplätze, Wassergeld. Man schwirrt um mich herum. Einen, der schreibt, auch wenn es nur im Tagebuch ist, mögen die Einheimischen nicht. Ich weiß, ich wiederhole mich, aber Erklärungen, daß es mir dafür an Bord zu dunkel und zu unbequem ist, will man nicht verstehen. Nachdem ich angepöbelt worden bin und mir das Buch fast weggerissen wurde, verabschiede ich mich aus dem »Haffblick«. Warum stört sie mein Schreiben?

Kamminke ist der östlichste Punkt meiner Reise. Die polnische Grenze liegt 100 Meter entfernt von meinem Liegeplatz im Anglerhafen. Die Überfahrt von Mönkebude diagonal übers Oderhaff war eine Hitzetortur. Sieben Stunden für 20 Meilen an der Kreuz! Für Abwechslung sorgen zwei wunderschöne naturlackierte 20er Jollenkreuzer aus Malchin, die gegen mich Regatta segeln. Sie sind etwas pikiert, als ich ihnen eine halbe Stunde abnehme und sie danach mit frischgebrühtem Kaffee in Kamminke empfange. Sie lehnen ab und setzen dann nach einer halben Stunde wieder Segel. Von einem so kleinen »Wessi«-Boot abgehängt zu werden, irritiert sie und andere offenbar. Ich bin selbst überrascht.

Der Hafen von Kamminke ist bei Gott nicht langweilig. Mücken! Mit der Dämmerung kommen die Viecher urplötzlich so dicht und schwarz wie ein Schatten im Gegenlicht. Und sie stechen! Selbst durch meine Wollsocken bohren sich ihre langen Rüssel. Um 21.00 Uhr gebe ich auf. Ich wechsle ins »Seepferdchen«. Es liegt oberhalb des Dorfes auf einem Berg. Irgendwie finden die Gäste es unange-

Ein merkwürdiger Ost-Berliner Segler, den ich in Anklam treffe,
erzählt mir: »Ich war schon überall: Karibik, Am-Wind durch den
Nordostpassat, das Kap der Guten Hoffnung habe ich umsegelt.«
Ich recht überrascht: »Nee, wie das denn?« Er: »Na, immer wenn ich
Autobahnstrecken fuhr, preßte ich mich in den Sitz, und im Nu
›segelte‹ ich auf den Kursen irgendwelcher Weltumsegler,
von denen ich gelesen hatte: Moitessier, Chichester, Hiscock,
auch auf deinen. Am liebsten bei Regenwetter einen Am-Wind-Kurs,
hart mit dem Hintern gegen die Autotür meines Trabi gedrückt,
und am Lenkrad ging's mit kleinen ruckartigen Bewegungen
um jeden Grad.« – Übrigens: Das Foto zeigt GATSBY, mit der ich
letztes Jahr über den Nordatlantik segelte, auf Am-Wind-Kurs.

nehm, daß da einer in der Kneipe schreibt! Zum Anglerhafen: Gib jemandem einen veralteten Kran, ein paar abgenutzte Autoreifen, ausgemusterte Erdölrohre, Panzerplatten und Holzbohlen, und er baut sich ein sturmsicheres Hafenbecken.

Mit dem Verlassen von Kamminke beginnt der Rückkurs. Und er beginnt bei Tagesanbruch. Gelb und leuchtend steigt die Sonne im Osten aus dem Haff, als KATHENAS Bug die ersten anlaufenden Wellen teilt. Hoch am Wind geht es rüber nach Ueckermünde. Die 11 Meilen sind zwar naß, aber herrlich – und am Ende die Einfahrt in die Ücker: ein kilometerlanger Blättertunnel. Zauberhaft! Beide Ufer sind dicht von hoch aufragenden Pappeln gesäumt. Hier einzulaufen wird auch den stoischsten Segler hinreißen.

In Ueckermünde gehe ich bei einem Segler längsseits, der mir meine bisherige Route nicht glauben will oder nur, wenn ich immer dicht am Strand entlang gesegelt sei. Zu seiner Frau: »Unverantwortlich. Leichtsinn.«

Ich schaue schnell mal in mein Reisetagebuch, um mich der Namen meiner Freunde vom Darßer Ort zu vergewissern, die ja hier ihren Heimathafen haben. Da stehen sie schon am Kai: Lilo und Hans. Ihrem Holzschiff GREETSIEL sieht man den Eigenbau kaum an. Fugen, Stöße, Lack, alles paßt. Der Eichenrumpf ist tadellos geplankt und selbstverständlich naturlackiert. Hans zeigt mir Backskisten, Schränke und Bilgen. Wie könnte es anders sein: geölt und pulvertrocken. Sechs Jahre Bauzeit im Hinterhof in Neubrandenburg für das Schmuckstück. Ich werde zu Hering und Pellkartoffeln eingeladen. Da ich jedoch keinen Fisch vertrage, knipse ich die beiden in ihrer Kajüte ab.

Nachmittags bin ich bei Vadder Gentz. Das sind immerhin 12 Seemeilen westwärts. Ja, es geht zügig voran. Aber bei raumem Wind und von der See reflektiertem Licht ein Vergnügen. Der Einstichhafen von Vadder Gentz liegt unmittelbar am Wahrzeichen von Karnin, der weithin sichtbaren 50 Meter hohen Brückenruine. Einstmals, in den 30er Jahren, war sie die modernste Eisenbahnbrücke Europas. Sie verband früher die freie Insel Usedom mit dem Festland. Ein Teil der Brücke wurde kurz vor Kriegsende gesprengt. Das Aus blieb bis heute. Die dazugehörige Kneipe »Vadder Gentz« ist küstenbekannt – und ein Muß. Die Familie ist Ehren-

mitglied vieler umliegender Segelvereine. Wohl weil sie Segler vorzüglich aus Keller und Küche versorgt. Die Gästebücher von Vadder Gentz aber, in denen jeder vorbeikommende Segler sich einge-
tragen hat, sind unvergleichbar. Dicke Bücher mit Skizzen, Fotos
und einer Ansammlung von sinnigen und unsinningen Texten. Nur
im Balboa Yachtclub in Panama habe ich bisher vergleichbare gesehen. 1967, als ich während meiner Einhandweltumseglung dort
einen Stop einlegte.

Tanz bei »Gentz«. Heike und Jens, ein Leipziger Pärchen, die im
»Pirat« Flitterwochen machen und hier gleichfalls im Hafen übernachten, begleiten mich. Sie sind die einzigen Segler, denen ich bisher begegnet bin, die in einer offenen Wanderjolle segeln. Der »Pirat« ist noch etwas kleiner als der »Zugvogel«. Meine bisherige 52-
Tage-Fahrt setzt sie in Erstaunen. »Bist du arbeitslos?« Nun, das
bin ich nicht, aber die lange Reisezeit verblüfft in zunehmendem
Maße. Einen so langen Törn können die Mittzwanziger sich nicht
vorstellen. Nein. »Vier Wochen wären super.«

Zwei junge LPG- Bauern aus dem naheliegenden Dorf Kölpin
setzen sich zu uns. Wo drückt sie der Schuh? »Keiner will unsere
Bullen. Im Stall stehen 2000 Stück, groß wie Elefanten.« Und:
»Keine Sau nimmt uns die Schweine ab, die wiegen fünf Zentner,
wie Löwen.« Ihre Zukunft verdüstert sich. In der Brieftasche tragen die Jungbauern anstelle des Bildes ihrer Freundin ein Foto vom
Lieblingstrecker: »Fortschritt ZT«.

10 | Die Peene: Grüne und andere Wunder

Die Peene: kleiner – schon falsch – mittelgroßer vielquelliger Fluß, mal grabenschmal, mal wildwasserschlängelnd. Mancherorts verschwindet er im Moor, um dann wieder als kilometerlanger Bekkensee aufzutauchen. Oder gelegentlich in schnurgerade Kanäle gezwängt zu sein. Am Ende sind doch 104 Kilometer schiffbar. Dieses »Seestück« will ich mir ersegeln. Das grabenschmale Stück werde ich mir wohl »erpaddeln« müssen, denn SCHLEI KATHENA ist ja motorlos. Aber gerade das soll hinter jeder Biegung eine neue landschaftliche Überraschung bieten – wurde mir gesagt.

Die Peene verbindet drei große Seen: Teterower, Malchiner und Kummerower See. Der nur leicht fließende Fluß führt durch eine dünnbesiedelte abwechslungsreiche Region. Die Ufer sind gesäumt von Wäldern, Torfseen, Hügeln, sumpfigen Wiesen, Feldern, Dörfern und Städten. Im Detail (ist ziemlich verzwickt, den Flußverlauf zu beschreiben): Aus drei Richtungen kommt die Peene. Bei Malchin vereinigen sich West- und Ostpeene zum Peenekanal, der in den Kummerower See mündet, der wiederum bei Salem die Teterower Peene verschlingt und bei Verchen die längst schiffbare Peene als Fluß entläßt. Und weiter im Norden als Strom in die Ostsee mündet.

An der Peene begann ein alter Traum der Menschen wahr zu werden: sich von der Erde zu lösen. Wie man weiß, flog Otto Lilienthal als erster Mensch tatsächlich durch die Luft, insgesamt fünf Stunden hielt er sich über der Erde. Begonnen hat die Idee, als der junge Lilienthal, in Anklam geboren, seinen Vater zum Torfstechen auf die Peene-Wiesen begleiten mußte. Dabei verzauberten ihn Möwen, Sturmvögel und Störche, die sich offenbar ohne viel Mühe von der Erde aufschwangen und davonflogen. Otto begann zu träumen. Und er unternahm auch etwas. Gemeinsam mit seinem Bruder Gustav startete er allerlei Flugversuche – vom Dachboden seines Elternhauses und auf dem Schießplatz, wo die beiden mit einem an den Armen befestigten Flügelpaar aus Leisten und dünnen Pappelbrettern dem Wind entgegenrannten. Der Lokalanzeiger schrieb 1894: »Wenn jemand zwei Verrückte sehen will, dann muß er nach Lichterfelde gehen. Da wollen welche fliegen.« Die Brüder Lilienthal kamen ins Gerede, als sie »in den Himmel wollten«, was Gottes Reich war. Dem Menschen gehöre die Insel Erde, die er eigenmächtig nicht zu verlassen habe – das war beileibe nicht nur Kleinstadtdenken.

Seine 2000 Flüge mit Flugapparaten aus Weidengerten und leichten Geweben, seine ernsthaften Studien des Vogelflugs über dem Peene-Moor und aerodynamischen Berechnungen stehen am Anfang der Luft- und Raumfahrtepoche. Und der Zufall hat Jahrzehnte später am Ufer des Peenestroms auf der Insel Usedom in Peenemünde zur Einrichtung eines Forschungslabors für Luft- und Raumfahrt geführt. Das Resultat ist weltbekannt: Die V1- und V2-Raketen wurden hier entwickelt. Die unbemannten Flugkörper mit Düsenantrieb wurden am Ende des zweiten Weltkrieges gebaut und eingesetzt. V steht für Vergeltung.

Aber zurück zur Peene. Vogelgezwitscher im Ohr, Geruch von Wildkräutern in der Nase, Kaffeegeschmack im Mund und fürs Auge kilometerweit Schilfflächen. Ich liege mit meiner SCHLEI KATHENA gegenüber der Kilometertafel 103. Ein Flußkilometer ist gemacht! Aufgekreuzt mit dem ersten Licht des Tages, es hätte nicht schöner sein können. In mein Reisetagebuch kritzle ich:

5. August: Die Jollenfahrt ist von hoher Individualität. Gerade die engen Gewässer bieten überall Möglichkeiten, mal reinzuschnuppern. Hier der Liegeplatz an der hölzernen Rampe, gerade Platz für ein kleines Boot, ist unbeschreiblich romantisch. Die Rampe ist wahrscheinlich von Nutzen, Kühe auf den Weiden »auszusetzen«. Dann »Klein-Helgoland«, die Sumpfinsel gleich in der Mündung, mit vereinzelten Weiden. Ich staune. Kein Laut. Schon hier kann man mit ein wenig Vorstellungsvermögen hinter jedem Binsen Abenteuer vermuten. Ich zücke meine Kamera, um wenigstens ein paar gelbe, blaue, weiße Blüten mitzunehmen.

Am Südrand des riesigen Sumpfgebietes liegt die Kleinstadt Anklam, neun Kilometer flußaufwärts. Hier im Delta ist der Fluß relativ breit und tief. Fünf Meter lote ich, und eine Bootslänge vom Schilfsaum entfernt sind es noch zwei Meter. Wegen des Westwindes fahre ich den Fluß voll aus, das heißt: Ich segle Kreuzkurs bis in den Sportboothafen Anklam. Mich überholt unter Motor die auffallend farbig gestrichene einheimische Segelyacht GREEN QUEEN. Die Crew scheint sich dem lebhaften Farbton anzupassen – sie gibt sich offen. Stolz schwenkt der Skipper die Dänemark-Flagge. Er und seine Begleiterin freuen sich und zeigen es. »Mön, das Smaaland-Fahrwasser, Femö, Verjö, einfach Spitze. Bestens, toll«, ruft er herüber und formt seine Hand zu einer Faust mit dem ausgestreckten Daumen nach oben. Im Hafen setzt sich seine Begeisterung fort. Wobei die Strecke über die Ostsee, der fehlende Papierkrieg in Dänemark (ein Blick in den Reisepaß genügte), die Sauberkeit des Landes und der Hafensanitäranlagen und vor allem die freundlichen Dänen in den Vordergrund treten.

Anklam werde ich immer mit einem Katastrophenanlegemanöver in Verbindung bringen. Ich weiß auch nicht, welcher Teufel mich reitet, mit Vollzeug und auflandigem Wind in eine Box zu segeln. Wären da nicht zwei junge Segler, die SCHLEI KATHENA mit den Händen stoppen, es hätte schlecht um Holz und Lack ausgesehen. Ich schäme mich, werde aber glücklicherweise nicht erkannt. Spende mir selber Trost. Ein Mißgeschick kann jedem mal passieren. Es lief in letzter Zeit einfach zu gut – im Hafen wie auf See. Vom GREEN-QUEEN-Skipper werde ich mit einer Dose Bier getröstet. Er strahlt Zuversicht aus. »Ich schaue nach vorn und nicht nach hinten«, sagt er optimistisch, und dann folgt jene Floskel, die ich in diesen Tagen, wenn es um den Umbruch geht, immer wieder zu hören bekomme: »Das ist eben die Marktwirtschaft.«

Anklam, 1243 erstmals genannt, war eine gewichtige Hansestadt. Durch den direkten Zugang zum Meer war sie Mitglied der

Hanse mit bedeutenden Niederlassungen in vielen europäischen Ländern. Schiffbau, Reedereien, Holzwirtschaft, Handel und beträchtliche Getreideausfuhren sicherten der Bevölkerung Arbeit, den Herzögen märchenhaftes Wohlleben. Anklams Hochseeflotte fuhr bis Holland, Norwegen, Rußland und mit Getreide auch über den Atlantik. Prächtige gotische Backsteinbauten in der Innenstadt repräsentierten die Macht der Kaufleute. Viele davon wurden im Krieg zerstört. Heute hat Anklam als Hafen nur für die Binnenschiffahrt eine Bedeutung. Braunkohle wird umgeschlagen.

In der ordentlichen, großzügigen Anlage der Anklamer Segler, die immer Liegeplätze für Gäste haben, stimmt auch der Sanitärbereich. Ich wasche gleich eine Pütz Wäsche. Für ihre Boote haben die heimischen Segler gegenüber den Stegen die Bootsschuppen. Mit eigenen Slipwagen holen sie also ihre Boote aus dem Wasser und transportieren sie über ein Schienensystem in den jeweiligen Winterliegeplatz. Ausgerüstet mit Werkstatt und Materialschrank. So schön die Anlage ist, es wird doch geklagt: Gleich daneben eine Eisenbahnbrücke (in West), Klärgrube (Südost), Mülldeponie (Nordwest), Kohlehalden des Hafens (Südwest).

Die Peene ist schon ein seltsamer versteckter Fluß. Der einzige der Erde, der »nach oben« fließt – jedenfalls gelegentlich, wenn der Ostwind ausdauernd bläst. Und er hat ein Gefälle von ganzen 40 Zentimetern auf 104 Kilometer, der Strom macht deshalb etwa nur einen Viertel Knoten aus. Der Verkehr ist gering: ein Binnenschiff pro Woche zwischen Malchin und Anklam. Es transportiert? Erraten: Braunkohlenbriketts.

Abends stakse ich über Kohlenhalden und die »Straße des Nationalen Aufbaus« in die Stadt. Otto Lilienthal ist zweimal mit Gedenkstätten vertreten, wobei mir die kleine, versteckt im Gebüsch, besser gefällt. Auch im nach ihm benannten Heimatmuseum wird sein Andenken bewahrt. Zu den weiteren Sehenswürdigkeiten von Anklam zählen die Marienkirche (14. Jahrhundert) und die Nikolaikirche, aus der Büsche und Bäume wachsen. Sie wurde im Krieg zerstört und nicht wieder aufgebaut. Nach der Besichtigung von mittelalterlichen Stadtbefestigungen mit Stadttor, Steintor, Pulverturm und Theater habe ich einen Segel-Hunger. Mit der Gaststätte

In Anklam erinnert ein Denkmal mitten im Zentrum
an den berühmtesten Bürger der Stadt: Otto Lilienthal.
Er flog tatsächlich als erster Mensch durch die Luft.

Die Peene und ihre vielen angrenzenden Torfstichseen
sind eines der natürlichen »Paradiese«, die in
Mitteleuropa noch existieren. Hier hat das System
dem Land überhaupt nicht geschadet.

»Am Steintor« finde ich auch ein Lokal, das am Sonntag geöffnet hat. »Rumpsteak Hofmeister« hätte ich doppelt bestellen sollen. Wieder zurück zur Peene. Als Jollensegler hält es mich nicht lange im Hafen mit all dem Lärm und Schmutz. Eine Nacht genügt, obwohl Anklam mit umliegenden Klosterruinen, Festungen, Wasserschlössern touristisch einiges bietet. Auch ein Blick auf freigelegte Wikinger-Bootsgräber bei dem Dorf Menzlin lohnt sich. Seeräubernde Nordgermanen trieben sich also hier auch herum. Noch im Stadtbereich muß ich unter zwei Brücken durch, wo der 7,50 Meter hohe Aluminiummast gelegt wird. Danach geht es ganz langsam weiter. Der Wind wird durch Gebäude und sehr hohe Weiden abgedeckt. Und er ist wieder um West. Da Mecklenburg-Vorpommern ein vom Atlantik beeinflußtes Klimagebiet ist, wird es auch in den folgenden Tagen bei Gegenwind bleiben, denn die Generalrichtung des Flußverlaufs ist lange West. Nach den Ansiedlungen verändert sich das Ufer schlagartig. Es bietet nicht nur Schilfgürtel, sondern eine bemerkenswerte Fülle von wild durcheinanderwachsenden Pflanzen in verschiedener Größe und Gestalt: nickendes Perlgras, Buschwindröschen, ährige Teufelskralle, Schachtelhalm und anderes, das ich nie zuvor gesehen habe.

6. August: Pause mit Kaffee und Tomatenbrot. Unter drei Birken am Nordufer. Gegenüber der Kilometertafel 91. Hier eine Grasböschung, am Südufer dichtes Gehölz, Eschen, Birken, Weiden. Zahlreiche Stellnetze auch in der Peene. Nach einem Schläfchen (Segeln ist verdammt anstregend) geht's gestärkt weiter. Der Himmel voller Zirren. Wind kräftig, böig und gegenan. Kreuze im 60 Meter breiten Fluß. Kein Boot. Kein Dorf. Stimmung wie auf einem anderen Planeten. Absolut lautlos. Das gesamte Ambiente ist eine Mischung aus Amazonas und Kanada. Für die Nacht längsseits am Bollwerk des Dorfes Stolpe.

Die Peene raubt mir den Nerv. Nicht, weil ich es ausschließlich mit Gegenwind zu tun habe. Die Wildnis ist es, diese ursprüngliche Wildnis. Die Ufer, von mächtigen Wurzeln zersetzt, ersticken förmlich an Pflanzen, Bäumen und Gebüsch. Dazwischen totes Gehölz, vom Sturm geknickte Stämme, die vermodern. Aber das eigentlich Sensationelle sind die Torfseen, die alle paar Kilometer seitlich abgehen. Die Zugänge sind schmal, in der Regel drei Meter, aber tief genug (mehr als einen Meter) und von Baumgeäst überwuchert, so daß ich einige Male gezwungen bin, den Mast zu entern und mit der Machete das Rigg freizuschlagen. Ist man drin, bietet sich ein Bild von lebendigem Grün und Blau des Wassers. Ja, blaues Wasser!

Zwei Segelstunden nach Stolpe, gleich zwei Stunden nach Sonnenaufgang, habe ich so einen See an Steuerbord – eingerahmt von üppigem Buschwerk. Ich werfe Anker, in der Tat werfe ich den fünf Kilogramm schweren Haken, lehne mich im Boot zurück und schaudere selig, als ich die Wasserfläche betrachte: geschmückt mit Blütenfeldern der Weißen Seerose und des Gelben Mummel. Im Wasser tummeln sich Fische. Ich bin sicher, hier leben auch Aale. Kleine Vögel jagen Insekten. Am Scheitel des einen halben Kilometer langen Einstichsees ein Schwanenpaar. Bewegungslos, als fürchte es sich vor mir. Die Luft ist rein zum Durchatmen, sie duftet nach der Süße des Wassers und des Waldes. Nichts riecht nach Brikett wie in den Städten. Bäume, Blüten, Wurzeln treten plastisch hervor. Von meinen Wahrnehmungen gebannt, packe ich es nicht, einen Pott Kaffee zu kochen.

Ich »navigiere« auf diesem Fluß nicht in Meilen, sondern in Kilometern, wie es auf Binnengewässern üblich ist, aber abends, bei den Eintragungen ins Reisetagebuch, kann ich mich doch nicht mit Kilometern anfreunden. Ich wandle die Tagesdistanz in Seemeilen um. Und ich navigiere hier nicht mit einer Seekarte, sondern mit einem Wasserwander-Atlas, Teil Mecklenburger Gewässer, herausgegeben von VEB-Tourist Verlag Berlin zu 6,80 Ostmark. Der wird im nächsten Sommer ganz sicher einen bundesdeutschen Preis verpaßt bekommen. Ich schätze 39,80 D-Mark. In diesem Atlas ist deutlich zu erkennen, daß fast alle Dörfer abseits des Flusses liegen, genau wie bei uns an der Schlei. Die Bauern mochten offenbar früher das Wasser und die Feuchtigkeit nicht. Nur die vier Städte liegen unmittelbar am Fluß.

Das Wetter bleibt schön, der Wind ungünstig. Etwa 260 Wenden fahre ich heute auf dem jetzt 50 Meter breiten Fluß. Alle 20 bis 30 Sekunden eine.

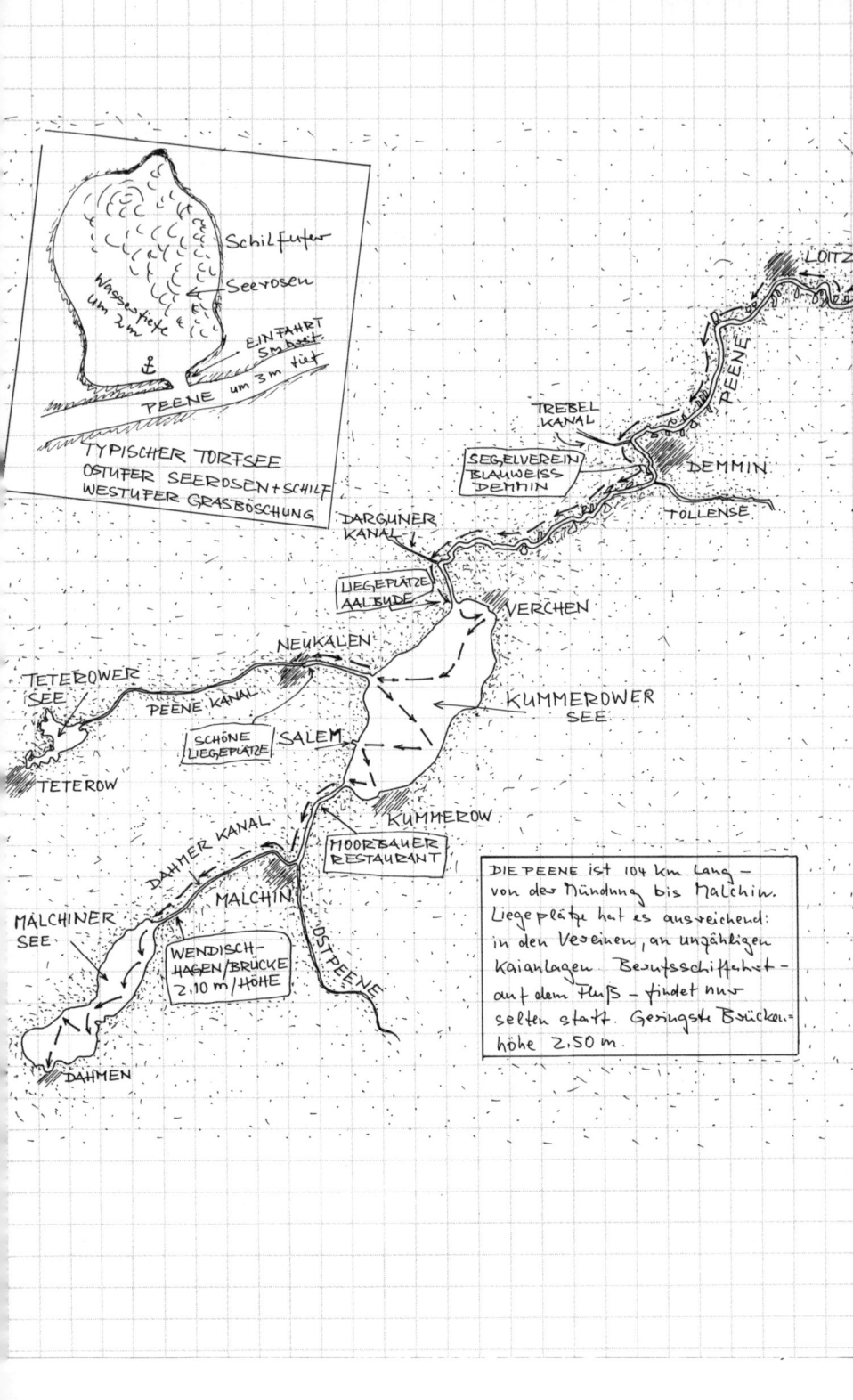

Schilfufer

Seerosen

Wassertiefe
um 2 m

EINFAHRT
5 m breit

PEENE um 3 m tief

TYPISCHER TORFSEE
OSTUFER SEEROSEN + SCHILF
WESTUFER GRASBÖSCHUNG

LOITZ

PEENE

TREBEL
KANAL

SEGELVEREIN
BLAUWEISS
DEMMIN

DEMMIN

TOLLENSE

DARGUNER
KANAL

LIEGEPLÄTZE
AALBUDE

VERCHEN

NEUKALEN

TETEROWER
SEE

PEENE KANAL

KUMMEROWER
SEE

SCHÖNE
LIEGEPLÄTZE

SALEM

TETEROW

KUMMEROW

DAHMER KANAL

MOORBAUER
RESTAURANT

MALCHIN

MALCHINER
SEE

WENDISCH-
HAGEN/BRÜCKE
2,10 m / HÖHE

OSTPEENE

DAHMEN

DIE PEENE ist 104 km lang –
von der Mündung bis Malchin.
Liegeplätze hat es ausreichend:
in den Vereinen, an unzähligen
Kaianlagen. Berufsschiffahrt –
auf dem Fluß – findet nur
selten statt. Geringste Brücken=
höhe 2,50 m.

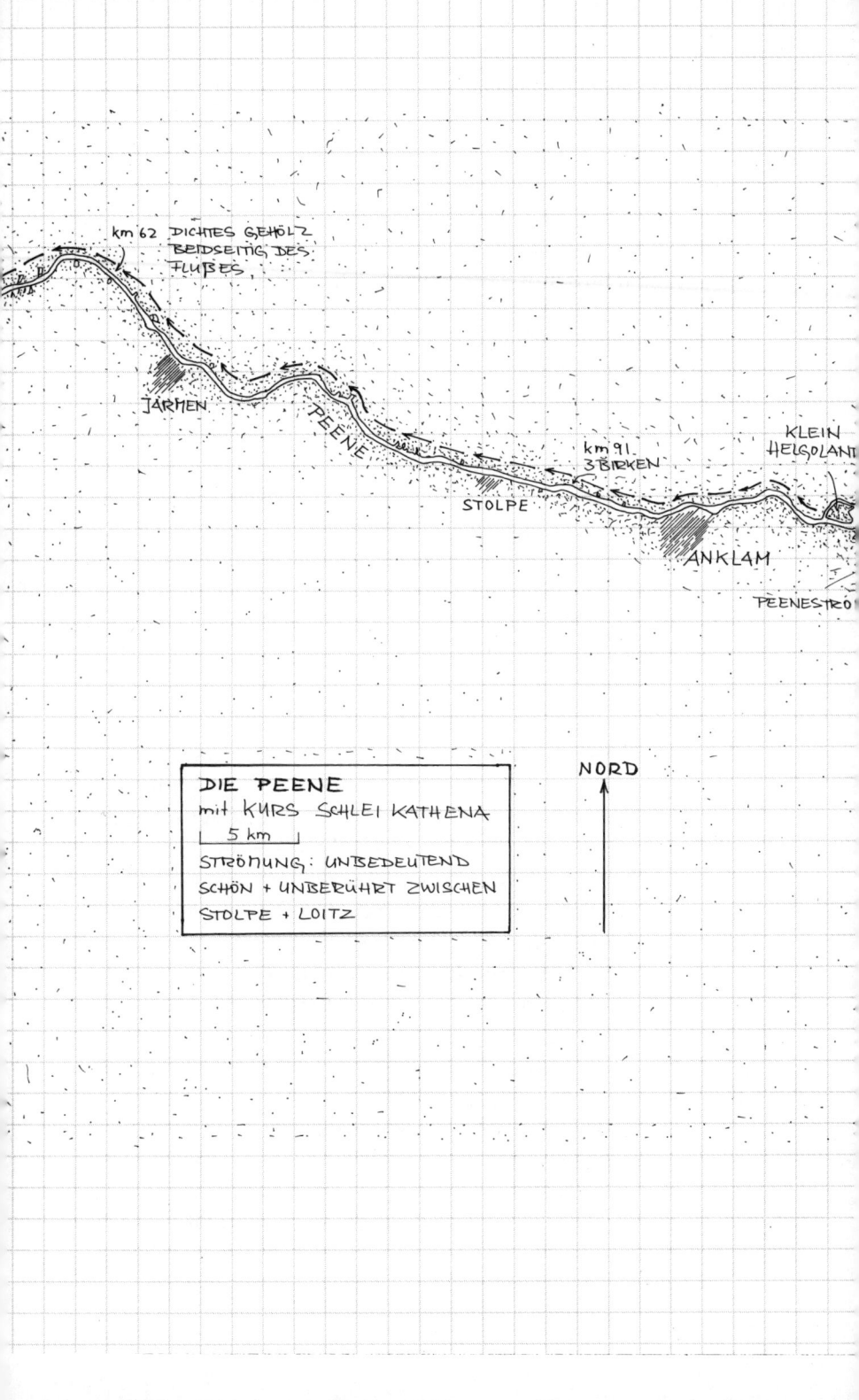

km 62 DICHTES GEHÖLZ
BEIDSEITIG DES
FLUBES

JARMEN

PEENE

km 91.
3 BIRCKEN

STOLPE

KLEIN
HELGOLAND

ANKLAM

PEENESTRO

DIE PEENE
mit KURS SCHLEI KATHENA
|___ 5 km ___|
STRÖMUNG: UNBEDEUTEND
SCHÖN + UNBERÜHRT ZWISCHEN
STOLPE + LOITZ

NORD

Ich erreiche das Städchen Jarmen. Mache am Bollwerk der Mühle mit Vor- und Achterleine fest und setze eine Spring. Einkauf und Stadtbummel sind angesagt. Eine Straße mit kopfgroßen Löchern im Kopfsteinpflaster führt in den Ort. Flankiert von leerstehenden Häusern mit einigen zerschlagenen Scheiben und Schutthaufen davor. Im Gasthaus »Einheit« an der »Straße der deutschsowjetischen Freundschaft« trinke ich zwei Tassen Mokka. Der Kaffee ist dünn und heiß. Aus der Musikbox tönt derweil ununterbrochen »Einer ist immer der Looser...«. Remmlers Hit kommt offenbar gut an. RMV dudelt ihn häufig. Ein Gespräch unter den Gästen findet nicht statt. Man stiert ins Glas: sozialistische Endzeitstimmung?

Die Volksbuchhandlung bietet nicht einen einzigen regionalen Buchtitel. »Dafür hatten die Bonzen kein Geld«, entschuldigt sich die Verkäuferin. Und wohl auch keinen Sinn. Gern würde ich mehr über Pflanzen und Vögel dieser Gegend erfahren. Jedoch bundesdeutsche Rechte- und Pflichtbücher, wie zum Beispiel *Arbeitsrecht von A bis Z* oder *So gründe und führe ich eine GmbH* hat die Verkäuferin zuhauf. Auch Nehbergs *Tretbootfahrt* über den Atlantik ist zu haben.

Ich kaufe noch zwei Flaschen Milch, Brot und Tomaten – meine bevorzugte Ernährung auf dieser Fahrt. Es ist ein Laden mit klebriger Theke, schmierigem Linoleumboden und verschmutztem Einkaufskorb. Und alles in diesen furchtbaren Farbtönen – Farben wie verrottetes Marzipan. Man hat vermutlich verschiedene Farbreste vermischt und damit Wände und Regale gestrichen. Und um die Ecke der Parkplatz, ein schwarzer Schotterplatz mit Wasserlöchern so groß wie Autoräder. Manchmal bin ich entsetzt, wenn ich Häuserfronten, Geschäfte und Häfen so vergammelt sehe. Warum haben die Menschen so wenig für das äußere Gemeinwesen getan? Warum hat man das Muffige akzeptiert? Dabei sind die Wohnungen sauber und komfortabel eingerichtet. Womöglich stand der Gedanke Pate: erst die eigene Nestwärme, dann lange nichts.

Einem Jungen, der am Kai angelt und gleichzeitig auf Schlei Kathena aufpaßt, gebe ich ein paar Coca Cola. Danach wird er richtig munter. Daniel erzählt von Hechten und Barschen, die er hier reichlich fängt. Er klagt über seine Eltern: »Die sind immer weg.« Beide arbeiten bei der Bahn.»Kindergarten stand mir bis zu den Wolken.« Seine Schwester hat immer geheult, wenn sie dorthin mußte.»Mit sieben Jahren pullert sie noch ein.« Daniel fragt, ob ich schon Delphine gesehen hätte. Und Wale. Ob ich in Afrika gewesen sei. Und mit Blick auf meine Jolle:»So ein Boot möchte ich haben.« Er ist neun Jahre. Ich schenke ihm zum Abschied ein Buch. Darin bläst auf einem Foto ein Pottwal.

Jarmen ist zum Gotterbarmen. Auch bei Sonnenschein. Für die Nacht lege ich SCHLEI KATHENA an ein vermodertes hölzernes Bollwerk bei Kilometer 62. Meterhoch wachsen da Bäumchen aus Bohlen und Pfählen. Mit einem Griff ziehe ich mir einen handgeschmiedeten Nagel aus dem Holz. Sorgfältig, damit die dicke Rostschicht nicht abplatzt, wickle ich den 25 Zentimeter langen Nagel in Zeitungspapier, um ihn als Erinnerung mitzunehmen. Ein Erkundungsgang fällt aus. Totales Dickicht. Auf dem feuchten Grund stehen dicht gedrängt: Erlen, Buchen und Eschen, und es blühen zahlreiche Wildkräuter. Ich habe Zeit und kann alles intensiv aufnehmen. Jagende Fische, ein Biber, der im Schilf raschelt, Vogelgeschrei. Ab und an kläfft ein Hund, und mit ein wenig Phantasie könnte es ein Löwe sein. Mücken gibt es – leider auch. Bis zwei Uhr nachts.

8. August: 160 Wenden auf sieben Kilometer Strecke vor dem Frühstück. Rast auf einem Torfsee, wo sonst? Vor einer Insel (mitten im See) von der Größe eines Wohnzimmers mit einem einzigen windschiefen Baum drauf. Für eine Robinsonade zu klein. Wachsen keine Früchte an dem Baum, auch keine Kokosnüsse. Der Ein-Baum-Torfsee ist einen Kilometer lang und nicht so dicht bewachsen wie üblich. Die Ufer sind leicht einzunehmen. Kanuten können sich ins Gras legen und zelten. Grund finde ich mit meinem Bootshaken nirgendwo, das bedeutet: Es sind mindestens zwei Meter Wassertiefe. Gern hätte ich das Gewässer mit der Lotleine ausgemessen, nur: Wind im Segel, Handlot und Pinne »vertragen« sich nicht miteinander.

Gleich nach dem Ein-Baumsee verläßt mich das gute Wetter. Ich hatte zwei Wochen Sonne an einem Stück. Jetzt bezieht sich der Himmel mit tiefen dunklen Wolken. Auf dem Fluß habe ich plötzlich

Die Peene bei Kilometertafel 62. Atemberaubend. Einsam. Wild.
Eine Stimmung, die hinter jeder Biegung Abenteuer vermuten läßt.

5 Windstärken. Manchmal 6. In Böen sogar 7. Unstetig, aus verschiedenen Richtungen, fallen sie ein. Das macht sie gefährlich. Durch das ständige Variieren kommt entweder die Fock back, oder die Böe nimmt mir durch zu forderliches Einfallen die Fahrt aus dem Boot, schiebt mich gar häufig achteraus. Ich fahre jetzt Schlag auf Schlag. Zerre und reiße an den Schoten, um die Segel auf die andere Seite zu bekommen, aufzufieren oder dichtzuholen. Und das alles ohne Winsch. Bevor ich die Taue auseinanderdividiert habe, packt manchmal schon die nächste Windböe zu. Ich komme nur langsam und dazu noch mühsam voran.

Als ich dicht am Schilf eine Wende fahren will, vertüdelt sich die Fockschot vor der Curryklemme. Der seitliche Winddruck schmeißt das Boot weit über. Flußwasser strömt übers Steuerbordsüll. Verzweifelt versuche ich, mit meinem Körpergewicht in Luv gegenzuhalten. Es nutzt nichts, das Boot krängt weiter. Mit einem Sprung lande ich neben den grünen Schilfstengeln. Machtlos sehe ich zu, wie mehr und mehr Wasser hineinfließt. Bis zur Brust stehe ich im Wasser auf ziemlich weichem Grund und halte gegen. Mast und Segel liegen auf den hohen Schilfspitzen, verhindern das völlige Absacken der Jolle. Als die Böe durch ist, bringe ich das Boot in die Waage und lasche es erst mal an einer Handvoll Binsen fest. Mit einer Pütz lenze ich, noch immer im Wasser stehend, während der Wind SCHLEI KATHENA weiter gegen das Dickicht stößt. Mein unfreiwilliges Bad hat hauptsächlich mich naß gemacht. Die wertvollen Dinge, in Tupperbehältern verstaut, sind nicht feucht geworden. Schlafsack, Kopfkissen usw., in dicken Plastiktüten untergebracht, gleichfalls nicht. Nur ein paar Kleidungsstücke, Proviant und Ausrüstung, was immer so herumliegt, haben etwas abbekommen.

An einem Bündel Schilf festzumachen oder mein Boot ins Gras zu drängen, habe ich bisher vermieden. Eine Vorschrift auf der Peene, wie überall in diesen Gewässern, ist, daß ein Abstand von drei Metern zum Schilfrand einzuhalten ist.

Tatsache: Hierzulande grüßen Motorbootfahrer nie von sich aus. Ob sie Angst haben, daß ich um Schlepphilfe bitte? Keine Sorge, ich will mir die Landschaft ersegeln. Nur zwei Boote passieren heute: CAPRI und BOUNTY. Dazu drei Faltbootdoppel. Zwei Stunden Loitz reichen allemal. Dies als Hinweis für zukünftige Reisende. Kein Gruß, kein Kopfnicken (nirgendwo). Keine Gaststätte, die geöffnet hat. Keine Zeitung aufzutreiben. – Ein Angler, der mosert, weil ich zu dicht neben ihm festmache. In einem Laden kaufe ich zwei Flaschen Milch.

Ich springe ins Boot, vertraue mich trotz Regen und reichlich Wind (Jollensturm) wieder dem Fluß an. Er schlängelt sich ab Loitz in südwestlicher Richtung. Seit der Beinahe-Kenterung fahre ich die Großschot ständig aus der Hand. Voll konzentriert. Das Wetter verschlechtert sich zusehends. Als ein weiteres »Umfallen« nicht mehr auszuschließen ist, richte ich mich für die Nacht im »Schwanen«-Torfsee ein. Heckanker und Vorleine um eine Esche. Zwei miteinander wuselnde Schwanenpärchen geben diesem »See« den Namen. Ich habe angefangen, mich an den Anblick dieser Wildnis zu gewöhnen, ja, mich ihr anvertraut, und empfinde sie als zusehends geheimnisvoller. Stelle fest, niemals zuvor auf diese Art und Weise – ursprünglich, einfach, aktiv – gelebt zu haben. Ich fühle mich fabelhaft. Und ich lebe gesund: Schwimmen, Salat, Reis, Körperwäsche, früh in die Koje.

9. August: Fluß und Kurs schlängeln sich. Wechselnde Winde, bedingt durch Hügel und Gehölz. Kreisstadt Demmin. Drei Brücken. Jedesmal Segel bergen, Mast legen, paddeln, Mast setzen, Segel heißen. Fest 14 Uhr SV »Blauweiß Demmin« (vormals BSG Einheit). Blick auf hohe Trauerweiden, die alles überragende Stadtkirche St. Bartholomäus (14. Jahrhundert), Wellblechdächer über den Rümpfen der vertäuten Jollenkreuzer. Selbstauslöserfoto vor einem »Pulverturm« (den gibt es hier in jeder Stadt).

Diese Eintragungen in mein Reisetagebuch muß ich ergänzen. Massenhaft gibt es hier neuerdings auf meinem Kurs Bootsgaragen: Schuppen, meist zusammengenagelt aus allen möglichen Materialien und gestrichen im Einheitsgrau. Auf mich wirken sie wie die Vorstadt-Slums einiger Städte in Panama oder den Philippinen.

Hervorzuheben wäre noch der schöne Liegeplatz beim Segelclub »Blauweiß«. Schon die Einführung von einem namens Klaus ist einmalig: »Herzlich willkommen.« Dann zeigt er mir das Vereins-

Die Vereinsanlage von »Einheit« Demmin. Wahrscheinlich inzwischen in »Blauweiß« umgetauft. Demmin liegt nämlich in Vorpommern. Das gepflegte Bootsgelände mit Blumenrabatten, alten Trauerweiden, feinem Clubhaus bietet für mich ein Novum: überdachte Wellblech-Liegeplätze für Jollenkreuzer. Man löst das Achterstag, parkt rückwärts ein, und schon hat man es bei Regenwetter gemütlich trocken.

haus. »Hier sind Toiletten und Dusche. Heißwasser kommt, wenn du den Hahn ordentlich aufdrehst. Dann erst springt die Gasflamme an. Kochen brauchst du nicht an Bord. Wir haben einen Herd, den unsere Gäste benutzen können.« Im Clubraum mit Radio, Fernseher, Eichenparkett (neu) und Deckenvertäfelung (Birke) steht eine kleine Box. »Hier, fürs Liegen zwei D-Mark pro Tag reinstecken«. An den Wänden hängen Bilder von Booten und den Vereinsgründern. In einer Ecke Ehrenwimpel und Urkunden aus der Zeit des Sozialismus. Aber auch ein großes gerahmtes Plakat mit den internationalen Flaggen. Das hing sicher vor einem Jahr nicht hier. Und tatsächlich, unten steht dezent MTU.

Klaus drückt mir ein Gästebuch in die Hand: »Eintragungen sind bei uns ein Muß.« Ich schreibe: »Nach Kap Hoorn, Kap Arkona, Große Breite und anderen Wetterecken – endlich, und nach 942 Wenden auf der Peene – Demmin.« Komisch, ich schwanke. Es bewegt sich alles. Fühle mich, als ob ich auf der Kante meiner Jolle am Wind segle. Dabei anluve und abfalle. Klaus, von dem ich annahm, er sei der Hafenmeister, ist Lehrer. Er holt ältere Gästebücher hervor. »Ein wunderschönes Plätzchen mit Fürsorge«, lese ich. »Wir danken euch für die Aufnahme im überraschend schönen und komfortablen Seglerheim«, die Besatzung der TIDVERDRIV BSG »Lok Malchin«. Und immer wieder stoße ich auf Dank für Aufnahme und Gastfreundschaft im herrlichen Seglerheim. Und in einem zerfledderten Buch: »Nach einer Sturmfahrt über den Kummerower See bei regnerischem Wetter freuten wir uns besonders über die freundliche Aufnahme.« Günter Ohms, 21. Juli 1958. »Nach den Fiasken mit dem eigenen Petroleumkocher konnten wir hier mit Gas (im Vereinshaus) ein lukullisches Abendbrot bereiten.« Inge und Georg mit HO-Leihboot F 1315, 13. August 1958. In der Regel sind die Unterschriften mit Kap'tein Smutje und Besatzung abgezeichnet. Tips habe ich auch vorgefunden: »Die Koserower Riek ist für jeden Sportbootfahrer gesperrt. Weiter Thiessow, Gager sowie Prerow«..., schreibt R 312 am 10. Juni 1977.

Es hilft nichts. Klaus bugsiert mich an den langen Tisch auf den Hof. Im Rücken, frisch in Farbe, das Bild eines herrlichen Windjammers, der auf der meterhohen Wand durch die weite See pflügt. »Goldkrone« und Bier. Wir sitzen nicht allein. Udo, der hiesige

Es gibt keinen Fluß, Kanal oder See, in dem Fischer
nicht Stellnetze postiert haben. – Eine der Ivenacker Eichen.
Sie soll die älteste und dickste Deutschlands sein.

Segeln auf dem Kummerower See: der selbstständige
Handwerker Udo und sin Fru. – Der einzige Ausflugsdampfer
am See – stationiert in Neukalen.

143

Glasermeister, einige Frauen und andere trinken einen Schluck, bevor sie nach der Arbeit nach Hause gehen. Nachdenkliche Typen sind darunter und Optimisten. Seit dem Tag der Währungsunion betreibt Udo selbständig eine Glaserei. Er ist »voll im Streß«. Findet kaum noch Zeit für sein Segelboot. Und schon gar nicht zum Grübeln. Er fürchtet sich nicht vor der freien Wirtschaft. Da macht er sich »keen Kopp«. Ein Betriebsmaurer ist da anderer Meinung. »Es war alles nicht so schlecht. Ich verdiente 1100 Mark, meine Frau als Verkaufsleiterin im HO 1200. Wir lebten gut. Konnten uns Buntfernseher, Boot und die beste Angelausrüstung leisten.« Seine beiden Kinder sind unmittelbar nach dem Mauerfall in den Westen. Es wird gelästert: »Die hättest du mehr Linie jeben sollen.«

Nach 1242 Wenden endet der Fluß für mich. Aalbude am Kummerower See ist erreicht. Eigentlich schade. Damit verlasse ich ein Stück Natur, in dem Pflanzen und Tiere fast unbehelligt gedeihen können. So mancher Ufersaum lud ein zum Bleiben. Um die 50 Torfseen oder, wie die Menschen hier sagen, Torfteiche gehen vom Peeneufer ab. Zu Ende. Nochmals schade.

Warum genau 1242 Wenden? Ob ich die Wenden gezählt habe? Das ist eine Hochrechnung. Tatsächlich habe ich an einem Tag aus Neugier eine Strichliste geführt: 242. Das Amwindsegeln war eh merkwürdig. Meist oben im Segel halber Wind, unten Wind von vorn. So segelte ich, sage ich mal, den Fluß mit »verbogenem« Segel rauf.

Auf dem Kummerower See bin ich wieder in Mecklenburg – dem vergessenen Land. »Um wieviel hundert Jahre gehen eigentlich in Mecklenburg die Uhren nach?« fragte 1913 der *Simplicissimus*. Einst verspottet, heute bewundert. Das Vergessen setzte sich im Sozialismus fort. Die Umwelt ist dadurch weitläufig intakt. Ein Blick über den eiförmigen zehn Kilometer langen Kummerower See zeigt wenig bebaute Ufer. Eine moderne Bungalow-Siedlung nahe Salem ist auszumachen, na gut, und zwei alte kleine Dörfer mit Miniatur-Häfen. Der See ist tief und frei von Untiefen. Und er ist fischreich. Hechte und Aale soll es besonders viele geben, heißt es. Die flachen Ufer bieten Sandstrände im Norden und Westen.

Dieses ideale Segelrevier ist an einem Sonntag, als ich es absegle, von maximal einem Dutzend Booten, auch Angelkähnen, befahren. Auf dem Schlag nach Neukalen, das ich durch einen drei Kilometer langen Kanal mit feuchter Wiesenlandschaft an den Ufern erreiche, treffe ich gar niemanden. Nach dem Abstecher richte ich mich für die Nacht in einem winzigen Stichhafen mit dem schönen Namen Salem ein. Eine Fotografenmeisterin, die ich in Neukalen traf, betreut mich. Sie ist jung, hübsch, schwarzhaarig und unbekümmert. »Ich bin Astrid«, stellt sie sich vor. Sie lädt mich abends zu einem Bier auf ihr Boot HELIOS ein. Ich bekomme ein Sitzkissen untergeschoben, ein Butterbrot geschmiert, gegen die Mücken ein Spray und auf meine Schürfwunde ein Pflaster. So aufmerksam wurde ich schon lange nicht behandelt. Sie kann prächtig erzählen: »Das Wochenende nach dem Mauerfall fuhr ich gleich nach Süderoog – an die Nordsee. Du weißt ja, wo das ist. Ich war verrückt auf den Wind, die scharfe Luft, den Algengeruch, überhaupt diese Ebbe- und Flutbilder. Das war das Größte bei meinem ersten Besuch in der BRD.« Sie ist Fotografenmeisterin und schwärmt auch von ihrem eigenen Fotogeschäft in Neukalen. »Das Arbeiten mit den neuen Filmen, Entwicklern und Papier, das Material war ja bei uns ganz übel, darauf freue ich mich.« Neukalen hat 2500 Einwohner.

Ein Eckart vom Nachbarboot leistet uns Gesellschaft. Er bringt zur Einladung eine Flasche »Turmbräu« mit, die er auch wieder mitnimmt. »Hoffentlich kommen nicht so viele Westdeutsche«, ist seine große Sorge. Minuten später: »Mit der Ruhe ist es dann vorbei.« Pause: »Die Ruhe ist jetzt schon hin«, verbessert er sich. »Viele waren es in diesem Sommer ja noch nicht. Aber genug.« Auf meine Frage, wie viele Besucher denn per Boot auf dem See waren. »Ich glaube, drei.« Eckart ist in Sprache und Denken ein richtiger Mecklenburger.

Ums Frühstück brauche ich mich anderntags nicht zu kümmern. Es gibt Eier, Gurken, Kürbis. Und zum Abschied macht Astrid Fotos: vom Ablegen, Segelsetzen, Absegeln mit Blick zurück, wieder an den Steg und noch mal dasselbe...

Einer dieser schnurgeraden Kanäle, von denen ich anfangs sprach, führt vom Kummerower See nach Malchin. Hier hat der Mensch nicht nur das Wasser in seine ordnende Hand genommen, sondern zusätzlich die Natur. Das tiefe Fahrwasser wird flankiert

von einer Pappelallee und sonst nichts. Im Malchiner Wirtschafts-
hafen endet dieser Frevel.

Malchin ist nicht auf Gästeboote eingerichtet. Nur mühsam finde
ich an einem Handwerkergelände einen Platz, genau an der Gabe-
lung von Peene und Kanal. Es ist der Privatliegeplatz des Klemp-
nermeisters Fritz Drossel. Seine Frau springt mir förmlich aus der
Kajüte ihres Jollenkreuzers entgegen:»Wilfried Erdmann, den
habe ich doch im Regal.« Wahrhaftig, sie hat den 20 Jahre alten
Schmöker von meiner Erstumseglung. Fritz Drossel klempnert gerade im ehemaligen Stasi-Gebäude Malchin, das zum Finanzamt
umfunktioniert wird. 70 Toiletten sind in dem Haus installiert,
so schließt er auf 200 festangestellte Stasi-Beamte. Malchin hat
11000 Bewohner.

Von Malchin aus mache ich mich auf die Socken zur Reuterstadt
Stavenhagen. Die zwölf Kilometer laufe ich, den Rucksack ge-
schultert, zu Fuß. Mir zuliebe und der Landschaft wegen. Es ist
Erntezeit, und die Felder gehen in einen erdfarbenen Ton über.
Hier in Stavenhagen wurde 1810 der berühmteste Mecklenburger
Heimatdichter, Fritz Reuter, geboren. Auch ich war mal von seinen
Texten angetan: *Dörchläuchting. Ut mine Stromtid. Kein Hüsung.*
Der letzte Titel stand mir sogar vor langer Zeit als Bootsname im
Kopf. Im Heimatmuseum, direkt am Markt, wird sein Andenken
bewahrt. Davor ein Bronzedenkmal des Dichters, der das Platt-
deutsche literaturfähig gemacht hat. Über sein Mecklenburg hat
Reuter einmal so geschrieben:»As uns' Hergott de Welt erschaffen
ded, fung bei mi Mecklenborg an... un schön is't in'n ganzen worden, dat weit jeder, de dorin buren is...«

Seine Volksfiguren eroberten damals die deutsche Lesewelt über
die Grenzen des Plattdeutschen hinaus. Als er 1874 in Eisenach/
Thüringen starb, hinterließ er seiner Witwe eine prachtvolle Villa.
Es wundert mich, daß ein Mundart-Dichter zu einer Zeit, als das
Analphabetentum noch weit verbreitet war, so reich werden
konnte.

Mecklenburg gilt als das Land der starken Eichen. Folglich wandere ich als Naturliebhaber drei Kilometer weiter zum Dorf Ive-
nack. Dort stehen im ehemaligen Wildgehege und Tiergarten des
vertriebenen Gutsbesitzers die berühmten tausendjährigen Eichen.

Die älteste, stärkste und schönste soll 1200 Jahre alt sein. Es ist eine Stileiche, deren Höhe 36 Meter und die Stammgrundfläche 16 Quadratmeter beträgt. Die Ivenacker behaupten, dies sei die älteste Eiche Deutschlands. Ein Bundesbürger, der mich mit seinem Auto von den beeindruckenden Eichen nach Malchin zum Schiff zurückbringt, wundert sich, daß ein Weltumsegler sich für Bäume interessiert. Via Dahmer Kanal komme ich in den Malchiner See. Der Kanal, »Stinksockenkanal« genannt wegen der Bremsen, Fliegen, Zekken, Mücken und der übelriechenden Brühe, ist 10 bis 15 Meter breit, gut einen Meter tief, und unter fünf Brücken beträgt die Durchfahrtshöhe weniger als zwei Meter. Das bedeutet jedesmal Mast legen und setzen. Zusätzlich noch wegen einiger tief hängender Bauernleitungen, die von Feld zu Feld gespannt sind. Weiden, Weißdorn und Haselnußgebüsch halten den Wind ab. Dann bleibt mir nur der Griff zum Stechpaddel. Es ist mächtig heiß. Ich mache trotz allem einen Abstecher ins Gebüsch, um einem Haubentaucher nachzuspüren.

Auf dem »Stinksockenkanal« kommt ein Angelboot, naturlakkiert und mit schönen Linien, von achtern auf. Der junge Mann bietet mir eine Flasche Bier an. Bewundert mich, nachdem ich meine Route beschrieben habe. »Alles mit dem ›Piraten‹?« staunt er. Der »Zugvogel« wird hier häufig mit dem »Piraten« verwechselt. »Schwertzugvogel« ist hierzulande bisher unbekannt. Der Angler ist glücklich und hofft, auch in Zukunft seinem Hobby frönen zu können. Mit seiner Arbeit als Heizer für Fernwärme sieht es nämlich nicht gut aus. »Die alte Garde sollte man alle machen.« Daß es dazu noch nicht gekommen ist, bedauert er sehr. Also auch bei ihm »Kopf ab«-Mentalität. »Drei Aale durfte man früher an einem Tag angeln. Die Stasi saß des öfteren im Gebüsch und beobachtete, ob es eingehalten wurde. Wurde man mit mehr Fischen erwischt, gab es eine Geldstrafe und – ärgerlich: Der Angelschein wurde langfristig eingezogen.« Hier im Kanal erfahre ich, daß der Anglerverband die größte Mitgliederzahl aller DDR-Vereine hat.

Auf dem Malchiner See zeigt nur SCHLEI KATHENA Segel. Vollkommen solo segle ich zwei Tage auf dem von Feldern und Wäldern

Malchin bietet durchreisenden Seglern hafenmäßig
nichts. Ich übernachte am Wasserdreieck Peenekanal,
Ostpeene und Dahmer Kanal, der links vom
Bootsschuppen in den Malchiner See führt.

in einer hügeligen Landschaft eingerahmten See – nicht zu fassen. Verständlich, daß die paar Anwohner um ihr einsames Idyll bangen, ja, zappeln aus Furcht vor dem Tourismus. Von einem Fischer werde ich sofort angemacht. »Euresgleichen wollen wir hier am liebsten nicht sehen.« Der gesamte Malchiner See gilt als Landschaftsschutzgebiet. Das bedeutet: Bootsmotoren über 5 PS sind verboten, und 20 Meter Abstand vom schilfigen Ufer sind einzuhalten. Der See hat demzufolge auch keine richtigen Seglerhäfen. Hier und da ragt ein Steg in den flachgehenden See. Doch das Wasser daran ist oftmals sogar für meinen »Zugvogel« zu seicht.

In Dahmen, am Südende des sechs Kilometer langen Sees, werfe ich an einer Steganlage nahe des Campingplatzes mit Schwung meinen Bügelanker. Eine pechschwarze Brühe steigt auf, zieht Kreise. Der See ist stark verschlickt. Das macht das Baden nicht gerade zum Erlebnis.

In Dahmen geht es für mich – leider – nicht weiter. Kein Fluß, kein Kanal führt in die nächste Seenplatte. Zu Ende. Nicht ganz! Ich habe ja noch Astrid. Pünktlich, wie verabredet, findet sie sich mit Auto und Bootstrailer ein. Wir räumen das Boot aus, um es leichter zu machen, schieben es auf den Anhänger, der leider keine Winde hat, und kuppeln ihn auf festem Sandstrand an. A. setzt mich über nach Neustrelitz – via Feldbergseen.

11 Mecklenburger Seenplatte: Wo man verlorengehen möchte

Warum ich gerne vor Inseln ankere, liegt vielleicht an der Ungestört-
heit, die sich dort genießen läßt, wo niemand mal eben hin kann.
Unbeobachtet, unerreichbar sein. Das verbinde ich mit Inseldasein.
Weiter: keine Blicke erwidern zu müssen, keinen Schnack aufge-
drängt zu bekommen. In eine Insel kann ich mich verlieben wie in
einen Menschen. So ist denn auch Neue-Insel-Aufstöbern eine meiner liebsten Beschäftigungen. Beim Segeln auf »Inselsuche« gehen.
    Die Liebesinsel im Lütter See ist so ein Fund. Der Gedanke vom
mecklenburgischen Paradies kann sich hier einstellen – vor allem
bei Sonnenschein. Geschützt bei allen Winden liegt sie in einem
runden See. Wie alt mag sie sein? Wächst die Insel, oder sinkt sie
ab? Nach ein paar Schritten kehre ich um, sie ist feucht, fast sump-
fig, bewachsen mit Buchen, Erlen und anderem üblichen mecklenburgischen Gehölz. Das klare dunkelblaue Wasser des Sees
erscheint mir vertrauenerweckend. Ich springe hinein. Auf sechs
Meter sehe ich deutlich, wie der Anker sich in den dunklen Sand
gegraben hat. Ich bürste das kleine Unterwasserschiff frei von Algenbewuchs, wasche meinen Körper, mein Haar. Wie groß ist die
Insel? 17 Minuten, so lange dauert es, bis ich sie umschwommen
habe. Zu klein, ohne Gebrauchswert. Eine Insel im Vorüberankern.
    Die in meiner Karte ausgewiesene Liebesinsel zählt schon zur
ausgeprägten Eigenart dieser Landschaft an den Feldberger Seen.
Ein Gebiet, das überaus reich gesegnet ist mit Halbinseln, Buchten,
See-Engen, Söllen und Inseln. Wahrhaftig, wer diese Landkarte
länger betrachtet, könnte meinen, die Seenplatte sei der Phantasie

eines Menschen entsprungen, der sie während eines besonders langen und besonders langweiligen Telefonats entworfen hat. Und wer versucht, die typische Endmoränenlandschaft der Feldberger Gewässer schnell mit seinem Segelboot abzuhaken, der wird einige Male erbärmlich scheitern. Mal kann er drauflossegeln (Breiter Luzin), mal kann er nicht mehr weiter (Carwitz), dann ist wieder wegen Landabdeckung kein Wind, oder es ist zu eng (Schmaler Luzin). Nach vielen Wenden, Mastlegen- und setzen, Driften und Paddeln unter Flüchen wird er sich sagen: Die Seen sind etwas für Leute, die Zeit haben, die schrittweise die Terra Feldberg erkunden wollen.

Die Trailerfahrt hierher zu den Feldberger Seen wurde begleitet von zwei Bauernblockaden. Mit ihren riesigen Traktoren versperrten sie stundenlang alle Landstraßen. Die Landwirte wollten auf die niedrigen Preise ihrer schwer verkäuflichen Produkte aufmerksam machen.

Nach 89 Kilometern auf der Straße durch eine liebliche Hügellandschaft liegt die Kleinstadt Feldberg direkt am Haussee. Am Stadtrand, an der Amtsstraße, fand ich durch Zufall einen winzigen, aber idealen Kieselstrand. Dort war ein problemloses Abslippen möglich. Und schon lag ich segelklar immerhin 84 Meter über dem Meer. Auf der einen Seite die Stadt bis ans Ufer mit der alles überragenden Kirche, auf der anderen von hohem Wald bestandene Hänge und zwei kleine Inseln. Dahinter am Hang »wuchern« Wohnwagenanhänger und Zelte. In der Nordostecke führt ein äußerst schmaler Kanal zum Breiten Luzin. Die nur 100 Meter breite Landenge ist an der Nordseite mit einer originellen botanischen Navigationshilfe versehen. Eigens angepflanzte Silberweiden sollen den Schiffern und Fischern erleichtern, die Einfahrt zu finden.

Damit befinde ich mich auf dem tiefsten See Mecklenburgs: 59 Meter. Die Feldberger Ortschronik überliefert eine drollige Erklärung für den Namen Luzin. Bei dem Versuch, den See zu loten, rief den Vermessern von unten eine Stimme zu: »Lat sin, lat sin!«

Als Feldberger Hauptseen gelten acht miteinander verbundene stattliche Gewässer, jedes für sich unverwechselbar und alle so dicht zusammen, daß zwischen ihnen zum Teil nur noch schmale Landrücken stehen. Vier dieser Gewässer, die sogenannten oberen

Seen, sind durch See-Engen oder Kanäle miteinander verbunden und haben einen einheitlichen Wasserstand. Die Bäk, ein Bach bei Carwitz, verbindet diese Seen mit den 20 bis 30 Zentimeter tiefer liegenden Carwitzer und anderen Seen. Diese unteren Hauptseen haben wiederum einen gleich hohen Wasserstand.

In der näheren Umgebung von Feldberg sind noch etwa 20 meist kleinere Seen zu finden. Ein Feriengebiet, das in der DDR als Geheimtip gilt. Das Wasser fast trinkbar, so sauber. Das kommt daher, daß es keine übermäßige Chemiesierung der Landwirtschaft in dem Muldengebiet gegeben hat. Die leichten Böden und ausgedehnte Wälder verhinderten das.

Der Breite Luzin ist rasch abgesegelt. Unter einer röhrenartigen Brücke schlüpfe ich in den Schmalen Luzin. Den muß ich nehmen, wie er oft ist: windstill = paddelnd. 7 Kilometer lang, 200 Meter breit und um die 30 Meter tief. Für mich hat der See leider ein Ende. Durch die Bäk komme ich nicht in den Carwitzer See, mein eigentliches Ziel. Der Bach ist zu flach und zu schmal. Ich kann mein Boot nicht umtragen, wie es hier die Kanuten tun. Folglich vertäue ich es am Carwitzer Luzinufer unterhalb eines Abhanges auf seichtem Sand. Von hier aus gehe ich die Dorfstraße entlang, über die Holzbrücke der Bäk hinweg, ein bißchen rechts um die Ecke, und schon stehe ich vor Falladas Bauernhaus. Ich kenne es von Bildern. Die Fichten sind groß geworden, der runde Gartentisch ist noch im Boden verankert. Die Veranda zum See hin steht.

In diesem Haus lebte der berühmte Schriftsteller Hans Fallada von 1933 bis 1945. Hier entstanden, begleitet von tiefen Lebens- und Schaffenskrisen, viele Werke des Volksschriftstellers. Bücher, die hier geschrieben wurden, habe ich auf meinen Fahrten »gefressen«, speziell, wenn ich ziemlich down war. *Wir hatten mal ein Kind – Wolf unter Wölfen – Jeder stirbt für sich allein* und *Heute bei uns zu Haus* und viele mehr. Ich glaube, ich habe sie alle 15 gelesen. In Tuvalu, im Roten Meer, auf 56 Grad südlicher Breite.

Zu besichtigen in Carwitz ist nur sein Arbeitszimmer und darin eine kleine Dokumentation seines Schaffens. Erstausgaben, Briefe, Bilder aus dem Nachlaß des Autors. Faksimile und Arbeitspläne – in 32 Tagen ein 500-Seiten-Buch! Obschon ich davon wußte, stehe ich ziemlich überwältigt davor. Es wird leider nichts verkauft,

Am Schmalen Luzin, einem der Feldberger Seen. Diese
abwechslungsreiche, glazial überformte Landschaft
ist überaus reichlich mit Seen gesegnet. Und fast alle
sind mit dichtem Wald umgeben. Die Feldberger
Gewässer liegen 90 Meter über dem Meer.

NORD

127

BREITER LUZIN

LÜTTER SEE

CAMPING + BOOTSVERLEIH

KANAL

125

HAUSSEE

128

KANAL

DER WOOTZEN

KANAL

KARPFEN SEE

FELDBERG

146

ZANSEN

123

126

CAMPING

SCHMALER LUZIN

CARWITZER SEE

KREWITZ SEE

FÄHRE

DIE BÄK

MELLENSEE

HALBINSEL
BOHNENWERDER MIT
FALLADA-HAUS

CARWITZ

CAMPING

THOMSDORF

DER DREETZ

CAMPING

DER KÜSELIN

99

MECHOW

MECHOW SEE

Lütter See, Wootzen, Zansen, Carwitzer See, Schmaler Luzin, Dreetz, Krüselin große + kleine Mechow, Mellensee, karpfen und krewitz sind für Motor= boote + Segelboote mit Motor gesperrt. Die Seen sind tief und sauber.

FELDBERGER SEEN

2 Km

keine Postkarte, kein Bild, kein Buch, nichts. Gerne würde ich eine Fotokopie seines Arbeitsplanes mitnehmen, das Blatt Papier über meine Schreibmaschine hängen und mich von dem großen »Kettenschreiber« anschubsen lassen – wenn's nicht so läuft. Es ist nicht nur seine Arbeit, die beeindruckt, sondern Falladas gesamtes Leben. Die Nachbarn, ein Rentnerehepaar, denen ich am Gartentor begegne, sind eine sprudelnde Informationsquelle: »Seine Bücher wurden bisher lange nicht alle verlegt, schade. Wo sie doch viel besser zu lesen sind als die heutigen DDR-Autoren. Alles, was er geschrieben hat, hat er erlebt. Wirklich alles. Der hat auch nichts ausgelassen im Leben. Alkohol, Weiber, Drogen, Betrug, Raub, Mordversuch. Dieser Mensch paßte doch nicht in den Sozialismus. Daß man überhaupt sein Arbeitszimmer zur Gedenkstätte hergerichtet hat, ist verwunderlich. Getrunken hat er nie hier im Dorfkrug. Er setzte sich immer auf sein rostiges Fahrrad und fuhr nach Feldberg, und alle wußten Bescheid: Der Ditzen, so hieß er richtig, ist für eine Woche fort. Saufen und huren. Beliebt war er nicht im Dorf. Einer, der mit wenig Zeitaufwand so viel Geld verdiente, war suspekt. Und der seine Frau schlecht behandelte. Er hatte auch keine Freunde in der Gegend. Als ihn sein Dienstmädchen mal betrunken in Feldberg im Straßengraben fand, gab er ihm tausend Mark.«

Ein Wolkenbruch unterbricht das Zaungespräch. Später, in Gedanken, wandere ich nochmals an Falladas Haus vorbei zur Halbinsel Hohenwerder und oben hinauf zum Hauptmannsberg. Es bietet sich ein Rundblick mit einer zerrissenen Land- und Wasserlandschaft. Der Fallada hat nicht nur verteufelt gut geschrieben, er hat sich auch ein landschaftliches Idyll ausgesucht. Sein Haus mag zwar im Vergleich zu denen der anderen erfolgreichen Dichter der damaligen Zeit bieder gewesen sein, aber was er von den Fenstern aus an Weite hat schauen können, ist nicht mit Gold aufzuwiegen.

Segelnd geht es auf dem Schmalen Luzin zurück. Es weht ein angenehmer Süd. Diesmal überhole ich die Faltboot-Paddler. Bei der Seilfähre ein kurzer Schnack mit dem Fährmann. Es ist derzeit die einzige handbetriebene Seilfähre Westeuropas. »Ich war schon in der *Zürcher Zeitung*, in der *FAZ*, in französischen und schwedischen Blättern abgebildet. Nur nicht in Blättern der DDR.«

Eine Nacht in einer Bucht mit Steilhängen und Bäumen, deren Äste weit übers Ufer hängen und grün sind. Dieses Bild nehme ich, ohne es zu fotografieren, vom Schmalen Luzin mit nach Hause. Am Ufer der Amtsstraße nehme ich meine SCHLEI KATHENA wieder huckepack – 30 Kilometer nach Neustrelitz am Zierker See. Über eine bestens betonierte Slipanlage (ich staune) bei der Segelsektion Einheit rutscht sie in den See. Der Hafenmeister, der gerade für »ganz wenig Geld« von einem »fliegenden« Händler einen kompletten Satz silbernes Besteck gekauft hat, sagt: »Von hier aus kann man nach New York segeln.« Eigentlich müßte er sagen: konnte. Die Dömitzer Schleuse, die von den mecklenburgischen Seen in die Elbe führt, wurde in diesem Jahr geschlossen. Es bröckelte am Mauerwerk in der Schleusenkammer.

Drei Glas Bier im Vereinshaus, ein Steak in den Reuter-Stuben – so gestärkt geht es zum Markt. Sternförmig zweigen acht Straßen ab. Neben einem hohen kantigen Turm steht ein protziges Siegesdenkmal der Russen. Neustrelitz ist nur 250 Jahre alt, war bis 1918 Residenz des Großherzogtums Mecklenburg-Strelitz. Das spätbarocke stattliche Schloß samt gut sortierter Bibiothek wurde 1945 niedergebrannt. Aber die Orangerie und das kleine Palais sind erhalten und sehenswert.

Ab Neustrelitz bin ich schon auf dem Rückzug: Kammer Kanal – Woblitz See – Priepert – Canow – Mirow – die Großseen Müritz und Plauer – der lange Eldekanal – der schöne Schweriner See. Dies ist der Bereich der Mecklenburgischen Seenplatte. Ich habe mir da allerhand vorgenommen: ein Reisegebiet zu erschließen, das sich gute 200 Kilometer Luftlinie von Ost nach West erstreckt. Aber die Route der miteinander verbundenen Seen wird knapp 400 Kilometer sein. An so mancher Biegung werde ich ins Stocken geraten. Sollst du vielleicht die Orte Rheinsberg, Lychen, Fürstenberg, den Pragel See ansteuern? Brennt dann nicht, wie jetzt schon, beim Blick in die Gewässerkarte die Seen-Sucht?

Wirklich vergeblich ist hingegen der Versuch, die Seen der Mecklenburgischen Seenplatte zu zählen. Bei 650 hat man resigniert aufgehört. Müßten durch Dämme halbierte Seen als ein See zählen oder doppelt? Was ist in diesem weitverzweigten Labyrinth ein Teich, Tümpel, Weiher und letztendlich ein See? Sind die Seen in der Gegend der LPG »Große Rübe« noch mitzuzählen, obwohl sie durch den Eintrag überschüssiger Düngemittel am Algenwachstum zu ersticken drohen? Segeln in Mecklenburg. Der Zierker See ist nach den Feldbergern enttäuschend. Was ich zu sehen bekomme, ist ein seichter Teich von gelbgrünem Wasser. Die Ufer reizlos, flach und verschlickt. Bis vor zehn Jahren gingen die Abwasser der 27000 Einwohner-Stadt ungeklärt in den See (sagt man mir). Ich werde auch vor großen Steinen gewarnt. Nehme den Hinweis nicht sonderlich ernst. Prompt stoße ich mitten auf dem See auf zwei Stück, daß sich das Rigg schüttelt.

19. August: Kurs Kammer Kanal – Woblitz See. Wegen der Wäscheleine auf dem Vorschiff setze ich die Fock nicht. Vielartige Vegetation. Birken, Erlen, Weiden, Eichen! An einer für eine Kaffeepause festgemacht. Erste Schleuse auf der Fahrt. 1,85 Meter abwärts. Neue tadellose Anlage. Und kostenlos, wie alle Schleusen in der DDR. Am Westufer des Woblitz Sees Schweineställe einer LPG? Beim Näherkommen entpuppt sich die langgestreckte Wellblechanlage als Bootsschuppen des Vereins der Mecklenburg-Strelitzer Segler. Daß so etwas erlaubt ist, an dem sonst unbebauten See. Die Steganlage hat 80 Zentimeter Wasser. Die Leute in den Cockpits essen Kuchen, Sahne aus der Preßdose und trinken Soft-Drinks aus Büchsen. Ein Jollenkreuzer hat den Charme einer Schleiflackkommode: naturlackiert ohne Pinselstrich. Kein Staubkorn oder Wasserfleck. Tüllgardinen, die Pinne steckt in einem Tuchholster, Sitzkissen mit eingestickten Bootsnamen, die Winden mit Tuchhülle...

20. August: Schleuse Wesenberg. Auffallend die Sauberkeit und Ordnung – wie bei der gestrigen. Vor dem Schleusenwärter wurde ich gewarnt. Der soll ein Giftzwerg sein, und wenn er keine Laune hat, läßt er die Wasserwanderer warten. Mir schenkt er eine Tasse Kaffee ein. In voller Ölzeugmontur geht es weiter. Es nieselt. RMV sagt Regen und Wind um 9 Beaufort an. Gleich nach der Schleuse öffnet tatsächlich der Himmel seine Schleusen. Die Bodenbretter geraten dabei ins Schwimmen. Hinter der Brücke Ahrensberg ein Stopp, um zu schöpfen. Und weiter geht es. Halt! Mast legen. Eine neue Über-

Neustrelitz: Neben dem kantigen Turm der barocken
Marktkirche das sowjetische Siegerdenkmal. –
Und überall gibt es junge Faltbootreisende.

Eine Schleuse im Topzustand: Canow, innerhalb der
Mecklenburger Seenplatte. Dazu kostenfrei, sauber und
ein freundlicher Schleusenwärter.

raschung: Eine Hausbrücke führt über den Kanal. Die kanalisierte Havel ist ein herrlicher Waldcanyon. Der Himmel am Wangritz See wird wieder heller. Blauweiß und schwarz fliegen die Wolken rasch ineinander. Ich mache blendende Fahrt. Segelbooten und mehr und mehr Faltbootfahrern begegne ich. Draußen auf dem Ellbogensee erwischt mich eine Gewitterböe. Ich kann mich noch so eben nach Priepert retten. Liege im Ferienobjekt des Wasseramtes Berlin. Ein Urlauber hilft mir beim Festmachen. Einige Bootsfakten werden ausgetauscht. Ein Gespräch kommt nicht in Gang. Wind legt zu. Abends schwerer Sturm. Die mächtigen Weiden über meinem Liegeplatz rauschen und schütteln sich wie meine Zeltpersenning. Habe Furcht vor brechenden Ästen. Verholen nicht möglich. Schlafe daher leidlich, bis mich um zwei Uhr ein Knall aus dem Schlafsack holt. Ein armdicker Ast hat sich am Heck durch das Tuch gebohrt und ist mit Getose auf die Bodenbretter geknallt. Damit ist für mich die Nacht vorüber.

21. August: Griff zur Pinne. Nur zwischen Zeigefinger und Daumen. Lockere Haltung. Großschot aus der Hand. Augen zum Windfähnchen und auf den Horizont. Rechter Fuß in die Großschothalterung gesteckt. So geht es aufmerksam bei 5 bis 6 weiter. Noch mal so wie gestern in der Böe Wasser baggern möchte ich nicht. Jede Böe wird deshalb heute im Ansatz abgewürgt. Optimal nutze ich Kraft und Gewicht zum Ausreiten. SCHLEI KATHENA schiebt und stößt durchs Wasser. Die Landschaft ist wie überall. Ich sage mecklenburgisch: Mischwald, Schilf, Sandbuchten, kleine Orte. Campingplätze sind selten zu sehen. Die Seen sind tief und mal rund, dann wieder langgestreckt, hakenförmig. Ringsum der vollkommene Friede. Viele seltene Vogelarten leben hier: Seeadler, Fischadler, Reiher, Haubentaucher. Stelle fest: Segler der DDR motoren fast ausschließlich mit gelegtem Rigg. Meist mit Kurs Berlin. Sie kommen offensichtlich von der Müritz. Ihr Urlaub ist zu Ende. Der Schleusenwärter von Canow ist begeistert vom »Schwertzugvogel«. Eine Stunde muß ich ihm von Boot und Reise erzählen, während der Betrieb stockt. Sein Schleusenbetrieb ist einfach super in Ordnung. Papierkörbe. Wasserhahn. Toilette. Und die Umgebung ist auf »englisch« getrimmt: Büsche, Hecken auf Kante geschnitten. Der kurzge-

Der »gegrabene« Hafen von Koserow. – Viele Buchten
habe ich auf den Bodden ganz für mich allein.

An den Ufern eine vielartige Pflanzenwelt:
Stranddisteln, Seerosen und Wildkräuter.

Die Peene nach einem heftigen Regenschauer. Nur
selten passiert ein Boot, meist sind es dann Paddler.

Einer der winzigen Torfstichseen an der Peene.
Zu Anfang segelte ich einfach hinein. Später wähle ich
»Seen« aus, die nicht so bewachsen und tiefer sind.

Abends: Schwäne füttern oder Notizen machen.
Auch auf dieser Fahrt führe ich ein Reisetagebuch.
Neben nautischen Fakten dokumentiere ich Erlebnisse.

Gesehen im Vorbeisegeln: Picknick am Peeneufer.
Tatsache: Motorbootfahrer grüßen nie von sich aus. Haben
sie Angst, daß ich um Schlepphilfe bitte?

Auf dem Malchiner See zeigt nur SCHLEI KATHENA Segel.
Vollkommen solo ersegle ich mir dieses Idyll.

haltene Rasen frei von Unkraut. Er hat für alles Englische ein Faible,
berichtet er mir. 28 Jahre »gehört« ihm diese Anlage. Normal
schleust er 500 Boote (inklusive Faltboote) täglich. In diesem Jahr
ein Drittel. Schleusenzeiten 6 bis 19 Uhr. Zwei Tage hat er frei. Dann
vertritt ihn seine Frau. Verdienst: keine 1000 Mark. Er wohnt im
prächtigen Schleusenhaus gegenüber.

Die Stimmung der Leute schlägt um. Von einem Berliner Hoch-
schullehrer werde ich nach einem Drei-Minuten-Gespräch aus dem
Faltboot heraus angepöbelt: »Wieder 'ne Mauer bauen, damit
nicht alle die Typen von drüben unsere Natur kaputtmachen.« Nun,
seit ich »drüben« bin, bin ich kaum einem »Wessi« mit Boot begegnet. Und sieht er das nicht, daß Jollensegler der Natur nun wirklich
keinen Schaden zufügen. Die Menschen erscheinen mir augenblicklich irgendwie verbogen.

Das war gestern. Heute – Seewalde – Schleuse Diemitz – Fleeth –
Mirow. Ja, ich bin aktiv. Dazwischen ein Ankerlieger unter gigantischen rötlichen Kiefern, Seerosenfelder stundenlang an Backbord,
ein Motorbootfahrer, der mosert: »Segeln im Kanal ist verboten.«
Also greife ich zum Paddel. In der Kreisstadt Mirow mit Slalom-
Segelkurs in den Schloßgraben, der die Schloßinsel umgibt. Und
trotzdem mit dem Mast hängengeblieben. Der offizielle Liegeplatz
für durchreisende Wassersportler ist nämlich zugewachsen. Die
Bäume des Schloßparks überdecken den gesamten Graben. Dafür
liegt man hier mitten im Grünen und zugleich doch im Stadtzen-
trum und einer Gewässerkloake. In der Biegung sammelt sich der
Müll der Imbißbuden. Ein heißes Süppchen an Bord wäre gut,
denke ich. Als ich aber zwei tote Ratten vorbeitreiben sehe, kommt
mir in den Sinn: Das haben sich die Prinzessinnen früher bestimmt
nicht so vorgestellt.

Auf der Schloßinsel kann man das Barockschlößchen (1760) der
Fürsten Mecklenburg-Strelitz besichtigen. Ihre Königlichen Ho-
heiten benutzten die Schloßinsel jedoch nur für kurzzeitige Aufent-
halte – und als letzte Ruhestätte. Der Gruftanbau an der dicht
danebenstehenden Pfarrkirche (14. Jahrhundert) diente den Stre-
litzer Herzögen zur Grablage. Die Mumien können in der Regel
auch besichtigt werden. Ich habe Pech, der Pfarrer, der die Führung

macht, mit einer Kerze in der Hand, wie mir gesagt wird, ist leider gerade auf Weltreise. Er besucht Amerika.

Ich helfe mir mit dem Text eines Engländers, der hier 1890 diese Gewässer auf einer Segelyacht bereiste. Seine farbige Schilderung von Mirow und der Gruft entnehme ich dem Buch *Zettelkasten* von Jürgen Borchert:»Weiter ging es in schneller Fahrt in den Mirower See. Bäume und ein malerischer Turm bildeten seinen Hintergrund. Wir gingen in einer kleinen Bucht im Norden des höchst unbedeutenden Fleckens Mirow vor Anker. Während Ifould, mein Butler, Einkäufe macht, wandern wir durch grasbewachsene Straßen und ein gewölbtes Torhaus zum Schloß. Es war ein schmutzigweißes Gebäude; neben ihm steht die Kirche, deren Kupferdach wir schon vom See aus wahrgenommen hatten. Über dem Altar der Kirche hängt ein Bild, das die Mutter des regierenden Großherzogs, Adolph Friedrich V., gemalt hat. Der Führer zeigte uns die Gruft: Sarg an Sarg mit verblichenen Kronen und verwitterten Decken. Auch Kindersärge darunter, letzte Gehäuse in Kleinformat mit Messing und Bleizieraten. In einem Deckel war eine Glasscheibe eingelassen, durch die sah man ein verledertes Mumiengesicht. Niemals sah ich einen Ort, weniger anziehend für Lebende, mehr an Tod und Begräbnis mahnend als in Mirow.«

Von dieser wirklich außergewöhnlichen Reise des Engländers, der die gesamte Seenplatte bereiste, muß ich an dieser Stelle kurz berichten. Mr. Henry Doughty unternahm den Törn mit seinen beiden Töchtern und einer Crew von drei Mann (Bootsmann, Matrose, Butler) auf einem sogenannten Norfolk Wherry, einer yachtartigen Barkasse namens GIPSY. In seinem Bericht beschreibt er seinen Segler so:»Sie, GIPSY, ist stark, zugleich graziös. In Klinkerbauweise ausgeführt. Ihre Länge 53 Fuß, ihre Breite 13 Fuß, ihr Tiefgang 3 Fuß, bei gehobenem Kiel nur 2 Fuß. Ihr einziger Mast, der sehr weit vorn steht, ist etwa so hoch, wie die Länge des Bootes ausmacht. Und so ist sie eingerichtet: Ein langes Deckshaus reicht direkt vom Mast bis fast zum Heck. Am hinteren Ende des Deckshauses ist die Küche und die Herrenkabine. Davor liegen zwei Hauptkabinen, der Salon und die Damenkabinen...«

Dann zählt Mr. Doughty stolz noch weitere Annehmlichkeiten seines Gefährts auf:»Bad, Ankleidespiegel, fließend Wasser,

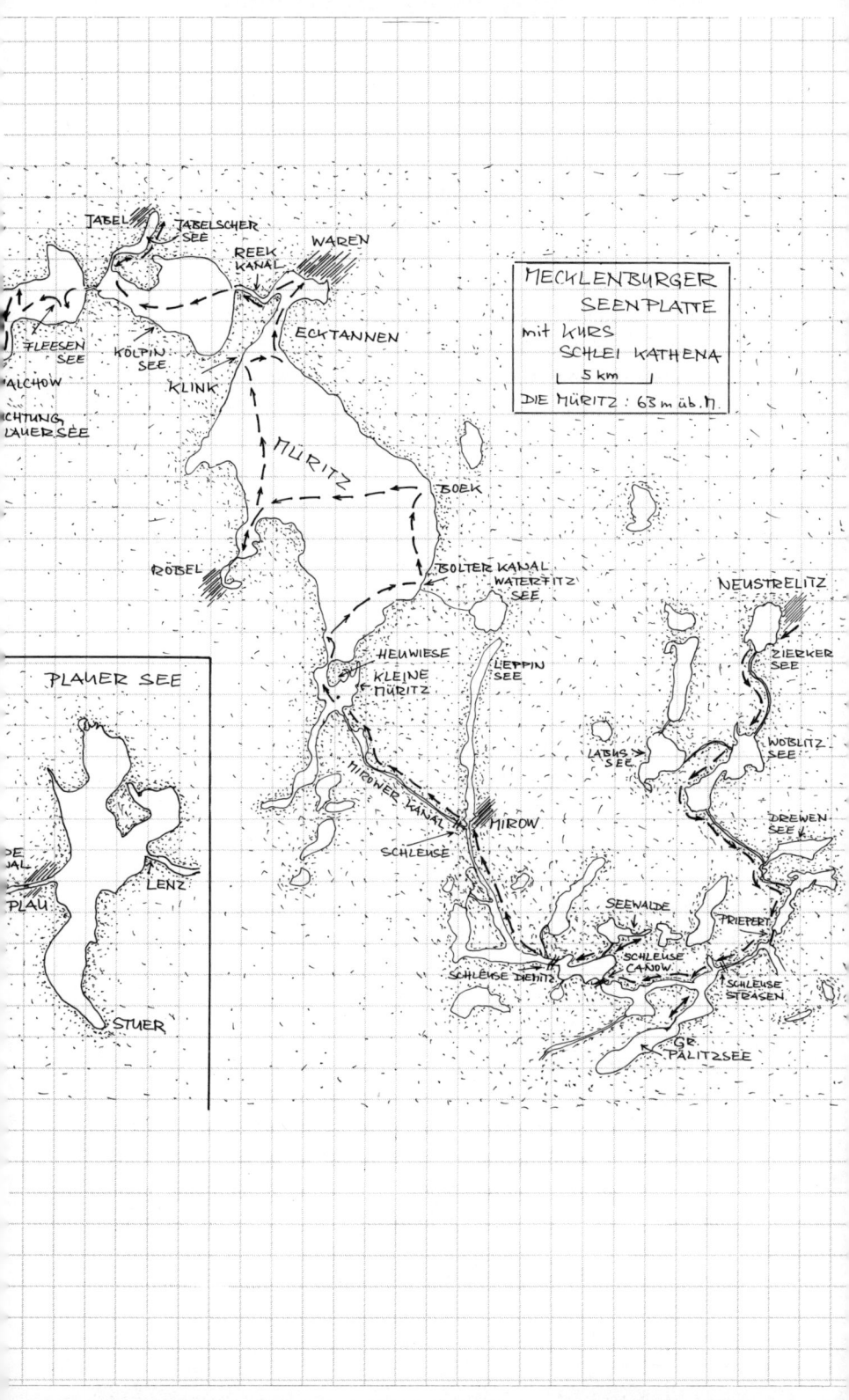

JABEL · JABELSCHER SEE · REEK KANAL · WAREN

MECKLENBURGER
SEENPLATTE
mit KURS
SCHLEI KATHENA
5 km
DIE MÜRITZ : 63 m üb. M.

ECKTANNEN

FLEESEN SEE · MALCHOW · ICHTUNG LAUERSEE · KOLPIN SEE · KLINK

MÜRITZ

BOEK

RÖBEL · BOLTER KANAL · WATERFITZ SEE

NEUSTRELITZ

ZIERKER SEE

HEUWIESE · KLEINE MÜRITZ · LEPPIN SEE

WOBLITZ SEE

PLAUER SEE

LABUS SEE

DREWEN SEE

MIROWER KANAL · MIROW · SCHLEUSE

DE AL · PLAU · LENZ

SEEWALDE · TRIEPERT

SCHLEUSE DIEMITZ · SCHLEUSE CANOW · SCHLEUSE STRASEN

STUER

GR. PÄLITZSEE

Kommode, Porzellangeschirr. Für den Antrieb sorgt ein großes Rahsegel, nötigenfalls sind Ruder und Staken an Bord. Ein Beiboot fehlt selbstverständlich nicht.« Man stelle sich vor: Mit solch einem Lustschiff taucht Mr. Doughty im Sommer 1890 auf den mecklenburgischen Seen auf – vor 100 Jahren! Was die Leute wohl für Augen gemacht haben. Seine Reiseroute führte, entgegengesetzt zu meiner, auf der Elbe bis Dömitz (damals war die Schleuse noch ok), Störkanal, Schwerin, Müritz, Neustrelitz. Durch die Havelgewässer nach Potsdam und weiter durch den Elbe-Havel-Kanal in die Elbe. Natürlich wird damals alles besichtigt: Schlösser, Dörfer, Gasthäuser, Kirchen, und das klare Wasser bewundert:»Ist bis auf den Grund durchsichtig, der Schweriner See.« Seine Töchter zeichnen Seen, Vögel, Rehe. Probleme werden in seinem Reisebericht auch angesprochen: enge Schleusen, Gegenwind und flache Sandbänke, Schleusenwärter, die nicht aufzufinden sind. Wie er das mit dem Mast bei Brücken gemacht hat, wird mir nicht klar. Elektrische Leitungen über den Gewässern, die mir viel Arbeit machen, gab's damals nicht.

Überhaupt sind es immer wieder die Fülle und der Reichtum der Natur, die den reisenden Segler staunen lassen. Mr. Doughty schwärmt:»Kein Tier schien sich vor mir zu fürchten. Zwei Pärchen schöner großer Haubentaucher hielten sich immer in meiner Nähe, tauchten voller Koketterie sich umschauend auf und wieder unter; ihr glänzendes Federkleid schimmerte, wenn sie emporkamen. Ein kleinerer Taucher kam noch näher, verschwand aber bald hinter einem Schild von Wasserpflanzen. Dann unterbrach ein lautes Klatschen die vollkommene Stille, und ein Fischadler flog dicht an mir vorbei; er hatte seinen Stoß verfehlt, er hob sich hoch über die Bäume und kam nicht wieder. ...« Der Engländer schwärmt präzis.

Gleich hiernach noch eine Beobachtung, die der Seefahrer Doughty vom mecklenburgischen Landleben in dieser äußerlich so paradiesischen Gegend liefert:»Die Zivilisation scheint in diesen Gegenden traurig im Rückstand zu sein. So wie hier, muß es in England vor vielen Jahrhunderten ausgesehen haben. Ackerbautreibende Städte mit großen Scheunen vor den Toren, offene Fel-

der und Landstraßen, weite Heiden und Wälder, während das ge-
sellschaftliche Leben der ›besseren Stände‹ hier nicht anders ist als
bei uns zur ›guten alten Zeit‹. Die Männer lärmend, gesellig, plump
vertraulich, die Frauen geziert, sentimental, nichts kennend als Ge-
schwätz und Hauswirtschaft. Die äußere Erscheinung ist dement-
sprechend.« Trotzdem erscheint es mir völlig rätselhaft, wie Mr. Doughty diesen 16 Meter großen Kahn durch die labyrinthische Wasserwelt der
Seenplatte manövriert hat.

In Mirow besuche ich den sowjetischen Ehrenfriedhof. Er liegt
an der B 198. Die Besichtigung einer solchen Anlage steht schon
länger auf meiner Liste. Diese ist schmucklos zwischen zwei Straßen eingeklemmt. Dann geht es auch bei mir wieder weiter. In
schneller Fahrt erreiche ich den Mirow-Kanal. Mit der Schleuse ist
der Wind weg. Entweder hänge ich in vom Gebüsch abgedeckten
Flautenlöchern, wo ich zum Stechpaddel greife, oder der steife
Nordwest kommt den Kanal herunter und zwingt mich zum Kreuzen auf der 30 Meter breiten Wasserstraße. Eichenhaine, Lichtun-
gen mit Heidekraut und Ginster, zierliche Birkengruppen mit knall-
weißen Stämmen, alles wie gehabt. Blauer Himmel mit schönen
dicken Wolken. Genießen kann ich die sonnige Hügellandschaft
nicht, andauernd fallen Böen ein, die mich auf Büsche, Bäume und
gar mehrfach auf das steinige Ufer drücken. Ich fluche. Tut mir
weh, wie ich das hübsche temperamentvolle Bötchen rannehme.
Wildenten flüchten vor meinem weißen Segel.

Entgegenkommende motorende Segler warnen mich: Die Müritz kann bei Nordwest übel werden. Andere brechen ihren Urlaub
ab, weil der gefährliche Wind eine Woche anhalten wird. Aus-
gangsort für die Müritz ist für mich eine künstliche slawische Wall-
Insel in der Kleinen Müritz. Auf der winzigen Insel stehen noch
Mauerreste. Sie erinnern an die Völkerwanderung. Im 6. und
7. Jahrhundert kamen slawische Völkerstämme hierher, sie gaben
der Müritz den Namen: morcze – kleines Meer. Mithin wußten sie,
daß es auch ein großes Meer gibt. Die Ostsee.

Lange ist das her. Die Nacht verbringe ich dicht unter der Halbinsel Hinterste Wiese. Umgeben von mehr als tausend Vögeln auf
dem Wasser und bis Mitternacht in der Luft von Migs und Hub-

Schloß Klink an der Müritz. Es gehörte den Vorfahren des
Fernsehkommentators Karl Eduard von Schnitzler. –
Schloß Mirow.

schraubern. Ganz in der Nähe befindet sich ein russischer Militärstützpunkt.

Als ich in die große Müritz einbiege, vom harten Nordwest keine Spur. Ein Leichtwindtag mit Körper- und Kleiderwäsche mitten auf dem ruhigen See. Nur sieben Segel »beherrschen« ihn. 2000 Boote sollen hier beheimatet sein *(Yacht)*. Die Müritz ist nach dem Bodensee der zweitgrößte See Deutschlands und steht weitgehend unter Natur- oder Landschaftsschutz. Mit einer durchschnittlichen Wassertiefe von sechs Metern hat der See von Norden nach Süden eine Ausdehnung von 29 Kilometern und mißt von Ost nach West 13 Kilometer. Früher war der See noch größer. Sein Wasserspiegel wurde durch die Kanalbauten zwischen anderen mecklenburgischen Seen und der Elde um ein bis zwei Meter gesenkt.

Zu Mittag steuere ich den Bolter Kanal an. Dieser als lauschiges Plätzchen beschriebene Ankerplatz riecht sehr. Als ich es einem Segler aus Waren kundtue, klärt er mich auf:»Der See hat 60 Zentimeter weniger Wasser als normal. Deshalb stinkt es hier so. Unser Müritzwasser hat man letztes Jahr glattweg verkauft. Alles für Devisen. Man hat es in die Elbe abgelassen, damit die DDR-Binnenschiffer genug Wasser für ihre Kähne hatten, um Devisen im West-Berlin-Handel einfahren zu können.«

Ein paar Meilen weiter nördlich vom Bolter Kanal, am Ostufer der Müritz, erstreckt sich ein Naturschutzgebiet, das zum Teil Staatsjagdrevier war, mit einem prächtigen Jagdhaus samt Hubschrauberlandeplatz. Auch Willi Stoph, der Ministerpräsident, ließ sich dort, unterstützt von 36 Jagdangestellten, das Wild vor die Flinte treiben.

Die geschützte Flur des Herrn Stoph, entnehme ich dem Wanderatlas Müritzgebiet, ist das größte unter Naturschutz stehende Gelände der DDR. Eigentlich müßte es heißen: zwangsgeschützt für die Staatsjagdherren.

Ein Gutes: Hier haben sich 700 Pflanzenarten erhalten. 240 Vogelarten sind beobachtet worden. 900 unterschiedliche Schmetterlinge, seltene Pilzarten, Spinnen, Wanzen, Lurche und andere Kriechtiere. Auch konnten die Rastplätze von mehr als 14000 Kranichen, die Brutplätze von 100000 Wildgänsen, 10 Fischadlern und 4 Seeadlerpaaren gesichert werden.

Das Müritzgebiet ist die bevorzugte Heimstatt vieler Vögel, hier befindet sich auch Westeuropas größtes besiedeltes Brutrevier. Auf meinem Kurs quer über den See nach Röbel segle ich durch Schwärme von Enten, Gänsen, Schnepfenvögeln, die auf dem Wasser jagen oder ruhen.

Vor Röbel finden gerade die letzten DDR-Meisterschaften der »Optimisten« statt. Das Gesprächsthema behandelt, wie es mit der Kinder- und Jugendarbeit weitergeht. Und wer das alles finanziert. Am Steg ein überheblicher Hafenmeister. Fünf Mark – kein »Guten Tag« – kein »Dankeschön«. Dafür entschädigt die wunderschöne Altstadt mit der Marienkirche. Ich steige auf den 58 Meter hohen Turm und genieße einen großartigen Rundblick über Stadt, Hafen und die ruhige Schönheit Müritz.

Für mich erstaunlich: Sehr viele Sachsen »wandern« mit Booten die Küsten- und Binnenseen entlang – hier bekannt als »Erzgebirgs-Marine«. Mir gegenüber sind sie sehr offen, freundlich und immer hilfsbereit. Ein Menschenschlag, der selten schlechte Laune zu haben scheint. In Röbel mache ich die Bekanntschaft von Hannelore mit Mann und Kindern, Crew der NEPTUN. Im Handumdrehen stehen für mich Bier, Stullen und Kaffee auf der Back. Bewunderung und vor allem Freude, mich getroffen zu haben. Westberlin hat die Familie auch schon gesehen. »Ein paar Monate vor der Wende, als wir mit unserem Jollenkreuzer auf der Havel daran vorbeifuhren.« Für die Familie ein aufregendes Erlebnis und Gesprächsstoff über Tage hinweg. Hannelore: »Auf Weisung der Wasserschutzpolizei mußten wir auf der äußersten linken Seite der Havel motoren. Auf diesen Moment habe ich mich die ganze Zeit gefreut. Denn so etwas passierte einem nicht alle Tage. Mein Puls verdoppelte sich. Stacheldraht, Wachtürme, Schutzstreifen säumten das gesamte Ufer. Das gesehen zu haben hinterläßt schon Spuren.« Aufgeregt ergänzt sie: »Für mich war der Augenblick bedrückend und gleichzeitig beschämend, denn wir sind doch auch Deutsche.« Sie und die Familie sind mit der Wende gut fertig geworden. Arbeit, Schule ok. Aber auch sie spüren: »Die Stimmung hierzulande kentert.« – »Die Gier nach dem Wohlstand hat dies bewirkt.« – »Die Helden können schließlich nicht nur siegen, müssen auch stürzen lernen.« Sie meint die »Revolutionäre«, die jetzt manchmal auch Enttäuschungen hinnehmen

müssen. Hannelores 14jähriger Sohn über die Vergangenheit:
»Erst mal war alles verboten.«

Im Revier der Vögel verbringe ich noch eine Nacht. Am Schilfsaum der Halbinsel Ecktannen. Na klar, ich halte Abstand zum Ufer. Das Sonnenlicht steht tief über dem weiten Wasser nach Süden. Der Horizont flach, die Luft milchig. Noch ist lichter Tag, es herrscht Stille. Die Freizeitkapitäne haben sich in die wenigen Häfen zurückgezogen. Auch hinterrücks in den Tannen rührt sich nichts. Doch kurz vor Einbruch der Dämmerung tönt es vom Wasser, als blase einer über eine leere Flasche. Das ist die Rohrdommel. Vom Röhricht her ein Kranichschrei. Gesang, Rufe, Geschrei und Stimmen aller möglichen Tiere in der Nacht. Ich kann die Geräusche nicht alle deuten. Hier, auf diesen mecklenburgischen Seen, vermisse ich mein Fernglas. Aus Angst, es bei einer Kenterung zu verlieren, habe ich es nicht mitgenommen.

Als Segler segle ich aus Gewohnheit weiter. Auch wenn der Wind mehr ein Treiben als ein Segeln zuläßt. Waren, die größte Stadt an der Müritz, lasse ich aus Zeitgründen rechts liegen. Es geht durch den Reekkanal in den Kölpinsee, langsam schiebe ich in dem 30 Meter tiefen und sieben Kilometer langen See das Wasser beiseite. Die Ufer zeigen so gut wie keine Ansiedlung. Fast könnte es langweilig werden. Wie schon seit Wochen hoher mecklenburgischer Mischwald. Am Ende des Sees zweigt ein weiteres schmales Gewässer ab. Der Jabelsche See soll ein Bootsparadies sein. Im Volksmund: Bad Jabell.

Die Einfahrt dorthin ist für Naturliebhaber ein Erlebnis. Ständig muß ich darauf achten, nicht im Geäst der Bäume, die über dem Kanal einen Tunnel bilden, hängenzubleiben. Den Blick nach oben, segle ich mit Karacho auf die ausgespülten Wurzeln einer Buche. Das Schwert verklemmt sich. Verbogen? Nein, nur eine Wurzel hat sich im Schwertkasten verhakt. Es geht weiter hinein in den traumhaften Jabelschen See. Auch hier sehr viele von Schilf freigeschlagene Einbuchtungen am Ufer. Bootsfahrer waren da nicht zimperlich, bauten sich gar kleine Stege, um trockenen Fußes an Bord zu kommen. Insgesamt ist die Bucht umringt von Moorbirken, Eichen, Buchen, Kiefern. Langsam ahne ich, warum Mecklenburger ihr Bier am liebsten aus grünen Flaschen trinken.

Ich setze meine Fahrt fort: Fleesensee – Malchow – Petersdorfer Reek – Plauer See. »Der Fleesensee ›kippt‹ bald«, sagt mir ein Student, der mit seinem »Pirat« ein Stück neben mir hersegelt. »Am Südufer steht eine Rinderfarm mit 25000 Tieren. Und wohin die Gülle geht, kann man sich denken. – Du bist um die Welt gesegelt? Eine Flucht war allemal härter als eine Weltumseglung.«

28. August: Malchow. Irre viele Bootsschuppen, beidseitig der Stadt. Aus Holz, Faserplatten, Wellblech. Sie sind grün, grau, braun oder gar nicht gestrichen. Kurzum: eine Slum-, An- und Absteuerung. Begegnung mit einer vierköpfigen Familie, die am Platz der Republik wohnt, ist positiv. »Am Samstag fahren wir nach West-Berlin und kaufen Polstermöbel.« Sie sind voller Vertrauen, glauben den Politikern. »Spätestens 1993 wird es einheitliche Löhne geben.« Am Stadtkai dann gleich darauf eine andere Einstellung. »Was machen Sie denn hier?« fragt mich ein Segler. Ich, um ihn etwas zu ärgern: »Ich werde dafür sorgen, daß im nächsten Jahr der See voller Boote sein wird.« Beißt gleich an, entrüstet sagt er unter anderem: »Da kann man sich doch nicht drüber freuen!« Kleingewerbe und Gastronomie denken anders darüber.

Ich habe ein gesundheitliches Problem. Im »Stinksockenkanal« (Malchin) hat mich was auf die rechte Hüfte gestochen. Die Infektion ist mittlerweile handflächengroß, sieht gefährlich aus (rot und Blasen) und juckt fürchterlich. Ich suche einen Arzt auf. Er diagnostiziert eine Allergie. Könnte jedoch auch durch Einwirkung von schmutzigem Seewasser kommen. Er gibt mir eine Tube Salbe zum Einreiben.

29. August: Der Plauer See ist eine weitere grüne »Hölle«. Ich springe mehrfach ans Ufer und von dort ins Dickicht. Wer die See-Wildnis liebt, findet im Plauer See sein Revier. Wie die Missionarstationen in den Tropen haben auch hier die Betriebs-Ferien-Heime die schönsten Ecken der Landschaft mit Anlagen bebaut. Symbolisch umrunde ich die Insel Kohl am Ostufer. Hat gerade Platz für ein Spitzdach-Haus. Das Wetter diesig, stickig, sehr heiß. Trotzdem besuche ich Suckow, Stuer (Ausflugsziele!) und am Ende des Tages

Dadurch daß in Mecklenburg Hunderte von Seen durch
Kanäle kreuz und quer miteinander verbunden sind, ergibt
sich für Kleinbootfahrer ein reizvolles, ja einmaliges
Bootsrevier. Vorteilhaft ist, wenn wegen Brücken,
Stromleitungen oder Baumwuchs der Mast schnell gelegt werden
kann. Eine genaue Karte sollte unbedingt an Bord sein.
In dem Labyrinth von Wasserarmen kann man sich verirren.

Plau. Im Verein an der Brücke Willkommen mit Dusche und Käse-
broten. 100 Motorbootfahrer und fünf Segler waren auf dem See.
Heute nehme ich mein Reisetagebuch mit in die »Bierklause«, genau
wie die anderen Gaststätten an den Seen in Tarnfarbe: braun, beige,
braun. Kneipengespräch: Politik, Arbeit, Segeln, Geld, Preise. Un-
angenehm, beim Schreiben mißtrauisch beobachtet zu werden. Die
Kreise um meinen Tisch werden immer enger. Die Fragen und Be-
merkungen agressiver. Wiederholte Erfahrung: Einer, der schreibt,
ist suspekt. Ich werde regelrecht rausgeekelt.

Die Reise wird mir lang. Ich sehe nur noch Strecke vor mir:
87 Kilometer kurvenreiche Kanalfahrt nach Schwerin. Die Plauer
Schleuse: freundliche Behandlung. Ich lasse ein Pack Bier zurück.
Da bin ich großzügig. Das Wetter meint es nicht gut mit mir:
schwachwindig und von vorn. Stechpaddel-Tag. Schleuse Bobzin.
Der Schleusenwärter gefällt mir. Er läßt mich kaum weiterfahren.
Soviel hat er mir zu erzählen. Dabei wurde ich mal wieder vor dem
Typ im Plauer Segelverein gewarnt. Er wirft meine Leine nicht eher
los, bis ich alles abfotografiert habe und er mir alle technischen
Details mitgeteilt hat: »8 Meter Hub. 3 Millionen Liter Wasser
Fassungsvermögen. Anfangsgeschwindigkeit 35 Kubikmeter pro
Sekunde. Schleusenzeit 5 Minuten. Gebaut 1924, innerhalb eines
halben Jahres. Anzugskraft der Schleuse auf 5 Kilometer zu spüren.« Er rechnet, wenn die Dömitzer Schleuse (Elbe zur Elde) wieder instandgesetzt ist, mit 800 Booten täglich in der Saison.
    Der Name Lübz ist mir schon lange geläufig. Von hier kommt das
berühmte Lübzator-Bier. Am »Wasser-Wander-Rastplatz«, einer
begrünten Hafenanlage, liege ich mit Schlei Kathena solo. Bei
Nieselregen sieht das ziemlich verlassen aus. Erst zum Abend leistet mir ein Motorbootfahrer Gesellschaft. Und was für einer!
Hans-Karl aus Anaberg, ein Sachse. Ein ehemaliger alpiner Ski-
Rennläufer. Seine beste Plazierung war Val d'Isere, 16. im Riesen-
slalom, zur Zeit von Jean Claude Killy. Er ist unheimlich beweglich, schleift mich gleich in die Stadt: »Komm, ein Bier und bißchen
essen.« Wir landen in der Gaststätte »Stern«. Es ist ein altes Haus
mit 200jähriger Tradition, und es ist ein PDS-Lokal. »Hier wurde
1924 die KPD von Lübz gegründet«, sagt ganz stolz der Wirt und

setzt hinzu, »Herr Hans Modrow hat am 26. April 1990 anläßlich einer Wahlkampf-Veranstaltung bei uns gespeist.«

In aller Herrgottsfrühe, ausgeschlafen und aufnahmefähig, setze ich die Segel. Das Lübzer Kanalstück hätte ich besser müde durchsegelt: Bei Kilometertafel 98 kommen Abwässer durch manndicke Rohre in den Kanal. Es bilden sich kuchenartige Stücke und Blasen. Gelinde gesagt: Es stinkt. Der Dreck hält mich vom Loten ab. Schwäne, Kühe, Holunder und Schilf gucken auch trübe drein. Wie fühlen sich wohl die Faltboot-Fahrer? Gelegentlich ist der Kanal total verkrautet. Wassertiefe sinkt auf unter einen Meter. Und doch vergnügen sich einige Leute in diesem Gewässer. Bei Neuburg plantschen gutgewachsene Nixen am Ufer. Statt vorauszuschauen, laß ich die Augen nicht von ihnen. Und da wäre es beinahe passiert. Ich gegen eine der vielen elektrischen Bauernleitungen gefahren, die fünf Meter hoch über den Kanal führen. Mir bleibt nichts anderes übrig, als die Schot loszuwerfen und mit dem Bootshaken die Fahrt zu stoppen. Von einem Segler, der gegen so eine Leitung fuhr, hörte ich, daß von Segeln und Tauwerk nichts übrigblieb, alles war verkohlt.

Die Stimmung der Leute schlägt um, wird gereizter. Wer hat es schon gerne, wenn man sein Geld halbiert und die Preise erhöht? Für mich zum Teil verständlich. Nur, muß man gleich auf Fremde losgehen – mit Worten, mit Taten? Ja, in Parchim werde ich von einem aufgebrachten Bootsschuppen-Besitzer fast erschlagen. Zum Lachen? Aber Tatsache. Bei Dauerregen benutze ich seinen Liegeplatz unterm Überdach vor dem Schuppen – für eine Tasse Kaffee. Doch urplötzlich erscheint ein kräftiger Typ, schreit und zetert:»Sofort hier weg! Aber rasch!« Er brüllt in einem fort, sein Hund kläfft dazu. Als ich nicht schnell genug bin, greift er zu einer rot-weiß-markierten Stange und geht damit auf mich los. Mit einem schwungvollen Sprung rette ich mich aufs Boot, löse hastig die Vorleine und stake mich frei.

Nur fort, ist mein nächster Gedanke. Nach Schwerin. Das ist bestimmt nicht so muffig.

12 | Schweriner See: Schatten auf der Sonnenseite

Als ich den Schweriner See erreiche, segle ich vor Freude völlig ziellos einige Schläge hin und her. Nach der 87 Kilometer langen Elde-Stör-Kanalfahrt ist der See ein seglerischer Genuß. Außer »Rand und Band« umrunde ich mit idealem Jollenwind Ziegelwerder, segle hoch zur Halbinsel Werder und von dort um Kaninchenwerder. Gischt sprüht übers Vordeck, perlt auf dem lackierten Holz, und unter dem Boden knallen die Wellen, daß mein Aluminiumrigg zittert. Es ist fabelhaft!

Navigatorisch bietet der Schweriner See, der durch einen Damm in Außen- und Binnensee geteilt ist, keine Schwierigkeiten. Untiefen sind mit Bojen markiert. Das weithin sichtbare Schweriner Schloß mit seinen 15 Türmen als Orientierung verliere ich auf dem Binnensee nur für Minuten aus den Augen.

Die Inseln im See sind unbewohnt und bewaldet. Die Ufer des Binnensees sind abwechselnd mit Schilf und Wald bewachsen, dazwischen lange Streifen von Sand. Verträumte flache Buchten laden vor einer Hügellandschaft zum Ankern ein. Nur heute will ich sie nicht nutzen, die Stadt Schwerin zieht mich an. An einem hölzernen Steg nördlich vom Schloß vor zwei riesigen Trauerweiden gehe ich längsseits. Es ist die Anlage des Segelvereins »Staatstheater«.

8. September: Das Clubhaus, ein langgestreckter Bungalow, ist geöffnet! Kleiner, gemütlicher Gastraum. Rotkarierte Tischdecken. Gepolsterte Stühle aus Edelholz. Frische Blümchen auf den fünf Tischen. Auf Bierdeckeln notiere ich Theken- und Tischgespräche.

»Wir konnten ja nicht auf See, wir hatten dort einen Stacheldraht.« –
»In der Firma feiern wir eine Verabschiedung nach der anderen.«
Auch dreht sich viel um Sponsoren. *»Früher waren Klempner, Zimmerer, Elektriker für den Verein gut, jetzt brauchen wir Banker. Der neue Steg, Duschen für die Gäste, wenn das erfolgreich zu finanzieren ist, wäre der Mann sein Geld wert.« –* *»Drüben bei ›Traktor‹ engagiert sich die Hypobank.«* *– Meine Erkenntnis kritzle ich auch auf einen Deckel: So viel Wasser und so wenig Menschen. Ich esse zwei klassische DDR-Bockwürste – dick und fett. Dann hätte ich mich gern gewaschen, aber ...*

Tatsache ist: Ich stinke. Dazu trage ich ein kariertes Flanellhemd und eine Faserpelzjacke. Die Club-Mitlieder halten Distanz. Man kann mich offensichtlich nicht einordnen. Ich zitiere nochmals aus dem Lehrbuch *Jollensegeln*: »Man muß nach einem Segeltag auch in verschwitzter und nasser Segelkleidung willkommen sein.«

Ein Kältegefühl weckt mich. Aus dem Schlafsack heraus sehe ich dunkle Wolken und Regen und den Hauch meines Atems. Ich ziehe den Kopf ein und schließe die Augen. So beginnt der neue Tag. Die Nacht war gräßlich. Kondens- und Regenwasser tropfte regelmäßig auf mein Gesicht. Das Persenningtuch ist alt und verliert langsam seine Dichtigkeit. Zusätzlich wurde ich durch Hundegebell, Autoverkehr und den Drang zum Wasserlassen (ich habe mich verkühlt) wach und wütend. Natürlich hat dieser Verein keinen Waschraum, aber ein mit Dekorationsstoff (vom Theater?) in dezentem Beige ausgestattetes Plumpsklo. Durch das Herz in der Tür schaut man genau auf die flatternde mecklenburgische Flagge am Vereinsmast.

Beweggründe, nach Schwerin zu kommen, gibt es viele. Da ist erst mal – für mich – der See und dann die Stadt. Sie ist wunderschön und übersichtlich. Ich fühle mich hier heimisch. Sie gefällt mir sofort am besten von allen in diesem Landstrich. Mein Liegeplatz in unmittelbarer Stadtnähe ist bequem.

Das Schloß zieht natürlich die Blicke an. Die ehemalige Residenz der mecklenburgischen Herzöge mit über 80 Räumen ist die Attraktion Nummer 1 in Schwerin. Touristen strömen drumherum und hinein. Im Schloß untergebracht ist ein Museum, Ur- und Frühgeschichte, eine Ausbildungsstätte für Erzieherinnen und ein

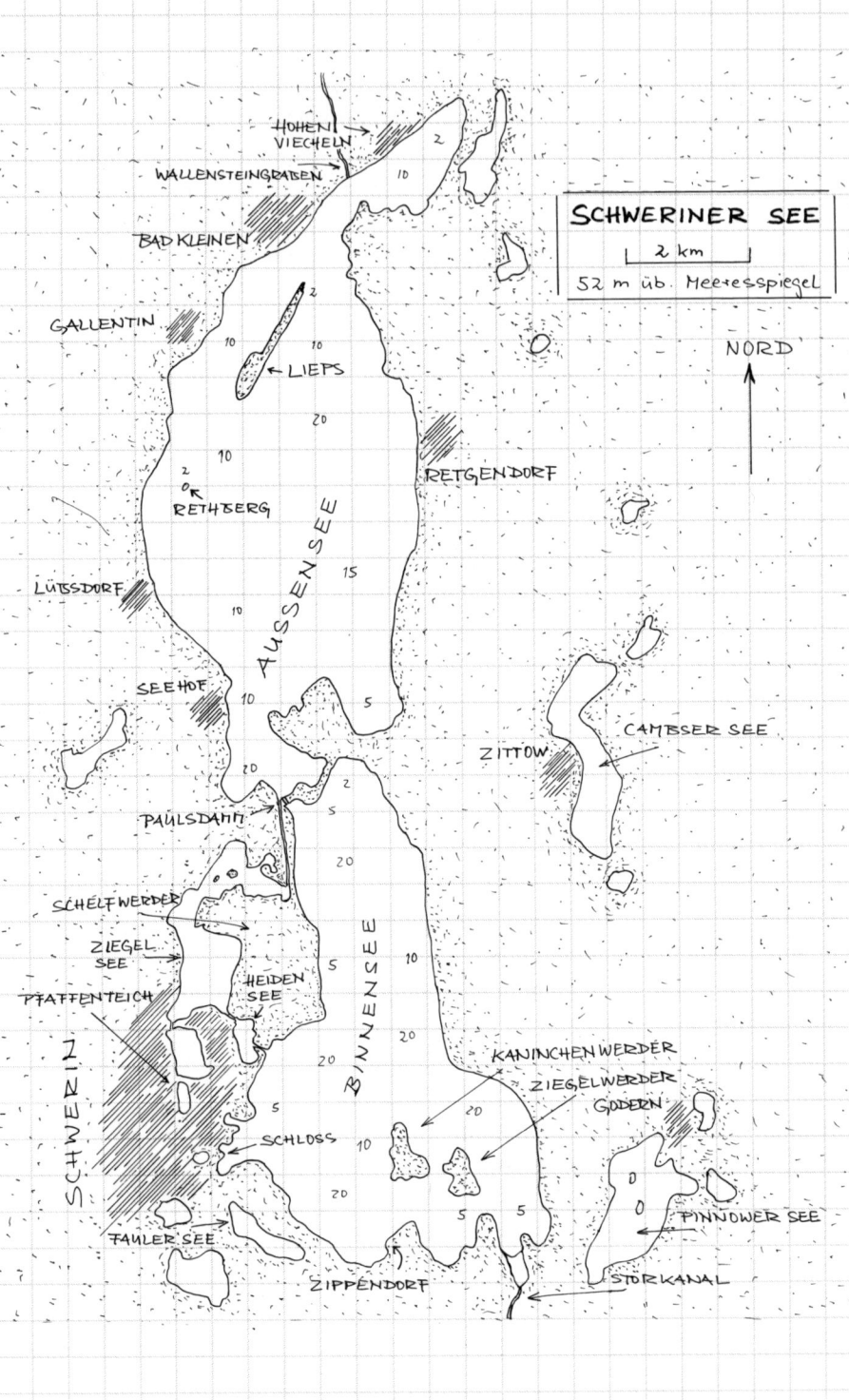

HOHEN
VIECHELN
WALLENSTEINGRABEN

2
10

BAD KLEINEN

SCHWERINER SEE

2 km

52 m üb. Meeresspiegel

NORD

GALLENTIN

2
10
10

← LIEPS

20

10

2
o
RETHBERG

RETGENDORF

AUSSENSEE

15

LÜBSDORF

10

SEEHOF

10

5

CAMBSER SEE

20

ZITTOW

2

PAULSDAMM

5

20

SCHELFWERDER

ZIEGEL
SEE

5

10

HEIDEN
SEE

PFAFFENTEICH

20

BINNENSEE

20

KANINCHENWERDER
ZIEGELWERDER
GÖDERN

SCHWERIN

5

SCHLOSS

10

20

20

PINNOWER SEE

FAULER SEE

20

5

5

ZIPPENDORF

STORKANAL

Café mit Musikkapelle. Der Rundgang durch Säle und Räume mit prächtig restaurierter Innenarchitektur ist lohnend.

Die Sehenswürdigkeiten in Schwerin liegen dicht beieinander: das Schloß, nördlich davon der ehemalige Marstall, vielleicht in Zukunft ein Hotel, gegenüber das berühmte Mecklenburger Staatstheater, rechts davon das Museum mit einer gut sortierten Sammlung niederländischer Malerei des 18. Jahrhunderts, dann dahinter die restaurierte Altstadt mit Markt und Gassen und der Dom, der zu den schönsten Beispielen der Barockgotik zählt.

Schnellen Schrittes eile ich zum Pfaffenteich, der mitten in der Stadt liegt. In einer halben Stunde habe ich den künstlichen See umwandert. Erinnerungen: 1956 und 1957 war ich Teilnehmer der Radrennen »Rund um den Pfaffenteich«. Über die Einkaufsstraße, Herrmann-Matern-Straße, benannt nach einem mittelmäßigen SED-Politiker, der ab Kreisstadtgröße überall auf meiner Route durch Straßennamensgebungen geehrt wurde, vorbei am weißgetünchten Arsenal des Herzogs, heute Polizei-Hauptquartier, finde ich die Gaststätte »Steinhäuser«. Hier habe ich mich mit meinem Schweriner Segelbekannten von Hiddensee verabredet. Franz renoviert gerade das Lokal für seine Mutter, die trotz Schikanen gegen Privatunternehmen im Sozialismus all die Jahre durchgestanden hat. Eigentlich ist er arbeitslos. Der VEB-Bootsbau am See, wo er gearbeitet hat, hat dichtgemacht. Jetzt plant er, sich als selbständiger Bootsbauer mit eigener Werkstatt gleich hinter der Gaststätte niederzulassen – mit Blick auf die nahe Schelfkirche – ein wirklich ungewöhnlicher Arbeitsplatz. Holzbearbeitungsmaschinen hat er bereits. Aber auch Zweifel. Bei Mokka und Bockwürsten offenbart er mir seine Bedenken in bezug auf die Selbständigkeit. Woher Aufträge bekommen? Mit welchen Mitteln Material beschaffen? Wer erledigt den Papierkram? Dabei sind die Jollenkreuzer, die er aus Holz gebaut hat, von hoher Qualität. Als 32jähriger Bootsbauer und mit 6000 Booten im Schweriner Raum sollte er sich nicht fürchten. Meine ich. Ich spreche ihm Mut zu: »Kopf hoch, Franz« und: »Wenn nichts geht, bringe ich dir meinen ›Schwertzugvogel‹ zur Überholung.«

Nur 200 Meter gegenüber von dem prächtigen Schloß seewärts ist der Segelclub »Tiefbau« angesiedelt. Ich besuche ihn mit der

SCHLEI KATHENA. Eine Steganlage mit Slip, reetgedecktem Clubhaus, Terrasse und feinen Kieselsteinen. Unübersehbar daneben vier schlichte Holz-Toilettenhäuschen, allerdings mit phantasievoller Bemalung. Sanitäre Anlagen waren sekundär. Dafür hat man die Jugendarbeit gefördert. Den Kindern und Jugendlichen nicht nur hochwertige Boote zur Verfügung gestellt, sondern auch festangestellte Übungsleiter. So kommen gerade vom Schweriner See zahlreiche erfolgreiche Sportsegler: DDR-Meister, Europa- und Weltmeister.

Für einige Tage folgt eine Odyssee durch den Schweriner See. Kreuz und quer ersegle ich mir: Stangengraben, Ziegelsee, Langer Graben, Paulsdamm, Seehof, Rehberg, Lieps. Im Umkreis der Stadt Schwerin viele, zu viele, plumpe, aber nestwarme Bootsschuppen. Am kanalisierten Paulsdamm, der Verbindung zum Außensee mit Brücke (Mast legen), ein kleiner Schutzhafen. Gespräche auf anderen Booten. Man hockt auf der Süllkante und redet über Boote, Wetter und die schwach besetzten Regattafelder. Zwischendurch ist immer wieder von der Zukunft die Rede. »Mit der Ruhe ist es bald vorbei.« – »Einen solchen Sommer mit so wenig Betrieb auf dem See wird es mit Sicherheit nie wieder geben.«

Die Liepsinsel wird mir als Geheimtip für Wassersportler »verkauft«. Sicher, hier kann man in völliger Abgeschiedenheit ankern, aber eine Schönheit ist die Insel nicht. Wer die Inseln auf den Feldberger Seen gesehen hat oder die Gegend um Canow, für den ist Lieps nur eine weitere mecklenburgische Kuh-Insel mit Erlen, Weiden und Matsche. Die Ufer des Schweriner Außensees sind bei einem Rundumblick kaum touristisch erschlossen. Es sind wenige Ansiedlungen in der hügeligen Uferlandschaft zu erkennen.

Über die Miniinsel Goldberg segle ich hinweg. Wie das? Sie ist im See versunken – schon 60 Zentimeter unter dem Wasserspiegel. Komisches Gefühl, eine Insel zu suchen, die in meiner Karte deutlich verzeichnet ist und doch nicht mehr existiert.

Nach einer furchtbaren Gewittersturmböe mache ich beim berühmten Verein »Traktor Schwerin« fest. Hier wurden Olympia-Segler und Meister gemacht. Noch während ich, knapp einer Kenterung entkommen, bedächtig meine nassen Klamotten sortiere, um das Wasser aus meinem Boot zu lenzen, schreitet ein hochgewachsener Mann mit straffem Gesicht eilig auf mein Boot zu. Forsch fragt er:»Was machen Sie denn hier? Ich bin der Objektleiter. Wenn Sie hier festmachen, haben Sie sich sofort zu melden!« Mein zögerliches»Wo?«wird ignoriert.»Sie wollen sich wohl heimlich einschleichen und die Liegegebühren sparen.« Will er mich provozieren? Kurzerhand mache ich kehrt – Segel auf.

Das war wohl auch so eine rote Haut aus vergangenen Tagen. Schade, die»Traktor«-Anlage begeisterte mich – mit achteckigem Gebäude, Baumbestand und Jollen über Jollen: 470er, 420er, Optis, Kats.

Da ich auch hier in alle Buchten bis zum Scheitel hineinbrause, entdecke ich in Hohen Viecheln, ganz im Norden des 21 Kilometer langen Sees einen Fischerkai und einen Sportbootsteg. Hier findet gerade die Herbstregatta der»Optimisten« und»420er«statt. Und leider hat man nur 30 teilnehmende Boote anstatt den üblichen 80. Es ist eben alles anders in diesem Sommer.

Joachim Poppe, ein junger Meistersegler, erkennt mich. Von den Regatta-Organisatoren werde ich daraufhin kurzerhand aufs Zielschiff bugsiert. Der Segelverein Hohen Viecheln hieß früher BSG Tierzucht. Eine LPG mit 100000 Mastschweinen konnte sich also einen Segelverein leisten und Leistungssegler fördern. Sie bezahlten Trainer, zahlreiche»Optis«,»420er« und ein Motorboot als Begleitboot. Der freundliche Empfang steigert sich noch. Spontan werde ich als Ehrengast zum gemütlichen Regattaabend eingeladen. Es gibt – Bockwürste (seit dem Plauer See verfolgen sie mich), Bier und»Goldkrone«. Musik, Tanz, Gespräche. Kein Jammern ist zu vernehmen. Keine nervenden Fragen. Eine freundliche und spannungsfreie Atmosphäre herrscht im Clubraum. Hier im Verein hat man keine Bange vor Besuchern. Ich werde verwöhnt. Und man ist hilfsbereit. Am liebsten würden einige Mitglieder mein Boot und mich auf einen LKW laden und nach Wismar transportieren, zu meinem nächsten Ziel.

Immer wieder dieser Wechsel zwischen herzlichem Willkommen und Mißtrauen auf meiner Fahrt. Offenbar hat es verschiedene »Klassen« von Seglern in der DDR gegeben. Für die Schweriner Segler war dieser Verein, als er noch Tierzucht hieß, nicht fein genug. Er wurde ignoriert. Die Segler von Hohen Viecheln haben jetzt Sorgen, wie sie Anlage und Boote demnächst unterhalten sollen. 40 Mitglieder werden die Kosten kaum tragen können.

Als Ehrengast darf ich anderntags das Gruppenfoto aller Teilnehmer schießen. Und bevor ich tatsächlich auf einen Lastwagen verladen werde, setze ich schnellstens Segel – Kurs Schwerin. Dort habe ich mich nämlich mit meiner Frau Astrid verabredet. Vom Club »Staatstheater« trailert sie mich in die Wismarer Bucht.

Die Beine hoch aufs Süllbord, total entspannt und mit gutem Gefühl segle ich über die Ostsee zurück. Seesegeln ist was Ordentliches: Weite, beständiger Wind und stundenlanges Segeln ohne Kursänderung. Die Anfahrt geht mir dabei durch den Kopf. Wie nervös und unsicher war ich damals, Kribbeln im Bauch und Furcht im Kopf, und jetzt – Raumschotfahrt, 6 Knoten, und ich habe sonnige Gedanken. Ich verstehe inzwischen den »Schwertzugvogel« nicht nur zu segeln, auch mit ihm zu leben – buten und binnen. In Reichweite der Pinne habe ich alle wichtigen Dinge für unterwegs plaziert: Deckmesser, Bändsel, Tagesverpflegung, Seekarte, Getränke, Bleistift und Papier, Kompaß, Zahnbürste. Das Eisenschwert und die Knickspantform geben dem Boot eine große Formstabilität. Also: In der Regel neigt der gute Deutsche zur absoluten Sicherheit, hier hat er ein ordentliches Stück davon.

Ich denke an die gewaltigen Gegensätze, die ich in einem Jahr auf dem Wasser erlebt habe. Im vorigen Sommer zum Beispiel der GATSBY-Törn. Mit willkürlich gelosten Gewinnern des *Stern*-Preisausschreibens über den Nordatlantik nach New York und zurück. Ein Törn mit GATSBY, einem 16 Meter langen komfortablen Millionenschiff, ohne Geldprobleme. Und jetzt – Unternehmen SCHLEI KATHENA beendet. 99 Tage allein unterwegs mit einer Jolle. Ich bin selten so fit gewesen wie augenblicklich. Ich fühle mich stark und ausgeglichen. Und meine: Wer Sorgen hat oder Familienprobleme, wer mit undefinierbaren Wehwehchen herumlaboriert oder das Geld für eine Weltreise nicht aufbringen kann, der sollte sich eine sportliche Jolle kaufen und damit einen Sommer, einen ganzen Sommer, an unseren Küsten oder in Skandinavien segeln und leben. Er wird überrascht sein, wie gut er da herauskommen wird – und wie wenig er investieren muß.

Was mich auf meiner Jollenfahrt durch die DDR am meisten

Manchmal werden die Kanäle der Mecklenburger Seenplatte eng. Windabgedeckt muß ich zum Stechpaddel greifen
oder schlimmer: wegen Geäst den Mast legen. Gelegentlich
verhakt er sich schon mal in den Bäumen, so daß ich mit
meiner Machete bis zur Saling hoch muß, um das Rigg
freizuschlagen.

Das Schweriner Schloß. Ein Selbstauslöserfoto mit
Ultraschall kurz vor einer Gewitterböe. Ein Übungsleiter
auf dem Gelände des Segelvereins »Tiefbau«, wo die Kamera
steht, wundert sich, was die Wessis alles an Bord haben.

Stramme mecklenburgische Eichen säumen über zig Kilometer
den Störkanal, der in den Schweriner See mündet.

Die Sanitäranlage des Segelvereins »Tiefbau« – gegenüber
vom Schloß. – Als Ehrengast der Herbstregatta in Hohen Viecheln
darf ich das abschließende Gruppenfoto schießen.

6000 Boote sollen am Schweriner See beheimatet sein.
Davon habe ich während meiner Woche auf dem See nichts gespürt.
Meist war ich, wie hier vor Lieps, allein.

Nach einer Regenperiode verlasse ich den ostdeutschen
Küstenstrich. Die Beine hoch aufs Süllbord gelegt,
segle ich entspannt und zufrieden über die Ostsee zurück.
Das war mein deutscher Segelsommer. Daß seglerisch
alles gut ging, lag auch an meinem »Cockpit«. Alle
wichtigen Dinge gesichert und trotzdem griffbereit und
in der Nähezu haben, ist beim Tourensegeln mit
einer Jolle ungemein wichtig.

Einer der geförderten jugendlichen Meistersegler
aus Hohen Viecheln, Jochen Poppe. Sieger auch
anläßlich der Herbstregatta bei den 470ern.

überraschte, waren die ostdeutschen Frauen: Zwanglos, freundlich, unvoreingenommen, hilfsbereit und begeistert traten sie mir gegenüber. Was mir sehr imponierte – ihr »grenzenloses« Vertrauen.

Auch daß ich nie bestohlen wurde, überrascht mich. Schließlich lagen Bootszubehör, meine wertvolle Kamera-Ausrüstung und andere Dinge offen im Boot.

Mit den Gedanken noch in Mecklenburg-Vorpommern, erreiche ich Ortsmühle bei Heiligenhafen: eine vollgestopfte Marina mit High-Tech-Flair – Alumasten, Radar, Rollreffs und Antennen.

Mein deutscher Segelsommer geht zu Ende. Es war einmalig. Nicht nur, weil ich zum erstenmal mit einer Jolle segelte, sondern vor allem wegen der historischen Situation der DDR. Ich erlebte ein Land im Umbruch, das mir gerade deswegen eine nur wenig befahrene See- und Seenlandschaft bescherte. Niemand wird deshalb diesen Törn »nachsegeln« können. Im nächsten Sommer wird alles anders sein. Umgekehrt habe ich auch keinen potentiellen Weltumsegler getroffen. Man hatte andere Sorgen. Der Umbruch beschäftigte die Menschen täglich neu. Einem Stasi-Mitarbeiter, der sich als solcher ausgegeben hätte, bin ich auch nicht begegnet.

»Forza Germania del Este!« rufe ich allen Wassersportlern in Mecklenburg-Vorpommern zu. Eure Küsten, Seen und Flüsse sind – noch – weitgehend ein Idyll. Und laßt euch sagen: Zu Geld und Arbeit kommt man einfacher als zu einer herrlichen, abwechslungsreichen, überwältigenden Landschaft.

20. September: 99. Tag. Ortsmühle – Heiligenhafen. Sturm. Aussichten: weiterhin stürmischer Wind aus West. Ich muß den Törn hier abbrechen. Der Insektenstich vom »Stinksockenkanal« bereitet mir Schmerz und Sorge. Inzwischen tellergroß, entwickelt er sich täglich einen halben Zentimeter kreisförmig weiter, »blüht« und juckt. Ärztliche Behandlung ist angebracht. Doch um samt Boot die Fahrt zu beenden, muß ich eine Seemeile gegen den Weststurm nach Heiligenhafen zum Slip aufkreuzen. Nur mit gerefftem Groß. Zu allem Übel ist der Wasserstand 60 bis 70 Zentimeter unter normal. Bedeutet, innerhalb der 30 Meter breiten Fahrrinne aufzukreuzen. Ich komme nicht voran. Versuche über den Bojenweg hinaus die Kreuzschläge

zu verlängern. Grundberührung. Bedeutet jedesmal: Schot lösen,
Schwert anziehen, Pinne dabei mit den Füßen in Luv halten. Nach-
dem ich frei bin: Schwert absenken und Schot dicht. Ein Marinefahr-
zeug bringt mich noch zusätzlich in Bedrängnis. Ich muß verhalten
und werde ohne Fahrt im Boot achteraus getrieben. Überhaupt:
Ohne Fahrt im Schiff wird's kritisch. Nach 30 bis 40 Wenden erreiche
ich die Marina. Zwei haarige Böen waren dabei. Kentergefühle?
Nein. Überhaupt nicht. Machte sogar Spaß. Es wird abgetakelt.
Mast, Schwert, Zubehör, Proviant, alles kommt auf den Holzsteg
und dann das Boot mit Hilfe von zwei Touris auf den Trailer. Weh-
mut ist dabei. Gerne, viel zu gerne, hätte ich die Fahrt auch dort
beendet, wo begonnen: in der Schlei.

Im nachhinein noch dies: Häufig, in verschiedenen Situationen,
versuchte ich mir vorzustellen, wie mein Leben verlaufen wäre, wenn
es diesen »Stacheldraht« nicht gegeben hätte. Das heißt, die Grenze
problemlos passierbar geblieben wäre. Ich habe damals den be-
stimmt nicht einfachen Schritt gewagt – als 17jähriger allein in den
»Goldenen Westen« überzusiedeln. Das war ein harter, jedoch wech-
selvoller Anfang. Aber mit der Zeit gewaltig aufregend und erlebnis-
reich. Speziell, nachdem ich den absoluten Weg der Freiheit wählte:
Fahrtensegeln. Das Meer, die Inseln der Südsee, ja, alle Horizonte
standen mir plötzlich offen. – Freiheit? Im Moment haben viele Men-
schen in den neuen Bundesländern Angst vor dieser Freiheit. Unsi-
cherheit heißt das Gespenst. Wie sollen wir leben, wie arbeiten?
Schatten auf der Sonnenseite – auch für viele Segler. Womit? Wohin?
Ohne Geld. Für Segelreisen braucht man einen bestimmten Einsatz.
Ohne Einsatz kann man nichts gewinnen.

13 | Anhang:
Briefe
Informationen
Boot

Nun bin ich wieder zu Hause. Hoch im Norden Schleswig-Holsteins. Heute, wie fast alle paar Tage, zieht ein Sturm über das Land zwischen den Meeren, biegt Bäume und Knicks, zerrt an unserer Hütte. Er bläst mir aber auch den Kopf frei für Eindrücke, Erfahrungen und Entdeckungen aus der lebendigen Zeit des Umbruchs, die ich in Mecklenburg-Vorpommern gemacht habe.

Auf meinem Schreibtisch, genauer Schreibplatte, ein Chaos. Neben den Manuskriptseiten stapeln sich:

Karten, Zeitungsausschnitte, Notizen, Segelartikel. Kopfgroße Löcher im Kopfsteinplaster, Brötchen-Proviant, Toiletten spielen darin eine wesentliche Rolle.

Fotos: wehende Flaggen, Bootsstege, einsame Buchten und Schilf, überall grünes, sattes Schilf, Wachtürme, dschungelartige Kanäle und Flüsse und Bootsnamen, die Sehnsüchte wecken. Beispielsweise: PASSAT, SAMOA, HOFFNUNG, FREIHEIT, ADRIA.

Und Briefe: von Hans, Ulrike, Rainer, Gertrud, Uschi, Hannelore, Ute.

Die Sächsin Hannelore ist samt Familie nach Bayern umgezogen, hat dort ein altes Bauernhaus gekauft und kämpft jetzt mit der Umstellung und den Neuheiten.

Gertrud schaffte noch mit ihrem Kielboot die dänischen Inseln Mön und Bornholm. Jahrelang hatte sie davon geträumt, doch euphorische Ankunftsgefühle und tiefe Gedanken gab's trotzdem nicht. Der Bootsmotor ging bei der Ansteuerung kaputt, das Großsegel verhakte sich in der Saling, und in einer Gewitterböe trieb ihr

184

Boot auf die Küste in Legerwall. Schließlich wurden sie in den Hafen geschleppt.

Utes Zeilen:»Die Südsee ist in weite Ferne gerückt. Wir haben momentan so viele Probleme zu lösen und unangenehme Behördengänge zu erledigen, daß es wirklich nicht einfach ist, ein echter BRD-Bürger zu werden.« Über ihre erste Ankunft per Boot im Westen schreibt sie:»Beim Festmachen in Gedser/Dänemark war ein westdeutscher Segler behilflich. Er filmte uns mit einer Videokamera. Dann stellte er Fragen:›Na, freuen Sie sich?‹ Woher? Wohin? Wessen Boot? Was machen Sie? Ich antwortete:›Ich bin beim Kernkraftwerk Greifswald.‹ Er:›Ja, dann sind Sie bald ohne Arbeit.‹«

Rainer, der im August noch einen neuen Aluminiumrumpf zum Seesegeln suchte, hat sein Vorhaben vorerst aufgeschoben. Das Westgeld, all die Jahre zuvor so begehrt,»geht weg wie nix«. Seine Sorge im Augenblick ist der Arbeitsplatz bei einer städtischen Behörde.»Alle Gedanken kreisen um ein Thema (Arbeit), das nie Bedeutung für uns hatte.«

Mein»Insektenstich« entpuppte sich als Zeckenbiß – Borrelia burgdorferi. Kann in einigen Jahren Herz-, Gelenk- und Nervenbeschwerden zur Folge haben. Ich bekam vom Arzt fünf Milliliter Claforan, ein Antibiotikum, in 22 Sekunden injiziert (10 Tage in Folge). Daraufhin kenterte ich in der Praxis.

Kein Reisebericht ohne Informationen

Seesegeln mit der Jolle: Das mag auf den einen oder anderen tollkühn wirken, ist es aber nicht. Ein 40 Seemeilen offenes Seestück kann sich jeder zumuten, der seglerische Erfahrungen hat. Voraussetzung ist jedoch eine gute physische Verfassung. Schon ein Vier-Stunden-Schlag bei rauhem Wetter schlaucht enorm. Ich bin nie auf See hinausgesegelt, ohne das Boot vorher gründlich durchgecheckt zu haben. Wer dies befolgt, seine Reffmöglichkeit im Griff hat, Wetterberichte abhört und das Wetter, das beim Jollensegeln auf See besonders wichtig ist, gewissenhaft beobachtet, der kommt gut zurecht. Ich hatte nicht nur den Kurs im Kopf, sondern auch Ausweichmöglichkeiten bei Wetterverschlechterung, wie Ablaufen, Schutz suchen etc. Natürlich gehören zur Jollenausrüstung: Kompaß, Seekarte und Sicherheitsmittel (Gurt/Weste).

Navigation: Das gesamte Segelrevier Mecklenburg-Vorpommern ist voller Untiefen. Selbst auf weiten Wasserflächen ist es stellenweise so flach, daß ich in Schlick und Gras trotz hochgezogenem Schwert hängenblieb. Hier und da gibt es große Steine, die ich bei Wegabkürzungen auch »getroffen« habe. Ein Schaden an meinem Sperrholzrumpf ist nicht entstanden. Meist war dann meine Fahrtgeschwindigkeit mittelmäßig. Alle Fahrwasser- und Seezeichen sind vorhanden gewesen und in erstaunlich gutem Zustand – vergleicht man sie mit anderen Dingen in der ehemaligen DDR. Auch die Schleusen und Markierungen der Binnengewässer waren in Ordnung. Durch Windänderung kann der Wasserstand in den Bodden rasch um bis zu 40 Zentimeter fallen.

Wetter: Mecklenburg-Vorpommern hat günstigere Wetterbedingungen als beispielsweise Schleswig-Holstein. Die Temperaturen sind im Sommer um ein bis zwei Grad höher, und mir schien, die Sonne scheint häufiger. Der Wind weht durch atlantischen Einfluß überwiegend aus dem westlichen Sektor. In den Bodden herrscht meist weniger Wind als an der offenen Ostseeküste. In der Regel weht es vormittags schwächer, so daß ich meist erst die Meilen gemacht und später gefrühstückt habe. Bei Hochdruck-Wetterlage kamen schnelle Winddrehungen und Änderungen der Windstärke nicht vor. Überraschende Wetterstürze oder Gewitterböen erwischte ich nur am späten Nachmittag. Wetterberichte bieten die lokalen Radiosender. In meinem Sommer waren sie wenig zutreffend.

Stauen. Verstauen: Auf einer offenen, also kenterbaren Jolle muß so viel wie möglich festgezurrt werden. Ist klar. Kleidung in großen Plastiktüten, Segel, Anker und Zubehör lagerten festgezurrt an Beschlägen unter dem gedeckten Vorschiff. Die Verschlußklappen mit Riegel und Gummidichtung waren dicht. Ob kenterdicht, bezweifle ich. In den Fächern unter dem Seitendeck und Heck, auch mit Klappen versehen, staute ich die Lebensmittel und den täglichen Kleinkram. Wertvolle Ausrüstung, Dokumente, Fotoausrüstung kamen in Tupperbehälter verschiedener Größen.

Das Wichtigste überhaupt: Alle Dinge zum Segeln und täglichen Leben an Bord – Deckmesser, Bleistift, Zirkel, Zahnbürste, Werkzeug, Taschenlampe – müssen in unmittelbarer Reichweite von der Pinne sein. Sie steckten bei mir »kentersicher« in Holstern.

Kochen und Proviant: Geplant war, so oft wie möglich im Restaurant zu essen. Da ich aber fettes, fleischiges Essen nicht sonderlich liebe und Salat und Nudeln selten angeboten wurden, kochte ich an Bord auf meinem Petroleumdruckkocher. Das kostete zwar viel Zeit und war bei nassem Wetter umständlich, aber ich ersparte mir unangenehme Überraschungen. Fünf Kilogramm habe ich abgenommen, doch nicht, weil ich ein so schlechter Koch bin, sondern weil ich von morgens bis abends auf den Beinen war – ein sportliches »Crash-Programm« sozusagen. Wasser und Proviant, reichlich Reis, Spaghetti, Erdnußbutter und Schwarzbrot, Zwiebeln und Obst konnte ich spielend für 14 Tage an Bord stauen. Essenszeit war zweimal täglich – gegen Mittag und abends.

Außenborder: Unerläßlich auf meiner Route, wenn man wenig Geduld und Kraft hat (Stechpaddel), denn die Route ist gespickt mit Kanälen, Schleusen und Gehölz, das den Wind abhält. Mir wäre so ein Knatterer nützlich gewesen, um gelegentlich Abstecher in angrenzende Seen und Kanäle zu machen. Ich hätte auch nicht so viel seglerisch im Boot zu tun gehabt, mich noch mehr mit Land und Leuten auseinandersetzen können. Nur einmal ließ ich mich im Elde-Stör-Kanal in Schlepp nehmen.

Persenning: Wenn man eine offene Jolle als Reisemittel benutzt, ist eine Persenning, die über das ganze Schiff geht, eine unbedingte Voraussetzung. Das heißt, sie muß auch seitlich festzulaschen sein, da sonst der harte Wind unterfaßt und das Tuch erbärmlich schlägt. Das Persenning-Tuch sollte von hoher Qualität sein, denn nichts ist schlimmer als Undichtigkeit bei Regen – wie an Bord der SCHLEI KATHENA während meiner letzten Woche.

Mast: Der Mast sollte so ausgelegt sein, daß er sich schnell und unkompliziert legen läßt. Mein 7,5 Meter langer eloxierter Aluminiummast war es. Er steht in einer Mastspur an Deck und kann nach Auspicken des Großbaumes und Lösen des Vorstages von einer Person sicher gelegt und danach wieder gestellt werden. Das war auch notwendig. Ich passierte auf meiner Fahrt 82 niedrige Brük-

Segelriß

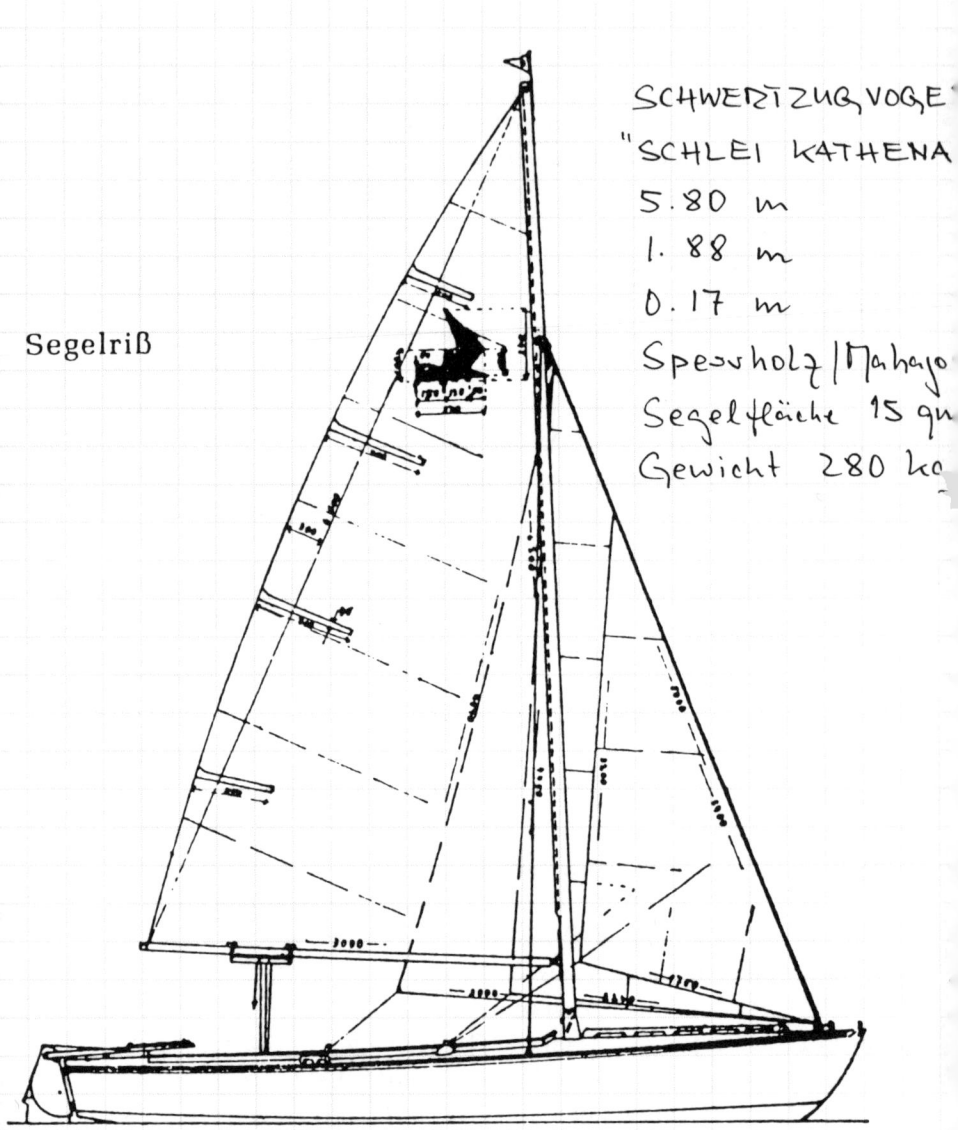

SCHWERTZUGVOGE
"SCHLEI KATHENA
5.80 m
1.88 m
0.17 m
Sperrholz / Mahago
Segelfläche 15 qu
Gewicht 280 kg

AUSRÜSTUNG

An Deck:
Anker 5 kg
30 m / 14 mm Ankertau
Stechpaddel
Steuerkompass / Plastimo
4 Festmacher
20 m Wurfleine
Reservefall
zahlreiche Bändsel
2 Fender
Bootshaken
1 Großsegel
1 Genua
1 Fock
Ösfass
2 Eimer
10 Ltr. Wasserkanister

Unter Deck:
Rettungsweste / Secumar
Taschenlampe
Petroleumlampe
Seekarten in Plastikhülle
Petroleum - Druckkocher
Arbeitshandschuhe
Bootsmesser
20 Ltr. (wasserdichter) Schraub-
Container

Werkzeug:
Kombizange, Hammer
Wasserpumpenzange
Schraubenzieher, Segel=
nähzeug. Schäkel, Blöcke
Schrauben + Splinte

Persönliches:
Schlafsack, Kopfkissen
Luftmatratze, Blasebalg
1 Satz Ölzeug
Gummistiefel
2 Sitzkissen
1 Topf, 1 Pfanne
Petroleum, Spiritus
Bücher, Reisetagebuch,
Medikamente

Proviant:
Reis, Spagetti, Margarine,
Gewürze, Öl, Brot, Dosen=
gemüse, Marmelade etc.
für 2 Wochen

Foto:
2 Nikon - Kameras, Stativ,
5 Wechselobjektive, Fern=
auslöser / Schall

Zugegeben: Das Leben an Bord einer Jolle ist
spartanisch und mühsam. Wer sich ein anschauliches
Bild von meinem Dasein machen möchte, sollte sich ein
kniehohes Tau spannen und mit vollen Händen
fünfzigmal am Tag drunterdurch kriechen.

ken und 47 elektrische Freileitungen, die im Wege hingen. Da die Höhe dieser Überspannungen sich schwer abschätzen läßt, habe ich viele Mal den Mast umsonst gelegt, aber andererseits hätte eine Berührung mit dem elektrischen Kabel tödlich für mich sein können.

Wetterkleidung: An Bord einer offenen Jolle ist eine reißfeste, bequeme und absolut wasserdichte Ölzeugkombination unumgänglich. Ich wählte einen Zweiteiler von Jeantex Modell Maputo. Hergestellt wird dieser Anzug aus einem kräftigen Nylonmaterial, das eine hohe Reiß- und Abriebsfestigkeit aufweist. Das Gewebe ist innenseitig mit einem wasserdichten, nicht atmungsaktiven Kunststoff beschichtet. Alle Nähte sind genäht und von der Innenseite zusätzlich verschweißt. Die Jacke verfügt über eine eingerollte Kapuze sowie über einen wasserdichten Spritzwasserschutz in der mit Klettband feststellbaren Ärmelmanschette. Der kräftige PVC-Verschluß ist mit einer doppelten Klettleiste abgedeckt, so daß auch hier das Eindringen von Wasser verhindert wird. Die aufgesetzten Taschen sind geräumig und ebenfalls gegen eindringendes Wasser geschützt. Die Hose ist an Brust und Rücken hochgeschnitten. Besonders wichtig: Knie und Gesäßfläche sind gedoppelt, so daß der Anzug auch gerauhten oder gesandeten Decksbelägen dauerhaft widersteht. Dieser Anzug ist nach meiner langen Reise mit der Jolle in Qualität und Optik empfehlenswert.

Schleusen: 14 habe ich benutzt. Der Hub betrug zwischen 1,85 Meter und 8,5 Meter. Die Benutzung war kostenlos. Das wird sicher demnächst geändert. Die üblichen Schleusenmaße: 46 Meter × 5 Meter × 1,20 Meter. Geschleust wurde von 6 Uhr bis 19 Uhr.

Schleuse Dömitz: Sie bringt Elde und Elbe auf *ein* Niveau. Es ist der erste technische Bau dieser Art in Mecklenburg, wurde 1572 in Dienst gestellt, mehrfach umgebaut und ist leider seit 1990 defekt und für den gesamten Wasserverkehr gesperrt. Sportboote aus Richtung Hamburg, die durch das Wasserstraßentor Dömitz Mecklenburg»erobern« wollen, müssen mindestens bis 1992 warten, so lange sind Renovierung und Umbau geplant. Dömitz ist Endpunkt der ganz Mecklenburg durchquerenden Wasserstraßen, bestehend aus Rinnen, einem verwirrenden Knäuel von Seen und einem jahrhundertealten Kanalsystem. Der andere Zufahrtsweg ist über

Havel und Vosskanal, der das südöstliche Ende der Seenplatte mit den Berliner Wasserstraßen verbindet.

Mecklenburger Seen: Grundsätzlich ist zu sagen, daß die Mecklenburgische Seenplatte, Deutschlands größtes Seengebiet, ein reines Binnenrevier ist und nur über Binnenwasserstraßen erreicht werden kann. Man spricht von 600 Seen, von 650, von 800. Tatsächlich gibt es insgesamt 2123 Seen (stehende Gewässer über einen Hektar Fläche). Die Gesamtfläche beträgt 804 Quadratkilometer. Der Gewässerzustand nach Trophierungsgrad: 1/4 aller Seen sauber, 2/4 normal, 1/4 gekippt. Der Begriff Trophierung: Gehalt des Wasser an Nährstoffen, Sauerstoff, also die biologische Beschaffenheit.

Schwertzugvogel: Ursprünglich als reines Familien- und Wanderboot 1959 von der Fachzeitschrift *YACHT* angeregt und von dem Hamburger Konstrukteur Ernst Lehfeld, Spezialist für Knickspant, konstruiert. Es schwebte ihnen damals ein schiffiges, modernes Boot vor, größer und geräumiger als der bewährte »Pirat«, um es für längere Touren benutzen zu können. Es entstand der handliche, schnelle und schöne »Schwertzugvogel«. Eine Zuladung von drei Zentnern Gepäck/Ausrüstung ist möglich. Da Knickspanter eine größere Formstabilität haben als vergleichbare Rundspanter, setzte sich die Konstruktion auch als Kielversion schnell durch. Mit den Eigenschaften eines schnellen Fahrtenseglers entwickelte sich der »Schwertzugvogel« auch zu einem beliebten Regattaboot. Inzwischen sind die Mehrzahl der etwa 4500 registrierten »Zugvögel«, Kiel- und Schwertzugvögeln, Regattaversionen. Sie werden ohne Spinacker und Trapez gesegelt. Für eine solide Regattaausführung muß man 18000 DM hinlegen, fürs Fahrtenschiffchen 15000 DM. Die in Serie gebauten Schiffe sind aus GFK. Meiner, genauer gesagt Kyms, ist aus Mahagoni-Sperrholz – ein Meisterstück und 11 Jahre alt. SCHLEI KATHENA hat sich als das ideale Boot für diese Reise erwiesen. Der »Zugvogel« nahm bei leichtem Wind schnell Fahrt auf, war stabil bei einem Jollensturm und gerade noch leicht genug (280 kg), um auf den Strand gezogen zu werden.

Ein Urlaubs-Segelstück – Küste.

Greifswalder Bodden: Das mit Abstand interessanteste und schönste Boddenstück. Der südöstliche Zipfel der Insel Rügen bietet sich geradezu an für Jollen und kleine Kreuzer. Diese tiefen Einbuchtungen präsentieren eine ursprünglich klare Landschaft. Unterhalb der Steilküsten findet man einsame, schmale Sand- und Kieselstrände. Sicher, auch hier gibt es Schilfufer, aber sie fallen nicht so ins Auge wie an anderen Bodden. Von den weißen Steilküsten hat man einen herrlichen Überblick über die fjordartige Landschaft. Auch bei hartem Wetter findet man Segelmöglichkeit und vor allem immer Windschutz in Buchten und Häfen. Die Wasserqualität ist gut. Natürlich kann bei Schlickgrund kein türkisfarbenes Wasser erwartet werden. Möglichkeiten zum Kranen oder Abslippen der Boote sind in den Segelvereinen von Lauterbach und Greifswald vorhanden.

Hiddensee: Man kann die Insel wunderbar von Stralsund aus ansteuern (15 Seemeilen). Kranen und Abslippen vom Trailer ist im Werft-Yachthafen am Rügendamm möglich. Jollen können auch über eine Grasböschung in Ummanz/Rügen zu Wasser gelassen werden. Von dort aus ist es nur ein Katzensprung zum Schwarzen Peter auf Hiddensee. Die Insel, Sylt sehr ähnlich, nur kleiner und kaum »zivilisiert«, hat an der gesamten Westküste einen breiten feinen Sandstrand. Von Hiddensee aus ist ein Abstecher in den Jasmunder Bodden kein Problem: Ralswiek samt Schloß, Breege mit Landausflug zur Schabe und weiter zum berühmten Kap Arkona.

Achterwasser/Oderhaff: Ausgangshäfen könnten Wolgast oder Ueckermünde sein, mit Kran- und Slipmöglichkeit in den jeweiligen Häfen. Die Gewässer zwischen der Insel Usedom und dem Festland beeindrucken mit weißen Sandstränden und breiten verschachtelten Schilfgürteln. Ein beispielloses Jollenrevier mit Haken und Wieken. Einzigartige Ankerplätze bieten Sandstrände, die durch vorgelagerte Schilfsäume windgeschützt sind. Dazu eine reiche Vogel- und Pflanzenwelt. Hier wird es auch in naher Zukunft nicht eng für Segler werden. Leckerbissen sind: Zinnowitz, Weißer Berg, Krumminer Wiek, Balmer See, Koserow, Zacherin, Karnin, Usedomer See.

Zu Ende. Ich verlasse eine wertvolle Landschaft, in
der ich mich zeitweise wie ein Entdecker fühlte.

Ein Urlaubs-Segelstück – Binnen.

Peene: Das Traumrevier zwischen Anklam und Kummerower See. Die niedrigste Brücke ist zwei Meter hoch, das flachste Flußstück zwei Meter tief. Anklam und Demmin eignen sich zum Kranen und Slippen. Die Peene zieht sich durch eine dschungelartige hügelige Landschaft. Seglerisch bietet ein Fluß selbstverständlich nichts Besonderes. Aber ohne große Anstrengung kann man hier Boots- und Naturleben miteinander verbinden. Auch Sehenswürdigkeiten liegen in Reichweite für Landausflüge, ebenso kleine Städte, um Proviant zu ergänzen. Wer sich diesen geheimnisvollen Fluß erschließt, kann sich vorstellen, wie es auf westdeutschen Wasserwegen früher vielleicht einmal war. Alte Bollwerke, Grasufer und Torfteiche laden zur Rast ein. Eine Regel sollte man befolgen: keine Schilfsäume freischneiden oder niedermachen.

Mecklenburgische Seenplatte: Die Tour Wesenberg-Müritz oder umgekehrt eignet sich für einen Zwei-Wochen-Trip. Da hier etwa 100 Seen ineinander übergehen und diese außerdem durch Kanäle und Schleusen miteinander verbunden sind, ergibt sich für kleine Boote ein einmaliges Revier. Lohnenswerte Abstecher nach Fürstenberg, Lychen, Rheinsberg, Seewalde sollte man nicht außer acht lassen. Bootsmotoren dürfen auch hier meist benutzt werden. In Landschaftsschutzgebieten, die in den Karten ausgewiesen sind, selbstverständlich nicht. Wasser und Proviant läßt sich leicht in der Nähe der Schleusen ergänzen. Liegeplätze findet man alle paar Kilometer, es wird schwer, sich zu entscheiden, ob in kleinen Städten und Dörfern oder vor Kieferhainen, Schilfküsten, Sandstränden ...

Müritz: Das »Kleine Meer«, wie es die Slawen tauften. Im Volksmund »Queen of German Lakes«, Königin der deutschen Seen. Eine ruhige Schönheit: an den Ufern Dörfer und die Kleinstädte Röbel (idyllisch) und Waren. Am Westufer erholen sich Menschen, am versumpften Ostufer befindet sich ein riesiges Pflanzen- und Naturreservat mit Rast- und Sammelplätzen Tausender von Wasservögeln. Auf dem 27 x 13 Kilometer großen See kann man herrlich frei segeln. Mir war die Hinterlandschaft zu flach und eintönig. Eine Woche reichte. In beiden Segelvereinen von Waren sind Kran- und Slipanlage vorhanden.

Plauer See: Den einzigen Hafen am See findet man in der Kleinstadt Plau. Gleich neben der Brücke hat sich der hiesige Segelverein mit gepflegter Anlage, allen sanitären Einrichtungen sowie Kran und Slip eingerichtet. Die Küsten des 8 Meter tiefen Sees fallen leicht ab. Ideale Bademöglichkeiten. Camping, Wildnis, Urlaubsdomizile lösen am Ufer einander ab. Dieser See war von allen mecklenburgischen Seen der am stärksten von Booten frequentierte während meiner Fahrt.

Schweriner See: Der See wurde 1842 durch Aufschüttung eines Dammes (Paulsdamm) in zwei Teile geteilt – Binnensee und Außensee. Sie sind durchschnittlich 20 Meter tief, wobei der Außensee der wohl sauberere und der schönere ist. Kranen: Bei »Traktor Schwerin« oder im Stadthafen. Slipanlage: Segelverein »Staatstheater« am Binnensee, Hohen Viecheln am Außensee. Beide geeignet für kleine Boote bis 60 Zentimeter Tiefgang. Für die Stadt Schwerin, die Besuchern sehr viel bietet, sollte man mindestens zwei Tage einplanen.

Feldberger Seen: Dieses Seengebiet gehört zu den erdgeschichtlich interessantesten und landschaftlich reizvollsten Mecklenburgs. Gletscherbewegungen trafen hier am Ende der Eiszeit vierkant aufeinander. Grundmoräne, Endmoräne, Urstrom gerieten durcheinander und hinterließen dadurch ein wunderschönes Fleckchen Erde mit Hügeln und Seen: insgesamt 22, davon 8 größere. Kein Fluß speist und entwässert sie, wie es normal ist. Für die Feldberger Seen ist der Niederschlag die entscheidende Lebensquelle. Sie werden deshalb auch »Himmelsseen« genannt. Der Wasserspiegel liegt 84 Meter über dem Meer. Die umgebende Waldlandschaft mißt gut 100 Meter. Für Kleinbootfahrer ist das Seengebiet ein Mekka.

Büchertips: Einen umfassenden Überblick bieten alle guten Buchhandlungen. Hervorheben möchte ich Michael Brandenburg, Küstenhandbuch Mecklenburg-Vorpommern sowie die Reiseführer für die Binnengewässer, alle Verlag Edition Maritim.

Kartensatz: Sportschiffahrtskarten Binnen aus dem Verlag Nautische Veröffentlichung, Arnis. Alternativ die Sportbootkarten für Binnenreviere Verlag Edition Maritim.

Resümee: Genaue und ausführliche Angaben zu Vereinsanlagen, Krane, Restaurants und dergleichen habe ich bewußt vermieden. Es bewegt sich einiges in dem Landstrich, und vieles wird sich weiterhin rasch verändern. Ohnehin möchte ich niemanden mit einer perfekten Törnplanung auf die Reise schicken. Ich meine, ein Segler sollte schon ein bißchen kämpfen und suchen. Meine Absicht ist vor allem, neugierig zu machen auf eine mitreißende Vorzeigelandschaft. Leider konnte ich sie nicht immer fotografisch festhalten, da die Handhabung meiner Jolle mich sehr beschäftigte. Und um keine falschen Vorstellungen zu erwecken: Wie eben die Schlei nicht die Côte d'Azur ist, wird Mecklenburg nie die Südsee sein.

Briefe: Kummer, Sorgen, Unglück wird es in jedem System geben. Menschen, die immer reisen konnten, wohin sie wollten, werden nicht recht verstehen, was es bedeutet, kontrolliert zu segeln. Im Westen setzt man sich ins Boot, umrundet die Erde, und keine Behörde fragt nach persönlicher Qualifikation, Zustand oder Ausrüstung des Bootes. Daher noch zwei Briefe von Seglerinnen aus der ehemaligen DDR, die von ganz anderen Erfahrungen berichten. Ausführlich behandeln sie zwei Themen, die während meiner Reise häufig angesprochen wurden – Flucht übers Meer und Segelgenehmigungen.

Flucht über die Ostsee
von Annelie Brendel

Fluchtgedanken hatten wir lange – jahrelang. Immer wieder hielt uns die Hoffnung auf Änderung der politischen Zustände, Verbesserung der wirtschaftlichen Lage von dem schweren Schritt zurück. Aber die Situation im Lande hatte sich bis Ende 1988 so zugespitzt, daß unsere Pläne konkrete Formen annahmen. Als dann noch in China auf die Studenten geschossen wurde und unsere Regierung Beifall klatschte, hatten wir Angst, daß unsere Söhne im Falle eines Bürgerkrieges mit der Waffe in der Hand für diesen miesen Staat kämpfen müßten. Nur wir vier, Lutz (46), Dirk (25), Rayk (20) und ich, besprachen die Lage und faßten im Dezember 1988 den endgültigen Entschluß. Die Flucht über das Wasser war für uns das

198

naheliegendste und aus unserer Sicht sicherste. Unser Skipper und Familienoberhaupt entwarf den Plan für Route, Zeitpunkt, Ausrüstung, notwendige Vorbereitungen. So kristallisierte sich folgender Plan heraus: Die Ostseeregatta, die vom 24.6.89 bis 31.6.89 vor Warnemünde abgehalten wurde, wollten wir zur Flucht nutzen, das heißt, für die Überfahrt von Stralsund nach Warnemünde oder die Rückfahrt von Warnemünde nach Stralsund, wofür es festgelegte Termine gab. Es gab nur die Möglichkeit des Absteigens von unserer WINGA, die als Stahlschiff jederzeit im Radar der Küstenwache zu sehen war. Also absteigen in ein Schlauchboot mit Außenbordmotor.

Voraussetzung war, daß wir alle vier die Genehmigung zur Teilnahme an der Regatta und auch für die Überführung erhielten. Man brauchte für alles Extra-Anträge und bekam einzelne Genehmigungen. Wider Erwarten hatten wir unsere Genehmigung im März 89 in den Händen – und der Countdown lief.

Wir machten Probefahrten mit dem Schlauchboot, übten die Sitzverteilung, legten den Umfang des mitzunehmenden Gepäcks fest. Beinahe noch wichtiger war die nächtliche Beobachtung der Ostsee von Hiddensee, vom Dornbusch aus. Wir konnten genau die Kooradinaten der Küstenschutzboote ausmachen.

Wir faßten den Fluchtplan bereits für die Hinfahrt nach Warnemünde, da unsere Nerven schon so stark angegriffen waren, daß wir das Ganze nicht noch länger vor uns herschieben wollten. Unsere seelische Verfassung war schlecht, da dieser Schritt ein Schritt der Vernunft gegen das Gefühl war. Es galt, alles im Stich zu lassen: Eltern, Geschwister, Freunde, Kollegen, ein Häuschen. Und keiner der oben Genannten ahnte etwas von unseren Plänen. Donnerstag, der 22.6., war der vorgesehene Termin für die Überführung nach Warnemünde, und wir entschlossen uns, dabei den Ausstieg zu wagen, obwohl wir äußerst ungünstige Wetterbedingungen hatten: fast Vollmond, wolkenlos, Windstille (Geräusche hörte man weit), spiegelglatte See (wiederum sehr gut).

Ich hatte eine Beruhigungstablette geschluckt und war mehr oder weniger apathisch. Ich hatte Essen für unterwegs vorbereitet (Tee, Schnitten und Schokolade), die Taschen waren gepackt (viel zu schwer, wie sich später herausstellte), wir waren in Wetterzeug verpackt. In dieser Situation bekam ich Durchfall und mußte dreimal aufs Klo. Die Männer hatten etwa gegen 23 Uhr in der Kajüte mit dem Aufbau der Holzteile für das Schlauchboot begonnen. Lutz fuhr mit dem neu beschafften 25 PS-Außenbordmotor, der hing außen an unserer Badeleiter, um erstens die Geräusche an Bord zu vertuschen und zweitens den geplanten Ausstiegspunkt zu erreichen. Um 24 Uhr begannen die Kinder den Bootskörper auf dem Kajütdach der WINGA aufzupumpen. Da zeigten sich hinter uns plötzlich Lichter eines Küstenschutzbootes, die langsam näher kamen. Kommando: Abbruch der Vorbereitungen, alles wieder unter Deck. Lutz beobachtete unentwegt die See mit dem Fernglas. Es waren viele Positionslichter von Schiffen zu sehen. Wir konnten aber unterscheiden, welche gefährlich waren. Als die Lichter hinter uns nicht näher kamen, sondern langsam zurückfielen, ging der Aufbau weiter. Um 1.15 Uhr lag das Schlauchboot neben der WINGA. Der schwere Motor wurde mit dem Rollenblock des Großbaumes rübergehievt und angehängt. In dem Moment näherten sich die Lichter des uns beschattenden Küstenschutzbootes wieder. Nun brach Panik aus. Ein Zurück gab es nicht mehr. Lutz scheuchte uns ins Boot, warf die Taschen und notwendige Ausrüstung wie Kompaß, Taschenlampe, Schöpfpütz hinterher. Die Seekarte und Lutz' Parka wurden in der Aufregung vergessen. Dann stieg er selbst ab, verließ seine WINGA, und der Motor startete um 1.30 Uhr auf den ersten Zug an der Starterleine. Aber nun passierte etwas, was uns in Angst und Schrecken versetzte. Wir waren ohnehin schon klatschnaß geschwitzt und hatten ausgedörrte Kehlen. Unser Schlauchboot war so schwer (500 Kilogramm zugelassen, mit 470 Kilogramm etwa belastet), daß es nicht ins Gleiten kam und damit nicht die gewünschte Geschwindigkeit erreichte. Mit cirka 10 Kilometern zuckelten wir dahin, 30 Kilometer waren berechnet und erprobt.

Lutz wollte Taschen über Bord werfen, aber ich hielt sie fest, da ich dämlicherweise noch überall Wertgegenstände reingepfropft hatte. Wir hatten an Bord: 4 Personen, Motor (44 Kilo), 3 Kanister Benzin à 10 Liter, 1 große Reisetasche, 1 kleinere, 1 Diplomatenköfferchen mit Wertsachen und Papieren, 1 Essensbeutel. Die Innenmaße des Bootes sind cirka 2 Meter x 0,80 Meter. Das Boot war also knackevoll. Lutz warf einen Benzinkanister über Bord – Sauerei, aber es ging um unser Leben. Wir hatten Angst, daß jeden Moment der Suchscheinwerfer des hinter uns laufenden Schiffes aufflammen würde. Aber das Schiff schien uns doch nicht bemerkt zu haben. Die Besatzung wurde vielleicht von der WINGA abgelenkt, die ja im Radar weiter auf Kurs lief. Nun versuchten wir durch Gewichtsverlagerung das Boot aus dem Wasser zu kriegen – und das klappte. Es wurde schneller und schneller, kam plötzlich mit dem Heck hoch und glitt über das Wasser. 30 bis 35 Kilometer machten wir bei der spiegelglatten Wasserfläche. Kaum Spritzer, laue Luft und kein Gestucker. Ich saß vorne von einer Plane abgedeckt, Rayk hinter mir, der mich unentwegt streichelte und meine Hand drückte, Lutz dahinter mit dem Kompaß und Dirk am Motor. Er kam phantastisch mit der Technik zurecht, hatte zu Hause schon daran gebaut und wußte bestens Bescheid. Nach einer Stunde Fahrt hatten wir die internationale Schifffahrtslinie erreicht und verließen unsere Hoheitsgewässer. Unserer armen WINGA hatten wir in dieser schlimmen Situation kaum noch einen Blick widmen können.

Wir atmeten das erste Mal etwas auf, wußten aber, daß wir keineswegs in Sicherheit waren, da unsere Küstenschutzboote bis an die fremde Küste nachlaufen dürfen. Zweimal hatten wir jetzt noch Angstsituationen, gleich an und dicht hinter der Schifffahrtslinie. Schiffe, die wir nicht ganz eindeutig als unsere grauen Wölfe identifizierten, liefen dicht an uns vorbei, aber sahen uns nicht.

Als wir noch unser Ufer am Darß sehen konnten, kurz nach dem Ausstieg, sahen wir die unheimlichen Scheinwerfer, mit denen die Ufer und Strandregionen abgeleuchtet wurden. So wurden die KZ bei den Nazis auch bewacht: Stacheldraht, Wachtürme und Scheinwerfer. Wir hatten das nun hinter uns und sahen plötzlich im Morgengrauen (die Nächte sind kurz in dieser Jahreszeit – Dunkelheit von ca. 24 Uhr bis 3 Uhr) schwarze Umrisse am Horizont. Ein befreiender Aufschrei: Land in Sicht. Die Insel Mön lag vor uns. Sie kam schnell näher, Leuchtturm und Hafenlichter waren auszumachen. Da wir nicht ganz den geplanten Kompaßkurs gelaufen waren und keine Seekarte besaßen, trat eine leichte Unsicherheit auf, ob das wirklich Dänemark war. Da dümpelte plötzlich ein Segler vor uns in der Flaute. Wir umkreisten ihn, der Skipper saß an Deck. Da sahen wir die deutsche Flagge und fragten, ob das Mön sei. Er bejahte, wies uns den Weg zum Hafen und winkte noch hinterher. Nun fuhren wir, taumelig vor Freude und Müdigkeit, langsam in einen zauberhaften, sauberen und hell erleuchteten Hafen. Es gab dort Fischereiboote und 50 bis 60 Segel- und Motorboote. Alles schlief noch. Es dämmerte gerade. Wir machten an einem der Stege fest, zogen uns erst einmal die doch etwas nassen Sachen aus, lagen uns dann in den Armen und beglückwünschten uns.

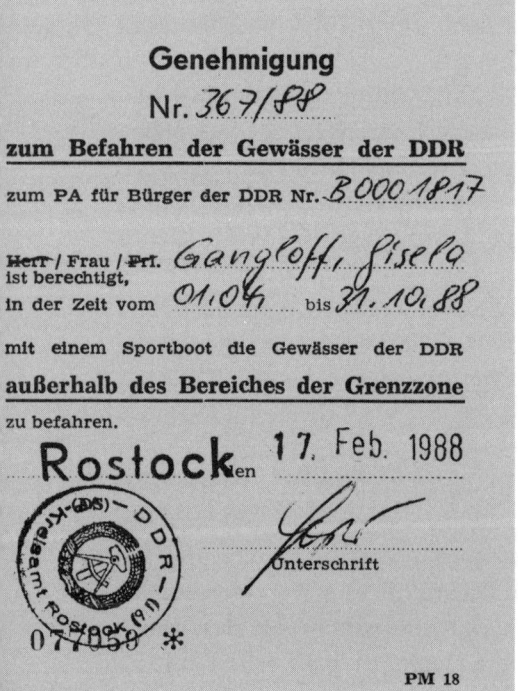

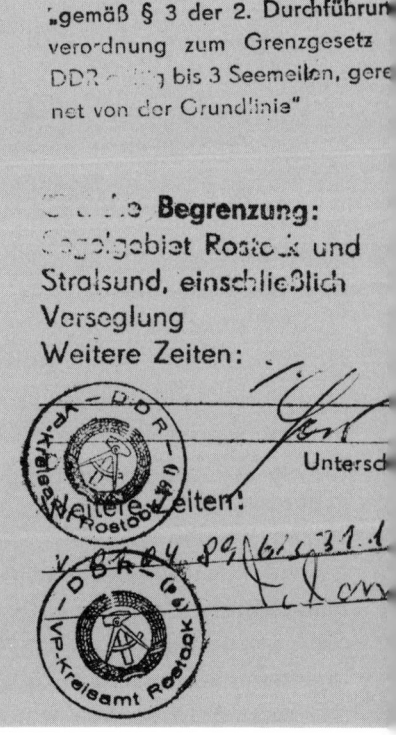

Seesegeln vor der Wende
von Gisela Gangloff

Die Mauer von 1961 war zwar nur auf dem Lande zu sehen, aber spürbar auch für den Fahrtensegler in den Küstengewässern der ehemaligen DDR. Wer auf der Ostsee segeln wollte, mußte an den Kontrollpunkten anlegen und dort alle erforderlichen Dokumente vorlegen. Im eigens hierfür anzulegenden Bordbuch waren Personalien aller an Bord befindlichen Personen, voraussichtliche Dauer des Törns und nächster Zielhafen einzutragen. Alles wurde kontrolliert, auch das Innere des Bootes, damit niemand illegal das Land verlassen konnte. Wirklich raussegeln konnte man aber nur, wenn für jeden das wichtigste Papier vorlag, die PM 18 (PM kommt von Paß- und Meldewesen). Diese gestattete das Segeln an der DDR-Ostseeküste innerhalb der 3-Meilen-Zone. Und das wiederum eingeschränkt, weil die ehemalige DDR-Ostseeküste in drei Segelgebiete eingeteilt worden war: Wismar, Rostock, Stralsund. Wer von einem ins andere Segelgebiet wollte, mußte die »große« PM-18 haben. Die nützte aber nichts, wenn man nach Wismar wollte – wegen der nahen Grenze zur BRD und des Schießgebietes Halbinsel Wustrow. Dafür brauchten die Rostocker und Stralsunder Segler wieder eine Extra-Genehmigung. Deshalb konnten nur wenige zu den Wismarern segeln, die gerne gute Gastgeber gewesen wären.

Beantragen konnte jedes Mitglied der Segelsektion die PM 18, viele Wochen vor dem Ansegeln. Gültig war sie noch einige Zeit nach dem Absegeln, bis Ende Oktober – wegen der beliebten Dorschangelei. Allerdings erhielt nicht jeder die PM 18. Es gab Limits für jeden Verein, was in jedem Jahr zu unerfreulichen Diskussionen führte. Außerdem erteilten manche Behörden einigen Seglern einfach keine Genehmigung – vielleicht, weil diese mal geäußert hatten, gerne die Welt umsegeln zu wollen.

Immer weniger Segler ließen sich diese Willkür gefallen und machten Eingaben bei übergeordneten Einrichtungen – mit zunehmendem Erfolg. Auch in den zurückliegenden Jahren hatten die Segler jene Einschränkungen nicht stumpfsinnig hingenommen. Ständig wurde daran herumgebastelt, die PM 18 zu durchlöchern.

So dachte man sich sogenannte Überführungsregatten zu größeren Veranstaltungen aus, die wie alle anderen Regatten auf See das Segeln außerhalb der 3-Meilen-Zone gestatteten. Diese Möglichkeit war für sehr viele Fahrtensegler der Hauptgrund, an Wettfahrten sogar der DDR-Meisterschaft im Seesegeln teilzunehmen. Im Sommer nach der Wende, als jeder überall hinsegeln konnte, gab es keine großen Regattafelder mehr.

Noch etwas reizte damals die Fahrtensegler, trotz der schwierigen Wiederbeschaffung von verschlissenem Material an Regatten teilzunehmen: Segeln während der Nacht. Das war sonst überhaupt nicht erlaubt. Den auch in dieser Hinsicht zum Glück ahnungslosen Behörden hatten die Segler glaubhaft gemacht, daß für das Segeln zum Startort ebenfalls Nachtsegelgenehmigungen erforderlich seien. Allerdings mußten diese sechs Wochen vorher beantragt werden – für jedes einzelne Crewmitglied.

Eines schienen die Behörden wirklich nicht zu begreifen, daß nämlich die schönste Sonntagsbrise gar nicht weit vom Heimathafen in eine Stinkflaute übergehen kann und unsere umgebauten Automotoren in den Booten oft streikten. So konnte man eben nicht vor Sonnenuntergang im Hafen oder an einem der vorgeschriebenen, weil mit Scheinwerfern kontrollierten Ankerplätzen sein. In solchen Fällen mußte man Ordnungsstrafgelder zahlen und riskierte im nächsten Jahr, keine PM 18 zu erhalten.

Was die Fahrtensegler-Familien auch sehr aufregte, war die lebensfremde Forderung der Behörden, Überseglungen von einem Segelgebiet zum anderen sechs Monate vorher beantragen zu müssen. Wenn nun »Schietwetter« und Familiensegeln demzufolge unmöglich war, mußte ein neuer Termin beantragt werden. Um dieses Theater und eventuellen Ärger in der Arbeitsstelle wegen Urlaubsverlegung zu vermeiden, gingen die Fahrtensegler dazu über, bei Überseglungen in das Urlaubsrevier, z. B. von Wismar oder Rostock nach Stralsund (und von dort in die Boddengewässer), nur Crewmitglieder an Bord zu nehmen, die die »große« PM 18 hatten. Diese bekamen aber nur Teilnehmer an DDR-Meisterschaften im Seesegeln. So mancher Skipper mußte solche Leute langfristig anheuern. Frauen und Kinder fuhren mit der Bahn nach Stralsund, wo sie manchmal lange auf ihr Schiff warten mußten. Die »Übersegler« stiegen ab und gingen zum Bahnhof. An solchen gegenseitigen Hilfeleistungen hatte man sich fast gewöhnt – wie an so vieles in diesem Land.

Nur ab und zu kam es einem wie »kalter Kaffee« hoch, wenn beim einfachen kleinen Schlag auf See – also nur mal für ein paar Stunden – ausklariert werden mußte, wie bei einer Emigration. Ärgerlich war auch, daß hierzu nicht mal Freunde ohne PM 18 mitgenommen werden durften, denen man eine besondere Freude machen wollte. Es mußte bei Zähneknirschen bleiben, sonst riskierte man seine PM 18 fürs nächste Jahr. So dachten viele – aber nur bis 1989.

Im Sommer 1989 gelang uns ein regelrechtes Piraten-Stück: Erstmals seit der Mauer segelten wieder Jollen ohne PM 18 auf der Ostsee. Die nationale Bootsklasse »Pirat« ist hauptsächlich im Binnenland vertreten. Nach vielem Hin und Her wurde die Genehmigung für eine Regatta vor Warnemünde so kurzfristig erteilt, daß nicht einmal mehr ordentliche Urkunden und Preise besorgt werden konnten. Die »Pirat«-Segler meinten hierzu: »Daß wir überhaupt mal auf die Ostsee raufkönnen, ist schon ein Preis für sich.«

Beim Klönsnack erzählten die älteren Fahrtensegler, wie sie »ganz früher« (vor 1961) nach Travemünde, Dänemark und überallhin in der Ostsee gesegelt waren. Nach dem Bau der Mauer durften nur noch wenige auf »Delegationsbasis«, das heißt nach einem bestimmten Schlüssel vom Verband vorgeschlagen, Langtörns nach Polen oder zu sowjetischen Häfen unternehmen. Hierzu war wiederum eine besondere Genehmigung erforderlich, die PM 19. Voraussetzung hierfür waren Befürwortungen nicht nur von Sportorganisationen, sondern auch von den Arbeitsstellen der betreffenden Segler. Die Handhabung von seiten der Behörde schien sich gegen Ende der 80er Jahre endlich gelockert zu haben – bis es wieder zu »Republikfluchten« von Seglern, insbesondere Ehepaaren, mit ihren Booten kam. Danach wurde regelrecht abgeraten, als Ehepaar überhaupt einen Antrag auf einen Langtörn mit dem eigenen Boot zu stellen.

Den Zorn auch hierüber bekamen die nicht nur seglerfeindlichen Herren bald zu spüren: Mauerfall und Wasser ohne Grenzen.

14 | Anhang 2 Informationen vom Herbst 1996

Überall in Mecklenburg-Vorpommern sind touristische Hinweisschilder nicht zu übersehen. Wo immer man mit dem Auto entlang fährt, präsentiert sich Reklame für Imbißstuben, Restaurants, Hotels, Fremdenzimmer, Parkplätze, Museen, Fischverkauf. Alle paar Kilometer stößt man auf Umleitungen. Es werden nämlich überall Straßen aufgerissen, verbreitert oder geteert. Unverändert prägen die vielen herrlichen Baumalleen das Landschaftsbild. Am Wassersaum von Küste und Binnenseen hat sich auch einiges getan. Trotzdem: Viele dieser urprünglichen und gemütlichen Segelclubanlagen existieren noch – einsam an irgendeiner Uferböschung. Ein Gartentisch mit eisernen Klappstühlen drumherum zeugt von Verlassenheit. In dieser romantischen Stille trifft man häufig schon mittags Vereinsmitglieder. Überhaupt findet wesentlich mehr Vereinsleben in den Anlagen des Ostens statt als vergleichsweise in Schleswig-Holstein. Leider sind kaum neue Segler hinzugekommen, eher hat man welche, vor allem mit Booten, verloren. Ein explosiver Anstieg der Fahrtenseglerszene also, wie anfangs erwartet, hat sich nicht ergeben.

Was hat sich verändert seit meinem Besuch 1990? Einiges und wiederum doch nicht zuviel. Einen flächendeckenden Service für Besucheryachten gibt es noch nicht. Das liegt teils an den noch immer nicht geklärten Eigentumsverhältnissen oder schlichtweg am Geldmangel. Jarmen an der Peene z. B. ist noch immer zum Gotterbarmen, dort hat keine Hafenbauarbeit stattgefunden. Aus Brigittas Kiosk am Hafen in Seedorf wurde ein feines Restaurant.

Bootsbauer Franz hat es zu einer eigenen Werft in Schwerin-Leezen gebracht – und ist zufrieden:»8 von 10 Leuten, die ich kenne, kommen mit den neuen Verhältnissen gut zurecht.« Und bei den übrigen? »Wenn du siehst, was die für Boote fahren, oder wo sie im Urlaub waren, da kann man nicht glauben, daß es ihnen schlecht geht.« Den Segelverein Mecklenburgisches Staatstheater Schwerin gibt es noch an gleicher Stelle. Nur: Die Hälfte seines idyllischen Geländes ist er los. Direkt vorm Tor hat eine Großbank gebaut. Im Schilf am Achterwasser ist Herr Jordan noch Vorsitzender des Vereins Blauweiß Koserow. Neukalen am Kummerower See hat einen wunderbaren neuen Hafen bekommen: kunstvoll gepflasterte Kaianlage, das Sanitärgebäude wie ein Architektenhaus. Astrid, die junge Fotografenmeisterin aus Neukalen gibt es nicht mehr. Sie, die mir damals an Bord einen exzellenten Tee servierte, das Sitzkissen zurechtrückte und unheimlich begeistert von der Wende war, hat sich das Leben genommen.

Und das berühmte Darßer Ort. Dieser Nothafen an der Ostseeküste existiert trotz aller Umweltschützerattacken noch immer. Nach der Wiedervereinigung wurde 1990 dieses Gebiet der Boddenlandschaft zum Nationalpark erklärt. Was zur Folge hatte, daß der Darßer Hafen dem Bereich zugeteilt wurde, der eine wirtschaftliche Nutzung nicht zuläßt. Daher wurde keinerlei Service angeboten, was aber Segler nicht hinderte, den Nothafen anzulaufen. Verständlich, weil er einmalig inmitten von Kiefernwäldern, Sanddünen und Schilf liegt. Eine brandneue Marina wurde nur wenige Kilometer entfernt, allerdings auf der Binnenseite des Darß in Prerow gebaut und nun in Betrieb genommen. Nur Betrieb fand sozusagen nicht statt. Die Sandbarre vor dem Prerowstrom hat einen Meter Wassertiefe. Die Fischbudenbesitzerin am Kai der wunderschönen Anlage ist erbost über diese unsinnige Anlage mit Fäkalienabsauganlage, Strom, Wasser und allem Komfort:»Warum hat man diese Marina nicht in Darßer Ort gebaut. Nur wegen der blöden Naturfritzen. Zwei Yachten haben uns im Sommer hier besucht. Sonst war der Hafen leer, wie heute.« Nun gut, ein paar Angler nutzen die herrlichen Holzstege, um ihre Rute zu werfen.

In Stahlbrode wurde aus der volkseigenen Fischereiproduktionsgenossenschaft eine Fischereigenossenschaft. Man fängt den Fisch gemeinsam, räuchert und verkauft ihn direkt auf dem Kai. »Seitdem es die Gleiwitzer Fähre gibt, läuft das Geschäft mit Räucherfisch.«

Die Ostseeküste

Wismar: ein Hafen für jeden Tiefgang. Einige Gebäude am Kai im alten Hafen wurden weggeräumt, das ganze sauber gepflastert und mit Strom- und Wasseranschlüssen versehen. Sichere Liegeplätze längsseits. Alle Einrichtungen und Versorgungsmöglichkeiten.

Yachtclub Wismar: früher BSG Schiffahrtshafen. Der Verein mit Clubhaus und Slipanlage am Westufer vor der Stadt Wismar steht und fällt mit dem Bau eines richtigen Yachthafens. Seitdem die Fahrrinne für die Schiffahrt verbreitert wurde, gibt es keine Bojenliegeplätze für Kielboote mehr. Schöne Jollenliegeplätze am Ufer inmitten einer Kleingartenkolonie.

Kirchdorf: ein Fischerei- und Sportboothafen mit allen Möglichkeiten – Werft, Sanitäranlagen, Fischrestaurants, Ausflüge über die Insel Poel. Es kann natürlich geslippt und gekrant werden. 1992 wurde hier übrigens Burghard Pieskes Wikingerschiff VIKING SAGA gebaut.

Timmendorf / Insel Poel: Im Juni 1990 wurde ich noch in diesem Hafen von der Grenzschutzpolizei einklariert. Timmendorf bietet feine Sandstrände, ausreichend Liegeplätzen für Yachten mit moderatem Tiefgang. Gleich am Hafen, wo die LPG im Umbruchsommer noch Erdbeeren direkt vom Lastwagen verkaufte, steht heute ein tadellos gemauertes Fischrestaurant.

Rerik: Das Salzhaff ist weiterhin schlecht markiert. Für Schiffe über 1,50 Meter Tiefgang wird's schwierig. Wer es aber schafft an der soliden Brücke festzumachen, dem wird viel Landschaft und Ostsee geboten. Abrißreife Baracken im Scheitel der Bucht sind noch vorhanden, da die Stadt die Besitzverhältnisse mit dem dort ansässigen Seglerverein Alt Gaarz nicht regelt. Das heißt: Der Verein will verständlicherweise nicht investieren ohne langfristigen Pachtvertrag.

Warnemünde: Eine Klasse für sich. Mit Strand, Promenade und Kneipenszene. Leider in der Saison überfüllt. Selbst die Fischer im Alten Strom haben es nicht gerne, wenn man bei ihnen längsseits geht. Einige hängen ein Schild raus: Anlegen verboten. Ein Novum für mich. Wer einen Liegeplatz am idyllisch gelegenen Steg des Warnemünder Yacht Clubs findet, ist am besten aufgehoben: Sanitäranlagen und Gaststätte in unmittelbarer Nähe, dazu ein hilfsbereiter Hafenmeister, »Käptn Kid«, mit Ersatzteillager in seinem Bauwagen.

Darßer Ort: Das ist die unendliche Geschichte um einen Nothafen. Seitdem das Gebiet mit der Wende Nationalpark geworden ist, streiten sich Segler und Naturschützer um diesen Hafen. Naturschützer versuchen immer wieder eine völlige Schließung durchzusetzen. Segler wiederum streiten für einen Nothafen, weil ihnen die Strecke zwischen Warnemünde und Hiddensee mit rund 60 Seemeilen zu lang ist. Darßer Ort liegt in der Mitte. Dabei verhalten sich die Crews der Fahrtenyachten völlig harmlos, motoren langsam rein und raus. Bei zwei Besuchen in den letzten Jahren

Ein schönes Stück Rügen: Seedorf an der Südküste.
Es gibt in diesem Naturhafen auch Liegeplätze für
größere Yachten.

konnte ich feststellen, daß ausgerechnet die Mannschaft des vor Ort
liegenden Seenotrettungskreuzers und die Naturschützer mit schweren, hochtourigen Außenbordmotoren die größte Unruhe verursachten. Die Liegezeit soll einen Tag nicht überschreiten.

Hiddensee: Der Hafen Vitte ist zur Marina mit allem Komfort
ausgebaut. Die Ankerbucht Schwarzer Peter wird renaturiert, so daß
dort in Zukunft keine Boote im Sommer anzutreffen sind.
Neuendorf, klein und ursprünglich. Gute Wassertiefe.

Rügen: Saßnitz ist eigentlich keine Bootsreise wert. Ein unruhi-
ger, zudem teurer Liegeplatz im Fährhafen steht zur Verfügung.
Ganz anders die zahlreichen Häfen am Greifswalder Bodden:
Lauterbach, Marina mit Travellift. Seedorf, klein und urwüchsig,
ein Schmuckstück mit viel Ambiente.

Stralsund: alte Hansestadt, schlechte und laute Liegeplätze in der Stadt sowie im Yachthafen östlich der Brücke.

Greifswald: Die Mühe, zwei Seemeilen die Ryck hinauf zu motoren, lohnt sich allemal. Dort im gleichnamigen Yachtzentrum findet man auch Liegeplätze für Yachten mit über zwei Meter Tiefgang. Außerdem: Kranen, Reparaturen, Winterlager – alles ist möglich.

Stahlbrode: Ein Fischerhafen, wo noch fast alle Fahrzeuge aus der DDR-Zeit in Betrieb sind. Am Kai wird frisch geräucherter Fisch verkauft. Lebensmittel und Gaststätte am Hafen. Ideale Slipmöglichkeit. Lohnenswert, weil von Seglern selten besucht.

Barth: Ein geräumiger, 3 m tiefer Hafen im Barther Bodden. Der Hinweis, Liegeplätze frei, trifft auch in der Saison zu. Das Clubhaus hat ganztägig geöffnet. Leider kein schöner Hafen.

Prerow: 60 fabelhafte Liegeplätze auf zwei bis drei Meter Wassertiefe. Nur mühsam zu erreichen: Grabow, Barther Bodden, Zingster Strom, eine Schwimmbrücke, die selten öffnet und dann

Die neue Hafenanlage von Prerow ist mühsam und nur für flachgehende Boote zu erreichen. Schade, denn sie liegt idyllisch, und gleich gegenüber befindet sich ein kilometerlanger, weißer Ostseestrand.

die Barre vor dem Prerowstrom mit einem Meter Wasser darüber müssen von See kommend erst bewältigt werden. Ist man über die Sandbank rüber, liegen noch fünf Flußmeilen vor dem Bug. Der Hafen liegt unmittelbar am Ende des Stromes.

Wustrow: 100 m langes, enges Hafenbecken am Saaler Bodden. Tiefe um 1,80 Meter. Neue Hafenböschung. Weiterhin ein Zentrum der Zeesboote.

Achterwasser: Keine wesentlichen Veränderungen. Durchweg flache Gewässer mit ebenso flachen Häfen. Interessant nur für Schwertboote.

Ueckermünde: Gleich eingangs hinter dem Ueckerkopf befindet sich eine Marina. In der Stadt gibt es weitere Klasse-Liegeplätze in der Anlage des Segelclubs. Wassertiefe dort mindestens zwei Meter.

Die Prerower Marina vom Scheitel aus betrachtet.
Fachmännisch sehr sauber gebaut und mit allen Einrichtungen versehen. Unter anderem mit dieser Fäkalienabsauganlage.

Karnin: Vater Gentz und sein Fischrestaurant sind Legende an dieser Küste. Der Hafen mit 1,20 Meter Tiefe bietet knapp 20 Booten Platz.

Ruden: Die Insel ist nur einen Kilometer lang und recht schmal, aber Natur pur. Der Hafen besteht unverändert und bietet ausgezeichneten Schutz für große Yachten und kleine Boote. Kaum Service.

Binnengewässer

Die Peene: Dieser für mich schönste Fluß Deutschlands ist wenig befahren. Flußkähne schippern nur zur Erntezeit. Den Seglern ist es einfach zu weit, den 100 Kilometer langen Strom rauf und runter zu motoren. In Demmin wurde mir berichtet, daß zwei bis drei Yachten jährlich von der Küste aus einlaufen. Die Peene hat mindestens zwei Meter Wassertiefe, und die geringste Durchfahrtshöhe unter den Brücken ist 2,50 Meter. Kurz vor dem Kummerower See bietet sich der Hafen Neukalen mit Infrastruktur als Ziel an. Der Malchiner See ist nur mit winzigen Booten (0,50 Meter Tiefgang) zu erreichen und hat keinen Hafen.

Von Neustrelitz nach Dömitz: Zunächst das Wichtigste: Mindesttiefe in den verschiedenen Kanälen beträgt 1,10 Meter. Geringste Durchfahrtshöhe 3,20 Meter. Die maximale Fahrtgeschwindigkeit innerhalb der Kanäle beträgt 6 km/h. Das Überraschende an dieser Kanalfahrt: Sämtliche Schleusen sind noch kostenfrei.

Schleuse Dömitz: Inzwischen wieder in Betrieb. Der Neubau ist bautechnisch eine Sehenswürdigkeit. Der Yachtclub bietet einige Liegeplätze im Elbhafen zwischen Elbe und Schleuse. Versorgung in der Stadt, 250 Meter entfernt. Liegebühren: Je Meter Bootslänge eine Mark. Weitere 30 Liegeplätze an Schwimmstegen mit Strom- und Wasseranschluß sowie Sanitäranlagen oberhalb der Schleuse in einem Stichkanal: Wasserwanderzentrum Dömitz.

Ich möchte jetzt nicht zu jedem einzelnen Kanalhafen, Binnensee und jeder Schleuse auf dieser Strecke Anmerkungen machen. Grundsätzlich finden sich Liegeplatzmöglichkeiten zuhauf. Überall

213

Ein Herbstbild von Neustadt-Glewe am Müritz-Elde-Kanal.
In der Saison gilt dieser Hafen als beliebtes Anlaufziel
für Kleinbootfahrer.

wurde gearbeitet, das heißt Stege erweitert oder für die Kleinboot-
fahrer ganz neue Anlagen geschaffen. Die Preise sind normal geblieben. In der Regel eine Mark pro Meter Bootslänge. In Plau an der
puppenstubenhaften Eldepromenade sind 70 Pfennig fällig.
Allerdings hat es dort nur kaum einen Meter Wassertiefe. Es gibt
aber auch Gebührenordnungen, die sind zum Schreien. Zum
Beispiel in Neustadt-Glewe. Liegegebühren: je angefangener
Bootsmeter und Tag 1,00 DM; Elektroenergie: je kWh 2,00 DM;
Wasser: 80 Liter 2,00 DM; allgemeine Pauschale: pro Tag und
Person 0,50 DM; Abwasser (Entsorgung über Fäkalienpumpe): je
angefangener m³ 6,00 DM; Duschraum: 26 Liter 1,00 DM.

Schwerin: In der Landeshauptstadt und am Schweriner See hat
sich maritim nicht viel verändert. Vor dem Schweriner Seglerverein
ist eine Supermarina mit Promenade geplant. Aber die alten Anlagen
existieren noch.

Schweriner Yachtclub, Segelverein Mecklenburgisches Staats-
theater im Beutel und Hohen Vicheln ganz im Norden des
Außensees eignen sich derzeit hervorragend als Häfen, und um
Boote zu Wasser zu lassen.

Bücher für die Reise: Michael Brandenburg: Küstenhandbuch
Mecklenburg-Vorpommern; Bodo Müller/Jürgen Straßburger:
Binnengewässer zwischen Elbe und Oder; Bodo Müller: Gewässer-
karte Müritz; Bodo Müller: Von der Elbe zur Müritz. Alle Verlag
Edition Maritim, Hamburg. – In diesen nautischen Reiseführern
werden Küsten, Flüsse, Kanäle und Seen fortlaufend beschrieben,
mit allen navigatorischen Einzelheiten wie Schleusen, Brücken,
Häfen, Liegeplätze, aber auch touristische Sehenswürdigkeiten.

Karten für die Reise: Delius Klasing Sportbootkarten Satz 1, Kieler Bucht und Rund Fünen und Satz 2, Mecklenburg-Vorpommern,
Bornholm. NV Sportschiffahrtskarten Binnen: Band 2, Mecklenburger Gewässer und Band 3, Die Peene. – Diese Binnenkarten sind
21 x 40 Zentimeter große Atlanten und enthalten übersichtliche farbige Gewässerkarten im Maßstab 1 : 35 000. Begleitende Angaben in-
formieren über Vorschriften, Wassertiefen, Durchfahrtshöhen,
Schleusenabmessungen, Betriebszeiten und Liegestellen.

Kleines Glossar

abfallen	Kurs ändern nach Lee
anluven	Kurs ändern nach Luv
Ausreitgurt	Fußgurt als Halterung beim Hinauslehnen
back	ein Segel »steht« oder »schlägt« back, wenn es den Wind von der falschen Seite erhält
Bindereff	Verkleinern der Segelfläche mit Hilfe von Bändseln
BSG	Betriebssportgemeinschaft
Curryklemme	Beschlag, um eine Schot zu belegen
Echolot	Gerät zur Messung der Wassertiefe durch Schallwellen
Fall	Tau zum Setzen und Niederholen der Segel
fieren	Nachgeben eines belasteten Tauendes
Fock	Vorsegel
FPG	Fischerei-Produktions-Genossenschaft
GFK	Abkürzung für glasfaserverstärkter Kunststoff
»Greif«	gängiger 20er Jollenkreuzer (Serienbau in GFK)
Großschot	Tau zur Bedienung des Großsegels
GST	Gesellschaft für Sport und Technik
Halse	Segelmanöver: mit dem Heck durch den Wind
Handlot	Blei und Leine zur Messung der Wassertiefe
Holepunkt	optimaler Punkt an Deck zum Dichtholen der Vorsegel
Jollenkreuzer	größeres Schwertboot
Kat	Katamaran, Doppelrumpfboot

killen	das Segel flattert
Knickspanter	Bootsrumpf mit einem oder mehreren Knicken
Knoten	1 Knoten = 1 Seemeile
Kreuzschlag	auf einem wechselnden Amwindkurs das Ziel erreichen
Lee	die dem Wind abgewandte Seite
LPG	Landwirtschaftliche-Produktions-Genossenschaft
Luv	die dem Wind zugewandte Seite
MTU	Motoren-Turbinen-Union, Friedrichshafen
NVA	Nationale Volksarmee
»Optimist«	Bootsklasse für Kinder, Länge 2,30 m
»Pirat«	Zweimannjolle, Länge 5,00 m
Rigg	Bezeichnung für die Takelage
RMV	Radio Mecklenburg-Vorpommern
Rundspanter	runder Bootsrumpf
Saling	Querstange am Mast
Schwert	absenkbare Platte (Holz oder Metall), um Abdrift und Kentern bei einem Amwindkurs zu verhindern
slippen	ein Boot auf einer Slipanlage zu Wasser bringen oder aufholen
Süll	senkrechte, wasserabweisende Planke, die das an Deck kommende Wasser ableitet
VEB	Volkseigener Betrieb
Vorschoter	Mitsegler, der das Vorsegel bedient
Vorstag	Draht, der den Mast nach vorn abstützt
Wende	Segelmanöver: mit dem Bug durch den Wind
420er	Zweimannjolle, Länge 4,20 m
470er	Zweimannjolle, Länge 4,70 m

DÄNEMARK

START
14. JUNI '90
GOLTOFT

SCHLEI

SCHLESWIG

FEHMARN

BURGSTAAKEN

OS

KIEL KANAL

KIEL

WENDTORF

HEILIGENHAFEN
TÖRN ENDE
20. SEPT. 90

RERIK

LÜBECK

INSEL
POEL

WISMAR

SCHWERINER
SEE

ELBE

SCHWERIN

MEC

HAMBURG

ELDE

ELDE

STÖR-KANAL

ELBE - SEITEN KANAL

DÖMITZ

ELBE

OSTSEE

KAP ARKONA

HIDDENSEE

SASSNITZ

RÜGEN

ZINGST

STRALSUND

GREIFSWALDER
BODDEN

ARNEMÜNDE

TOCK

BURG-VORPOMMERN

GREIFSWALD

WOLGAST

PEENE

KUMMEROWER
SEE

MALCHINER
SEE

UECKER-
MÜNDE

ODERHAFF

TOLLENSE
SEE

MÜRITZ

NEUSTRELITZ

FELDBERGER
SEEN

STETTIN

ER SEE

MIROW

MECKLENBURGER
SEENPLATTE

ODER

ROUTE SCHLEI KATHENA
SOMMER '90

Über den Autor

Wilfried Erdmann wurde 1940 in Pommern geboren, wuchs in Mecklenburg auf und lebt seit seinem 17. Lebensjahr in Schleswig-Holstein. Nach einer Seemannsausbildung kaufte er sich 1965 sein erstes Segelboot – die KATHENA. Das war der Anfang seines Bootslebens. Mit der nur sieben Meter langen KATHENA segelte er gleich um die Erde und sorgte damit 1968 für eine Sensation: Erdmann war der erste Deutsche, dem dies allein gelungen war. Es folgten Weltumseglungen mit Frau Astrid, mit Frau und Sohn sowie beispielhafte Törns in Nord- und Ostsee und über den Nordatlantik.

Einem breiten Publikum wurde Wilfried Erdmann durch seine Extremfahrten mit KATHENA NUI bekannt: 1984/85 nonstop und allein in 271 Tagen auf der klassischen Route durch die Südpolarmeere, um das Kap der Guten Hoffnung und Kap Hoorn; 2000/2001 das Gegenstück in 343 Tagen gegen die vorherrschenden Winde um die Welt. Während dieses Törns entstand seine jüngste Idee: Mit einer Hansa-Jolle segelte er 2003 über die Ostsee nach Rügen und Oderhaff, dann über mecklenburgische Seen, Elbe und Lübeck zurück auf die heimische Schlei.

Über seine abenteuerlichen Reisen hat der Weltumsegler zahlreiche Bücher verfasst. Mit „Allein gegen den Wind" und „Ein deutscher Segelsommer" stand er monatelang in den Bestsellerlisten.

Außerdem sind folgende Bücher von Wilfried Erdmann lieferbar:
Allein gegen den Wind
Das Logbuch (Hrsg.)
Die magische Route
Ein deutscher Segelsommer
Ein unmöglicher Törn
Gegenwind im Paradies
Nordsee-Blicke
Ostsee-Blicke
Segeln mit Wilfried Erdmann
Segelzeit